Hans Dienstknecht

Das absolute Rezept oder „Lasst den Lotsen an Bord“

verlorengegangen und wiedergefunden:
Das Wissen um die Innere Arbeit.
Das Handbuch

HD

1. Auflage September 2009

Druck: OFFSET DRUCKEREI POHLAND, Augsburg
Umschlagillustration: Rainer Düsterbeck
Verlag: Hans Dienstknecht, Bürger-Verlag,
74239 Hardthausen, Eichbrunnenweg 18, Tel./Fax 07139/18198

ISBN 978-3-9806345-6-4

Inhaltsverzeichnis

Hier muß eine Widmung stehen, soviel war klar. Ich ahnte sie, konnte sie aber nicht greifen. Dann fand ich sie – in einer Aussage von Dietrich Bonhoeffer:

Oft frage ich mich, warum mich ein „christlicher Instinkt" häufig mehr zu den Religionslosen als zu den Religiösen zieht, und zwar durchaus nicht in der Absicht der Missionierung, sondern ich möchte fast sagen „brüderlich". Während ich mich den Religiösen gegenüber oft scheue, den Namen Gottes zu nennen ..., kann ich den Religionslosen gegenüber gelegentlich ganz ruhig und wie selbstverständlich Gott nennen.

Ihnen allen ist dieses Buch gewidmet.

Liebe Leserin, lieber Leser,

wenn es nach dem Gesetz der Anziehung richtig ist, daß Menschen sowie Dinge einander keinesfalls zufällig begegnen, sondern sich aufgrund einer gewissen Gleichartigkeit anziehen, dann darf davon ausgegangen werden, daß sich auch Menschen und die Bücher, die sie lesen, gemäß dieser Gesetzmäßigkeit zusammenfinden.

Meist läßt sich auf den ersten Blick nicht unmittelbar erkennen, was es genau ist, das eine gegenseitige Anziehung bewirkt. Im Falle dieses Buches allerdings liegt es nahe, daß Sie ein Wahrheits- und Gottsucher sind, für den die Botschaft, die auf diesen Seiten geschrieben steht, von Bedeutung ist. Hier und jetzt.

Auch Bücher können Schätze sein. Dies trifft für das vorliegende Handbuch in zweifacher Hinsicht zu: nicht allein, was seine inhaltliche Substanz betrifft, sondern vielmehr, was es durch deren Umsetzung im Alltagsleben an ungeahnten – und doch vielleicht lange ersehnten – seelisch-geistigen Entwicklungsmöglichkeiten verborgen hält.

Die Wahrheitssucher – unter ihnen besonders jene, die der Wahrheit ganz konkret und unmittelbar im eigenen Inneren begegnen möchten – haben es in unserer Zeit wahrhaft schwer, sich im Labyrinth einer Unzahl von Angeboten nicht hoffnungslos zu verirren und ihrem wirklichen Ziel letztlich kaum einen Schritt näher zu sein.

Die allermeisten der auf dem schillernden Markt angebotenen persönlichen Entfaltungs-, Entwicklungs- und Erleuchtungskonzepte haben einiges an Merkmalen gemeinsam:

Sie führen weder zu greifbaren, anhaltenden charakterlichen Veränderungen des Menschen im Sinne wahrer Liebe, noch eröffnen sie ihm die Möglichkeit, durch gezielte, konsequente Innere Arbeit an sich selbst den seelischen Läuterungsprozeß *gesetzmäßig* zu vollziehen und dadurch gleichzeitig in die Kommunikation mit Gott im Innersten der Seele einzutreten und Seinen Beistand zu erfahren.

Und ein Weiteres fehlt ihnen: die wahre Kenntnis fundamentaler Schöpfungs-Hintergründe und geistig-göttlicher Gesetzmäßigkeiten sowie der tiefe Einblick in deren Zusammenhänge mit dem Sinn und

Zweck menschlichen Daseins, aber auch mit ihrem Hineinwirken bis in die unscheinbarsten Geringfügigkeiten unseres Alltagslebens.

Mit diesem Buch legt der Autor eine weitere Arbeit in der Reihe seiner beeindruckenden Entschleierungsschriften vor und krönt mit ihr sein bisheriges Werk. Ein Gütemerkmal – nämlich seine unnachahmliche, scharfsinnig-konsequente Herzenslogik in verständlicher Sprache – sorgt auch diesmal wieder dafür, daß sowohl das offene Herz als auch der wache Verstand weder zu kurz kommen noch überfordert sind. Und trotz der Ernsthaftigkeit der Thematik bleibt es immer eine kurzweilige Lektüre, bei der Sie auch manchmal ein Schmunzeln nicht werden unterdrücken können.

Ein weitgehend wiederhergestelltes Bild Gottes und Seiner Liebegesetze, denen unser Leben ausnahmslos unterliegt, wird dem Leser mit diesem Buch vermittelt. Das wahre Wesen Gottes – Vater Seiner Kinder – entbehrt jeglicher Rätselhaftigkeit und kennt ebenso keinerlei Widersprüchlichkeit, sondern ist reinste, unergründliche Liebe. Auch hüllt Er sich weder in Geheimnisse noch in Schweigen; Sein Liebe-Geist wohnt und spricht in jedes Menschen Seele, und Er wird *alle* Seine Kinder bei ihrer Heimkehr wieder in die Arme schließen.

Wer allerdings in den Himmel eintreten möchte, muß ihn zuvor in sich erschlossen haben. Für alle, die dies ersehnen und anstreben, bisher jedoch kaum eine Kenntnis darüber hatten, *was* sie selbst dafür tun müssen und vor allem *wie*, ist dieses Handbuch mit seiner enthaltenen „Rezeptur“ verfaßt worden. Es enthält alles, was für uns Menschen erforderlich ist, um sich Gott Schritt für Schritt zu nähern und Seine liebende, führende und heilende Gegenwart zu erleben.

Der Himmel erschließt sich somit nicht erst eines fernen, jenseitigen Tages, sondern erweist sich schon zu Lebzeiten als wundervolle Realität – wenn wir es wollen.

Günter Schaible
Freund und Weggefährte

Zum Einstimmen

Wenn Sie weiterhin das tun, was Sie bisher getan haben, werden Sie weiterhin das bekommen, was Sie bisher bekommen haben.

G. Kayen

Mal ehrlich: Haben Sie nicht ein bißchen gestutzt, als Sie den Titel dieses Buches lasen? *Das absolute Rezept* ... Also mir ging es so, als ich den Titel zum ersten Mal hörte – auf meinem Anrufbeantworter. Und das kam so.

Ich hatte einer lieben Bekannten viele Monate zuvor am Telefon erzählt, daß ich die Absicht habe, ein neues Buch zu schreiben. Viel Konkretes konnte ich ihr noch nicht sagen, dazu war das Ganze noch zu vage. Es sollte darum gehen, geistiges Wissen (das viele von uns säckeweise mit sich herumtragen) im täglichen Leben so anzuwenden, daß es Früchte trägt. Hier und heute, und nicht erst – vielleicht – irgendwann später einmal.

Jetzt schon sollten wir ganz praktisch erfahren können, was es konkret bedeutet und bringt, sich auf ein Leben mit Gott einzulassen und sich Seiner Kraft, *die dem Menschen innewohnt*, zu bedienen. „Nägel mit Köpfen" wollte ich machen – weg von Theologie und Theorie, dafür mitten hinein in den Alltag.

So ähnlich hatte ich ihr mein Buch-Projekt geschildert und vielleicht auch davon geschwärmt, wie diese Methode der „Inneren Arbeit" funktioniert und gleichzeitig zum Ausdruck gebracht, wie unendlich schade es ist, daß die (meisten) Menschen von dieser inneren Zusammenarbeit mit Gott nichts wissen, weil man sie ihnen mangels Wissen und eigener Erfahrung nicht nahebringt oder – schlimmer noch – bewußt vorenthält, da eine eigenverantwortliche Entscheidung der Menschen in puncto Glauben und Religion die eigene Position (z. B. der Kirchen) nur schwächen kann; doppelt schade, weil es zu keiner Zeit weltweit ein „Verfahren" gegeben hat und geben wird, das auch nur annähernd in der Lage ist, so nachhaltig jedes Problem persönlicher oder gesellschaftlicher Art zu lösen.

Ein gescheiter Titel zu diesem Thema fiel mir nicht ein. Bis ich dann eines Tages auf meinem Anrufbeantworter hörte: „Du könntest Dein Buch *Das absolute Rezept* nennen." Meine erste Reaktion war nicht gerade überschwenglich positiv. Aber es dauerte nicht lange, da hatte ich mich nicht nur an den Titel gewöhnt, sondern mir wurde klar, daß man das, was Sie in diesem Buch finden werden, gar nicht besser ausdrücken kann.

Dank an H., die einfach im richtigen Moment „offen" war.

Die zweite Titelzeile *Lasst den Lotsen an Bord* läßt sich leicht erklären. Sie *mußte* einfach sein, weil sie von vornherein klarmacht, daß keiner von uns in der Lage ist, sein Lebensschiff ohne göttlichen Beistand, ohne göttliche Führung unbeschadet durch die Wirren dieser Zeit zu lenken. Der LOTSE ist kein anderer als Jesus Christus, dessen Geist *im* Menschen lebt. Sein Geist ist mit Ihnen, mit Dir, mit mir, mit jedem nicht nur auf ewig verbunden, sondern als die unendliche und bedingungslose Liebe gleichzeitig die einzige Vollmacht überhaupt[a], die jeden Menschen und jede Seele absolut fehlerfrei zu führen vermag. Und dies sozusagen mit der Erfolgs-Garantie, daß ein jeder von uns – einschließlich derjenigen, die sich gegen Gott gestellt haben und dies auch jetzt noch tun – wieder zu seinem Ursprung, seiner göttlichen Heimat, zurückfindet.

Falls Sie vielleicht (noch) Probleme mit „Jesus Christus" haben, dann lassen Sie uns doch einen kleinen Kompromiß schließen. 2.000 Jahre lang hat es das Christentum bzw. haben es einige seiner Hauptzweige verstanden, den Namen Jesus Christus so zu mißbrauchen, daß manche Menschen allergisch reagieren, wenn sie den Namen auch nur hören. Hinzu kommt, daß Seine ursprüngliche Liebelehre – absolut frei von Dogmatik und für jedermann leicht nachzuvollziehen und umzusetzen – derart verfälscht und verdreht wurde, daß

---

a Es gibt keine andere, auch wenn noch so viele aufgestiegene Meister, Gurus, Weltenlehrer und -verbesserer von sich behaupten, die besseren Rezepte zu haben. Aber das wird noch Thema sein.

nur noch ein Torso übriggeblieben ist, der kaum mehr mit dem Original übereinstimmt. Und der macht viele Menschen, wenn er sie denn nicht abschreckt, doch so unzufrieden oder desinteressiert, daß sie einer solchen, nach Jahrhunderten des Hinbiegens und Hindrechselns in vielen Bereichen entstellten, widersprüchlichen und mit Irrtümern besetzten Weltanschauung den Rücken kehren. Habe ich übrigens auch gemacht.

Aber zurück zu meinem Kompromißvorschlag: Sollten Sie zu den Desinteressierten oder gar Geschädigten gehören, legen Sie bitte Ihre Vorbehalte für die Dauer des Lesens dieser Lektüre beiseite. Ich verspreche Ihnen nämlich etwas – und sollte sich das Versprechen am Ende für Sie nicht erfüllt haben: Was steht dagegen, daß Sie Ihre alte Meinung wieder aktivieren? Sie sind ein freier Mensch, ein freies Kind Gottes, das ein Recht darauf hat, seinen freien Willen auch gebrauchen zu dürfen! Ohne Einschränkung und in jeder Beziehung! Vielleicht gibt es Leute, die Sie dafür verurteilen würden. Eines ist jedoch gewiß: Gott wird dies nie tun. Er droht, verurteilt und straft niemals. Doch davon wird noch die Rede sein.

(Wenn im übrigen eine Überlegung oder Thematik kurz angeschnitten wird, so seien Sie versichert, daß so etwas nie einfach im Raume stehen bleibt, sondern wir uns damit im Verlaufe des Buches eingehender befassen werden.)

Mein Versprechen lautet: Sie werden einen völlig anderen Gott und/oder Jesus Christus kennenlernen, der die Liebe und die Freiheit ist, der mit Seinem Geist in Ihnen lebt, der ohne Vorschriften und Verbote nichts anderes möchte, als daß Sie frei werden von den Lasten, die nicht nur Sie, sondern wir alle noch mehr oder weniger mit uns herumtragen. Also: keine Mitgliedschaft, keine Glaubenssätze, keine Sündenstraf-Androhungen, keine Bindung – dafür eine für uns Menschen nicht faßbare Liebe, die sich, wenn wir es wollen, unmittelbar in unserem Leben ausdrückt. Ganz abgesehen von ihrer Auswirkung auf die Umstände, in die wir alle später einmal – drüben, im Jenseits – hineingeboren werden.

Als ich *Das letzte Wort hat die Liebe* geschrieben hatte, gab ich das Buch einigen jungen Menschen, von denen ich wußte, daß sie mit Religion nicht viel am Hut hatten. Meine Bitte war, mir nach dem Lesen doch zu sagen, ob sie etwas gegen *den* Gott hätten, dem sie in dem Buch begegnen würden. Ihre Antwort, Sie ahnen es, war sinngemäß folgende: „Warum sollte ich etwas gegen jemanden haben, der nichts anderes als Liebe ist und mich lediglich bittet – und mir auch noch dabei hilft! –, auch wieder zur Liebe zu werden. Und das in aller Freiheit. Mit einem *solchen Gott*[a] könnte ich leben."

Vielleicht müssen Sie/wir diesen Kompromiß ja auch gar nicht eingehen, weil Sie Ihn ohnehin schon kennen, vielleicht sogar lieben und mit Ihm leben. Um so besser. Dann stürzen wir uns, wenn wir uns ein bißchen warmgelaufen und diese „vorwortliche Erklärung" hinter uns haben, gleich ins Thema.

Noch etwas zu dem Begriff „Arbeit". Sie haben sich davon – siehe Untertitel dieses Buches – nicht abschrecken lassen. Kompliment. Bleiben Sie bitte auch dabei. Es lohnt sich. Ich will Ihnen aber nicht verschweigen, daß sie, auch wenn es sich „nur" um Innere Arbeit handelt, nicht immer so *ganz* leicht zu bewerkstelligen ist. Das hängt damit zusammen, daß das Ziel ja ist, sich im Inneren zu verändern, also liebevoller, geduldiger, souveräner, gelassener, vertrauensvoller, nachsichtiger, toleranter usw. usf. zu werden. Schön wäre es, würde der „liebe Gott" diese Arbeit für uns tun, uns also ohne eigenes Bemühen so werden lassen, wie Er uns gerne hätte, und wir uns das natürlich auch wünschen. Leider Fehlanzeige. Das hat seinen Grund in der persönlichen Entwicklung, die für jeden unumgänglich ist. Christian Gotthilf Salzmann, von dem wir noch mehr hören werden, schrieb schon vor etwa 200 Jahren im Hinblick darauf, daß wir einst wieder vollkommen sein werden:

„... daß die Annäherung an die Vollkommenheit stufenweise erfolgen und die Frucht einer langen Aufmerksamkeit ... sein werde. Zu vollkommener Gerechtigkeit und Heiligkeit gehört ein Verstand, der nie irrt, eine Kraft, den Einsichten des Verstandes gemäß zu handeln, die nie ermattet. Sollte uns, die wir jetzt täglich irren, täglich von unseren Vorsätzen abweichen, Gott diese hohen Talente wohl durch ein Wunderwerk erteilen? Dies zu erwarten, haben wir gar keinen

---

a Es gibt natürlich keinen solchen und solchen Gott, sondern nur den Einen. Was damit gemeint war, ist klar: Wenn Er *so* ist, dann spricht nicht nur nichts gegen, sondern alles für Ihn.

Grund. Wir haben jetzt keine Einsichten, keine Stärke des Willens, die wir uns nicht selbst erwarben. Was berechtigt uns denn also, von Gott zu erwarten, daß er uns künftig dies alles, ohne unser Zutun, verschaffen werde?"[1]

Wir werden uns also wohl oder übel verändern müssen. Das aber hat immer etwas mit Entscheidungen zu tun, mit „sich bewegen", mit „etwas loslassen", etwas anderes ausprobieren und Neues einüben. Dagegen wehrt sich manchmal „der alte Adam", das Ego, das doch soviel augenscheinliche Vorteile und Sicherheiten aus den eingefahrenen Gleisen zieht, in denen es sich seit Jahren bewegt. Daß die neuen Gleise freiere Fahrt bieten, weiß es noch nicht. Da können dann schon ein paar Widerstände auftauchen. Aber das ist das gleiche, was Ihnen begegnet, wenn Sie sich entscheiden, regelmäßig zu joggen, abzunehmen, in Wohnung und Keller oder Haus und Garten Ordnung zu schaffen und vieles andere mehr. Von daher also nichts Neues. Neu aber wird für Sie möglicherweise sein, daß Sie den LOTSEN an Bord nehmen können, so Sie dies denn wollen; und damit verliert diese „Arbeit" all jenes, was andere Tätigkeiten oftmals wenig attraktiv erscheinen läßt. Er macht den größten Teil der Arbeit für Sie. Wenn wir Ihn mit ins Boot nehmen, wenn wir Ihn bitten, uns zu helfen, dann steht unser Anteil an der Umgestaltung unseres Menschen in einem Verhältnis von 1 : 100 oder 1 : 1.000 im Vergleich zu dem, was Er für uns tut (wenn man das überhaupt in Zahlen ausdrücken kann, die ja nur symbolisch sagen sollen, daß wir Hilfen über Hilfen bekommen, die einem jeden aus der göttlichen Liebe gegeben werden).

Ich muß an dieser Stelle noch auf etwas hinweisen, auf das ich auch schon in anderen Büchern aufmerksam gemacht habe: Ein gedankliches Mitwandern und ein Nachvollziehen der Erwägungen werden vermutlich nur dann wirklich sinnvoll und fruchtbringend sein, wenn das zum Verständnis notwendige Grundwissen zumindest in Ansätzen vorhanden ist. Dann reißt auch der rote Faden nicht ab, der sein muß, damit Sie sich daran „entlanghangeln" können. Ansonsten müßten Sie etwas glauben, ohne es verstehen zu können. Und schon würden wir in dem Dilemma stecken, welches weitverbreitetes Unverständnis und den Unglauben erst hervorgebracht hat ...

Das kleine Problem besteht für mich darin, in diesem Buch aus Platzgründen nicht immer in aller Ausführlichkeit dieses Grundwissen und entsprechende Hintergrundinformationen vermitteln zu können, zumal dies in meinen anderen Büchern schon geschehen ist, und ich den Leser nicht mit zahlreichen Wiederholungen langweilen möchte. Andererseits hat jeder Anspruch darauf, die für ihn nötigen Einblicke gerade dann zu erhalten, wenn die Thematik für ihn neu ist. Ich habe mich daher für folgende Lösung entschieden: in diesem Buch an Basiswissen zwar so viel wie nötig (um das Verstehen nicht zu erschweren), aber keine umfangreichen Details darzulegen. Dafür verweise ich auf Ausführungen in meinen Büchern, die das jeweilige Thema umfassend beleuchten. So ist jedem gedient.

Gerade des richtigen Verständnisses und des roten Fadens wegen habe ich mich auch entschlossen, es nicht dabei zu belassen, nur die *Praxis* der Inneren Arbeit (sie ist das Hauptthema der zweiten Hälfte dieses Buches) aufzuzeigen, sondern auch das „Warum überhaupt?“, die inneren Voraussetzungen, die Widerstände und Schwierigkeiten zu beleuchten und u. a. auch darüber zu sprechen, daß es „Die Feinde der Inneren Arbeit“ gibt, die mit den ihnen ausreichend zur Verfügung stehenden Mitteln alles daransetzen, eine Veränderung des Menschen zum Positiven hin zu verhindern. „Näher mein Gott zu Dir“ mag für die meisten ein erstrebenswertes Ziel sein; für die Gegensatzkräfte ist es das nicht. Auch diesem Thema – vor allem der weitgehend unbekannten Tatsache, daß die negativen, dunklen, destruktiven Kräfte sehr real sind und keineswegs als „Teufel“ einer kindlichen Phantasie entspringen – werden wir uns widmen.

Diejenigen unter Ihnen, die das alles schon wissen, mögen mir nachsehen, daß ich aus den genannten Gründen ein bißchen ausführlicher geworden bin. Wer also partout – am besten noch heute – mit seiner Inneren Arbeit anfangen möchte, weil er die erläuternden Zugaben nicht

braucht, der mag gerne sofort einen Sprung in die hinteren Kapitel machen.
Und noch etwas: Risiken und Nebenwirkungen kann es bei der Arznei, die sich Innere Arbeit nennt, nicht geben, weil sie von der Liebe – der größten Macht der Schöpfung – getragen ist. Sie brauchen also keinen Arzt oder Apotheker aufzusuchen. Sollten Sie dennoch das Gefühl haben, sicher wissen zu müssen, ob der Weg der gelebten Liebe für Sie der richtige ist, dann gehen Sie doch nach innen, zu Ihrer göttlichen Lebensquelle, die gleichzeitig auch Ihr „innerer Arzt“ und Ratgeber ist und seit Ewigkeiten in Ihnen wohnt.

1. Was Sie schon immer über den Fall wissen wollten

Die Seel' ist ein Kristall, die Gottheit ist ihr Schein.
Der Leib, in dem du lebst, ist ihrer beider Schrein.

Angelus Silesius

Auf ein Schlüsselwort werden Sie immer wieder treffen. Es heißt „Veränderung". Ob Sie es irgendwann nicht mehr hören können, oder ob es in Ihnen eine positive Resonanz auslöst, hängt davon ab, was Sie damit verbinden. Und auch davon, ob es für Sie überhaupt eine Motivation gibt, eine Veränderung auch nur in Erwägung zu ziehen.

Wenn Sie mit der Idee großgeworden sind und auch heute noch eine gewisse Sympathie dafür hegen, daß allein „Glaube und Gnade" den Eintritt in den Himmel ermöglichen oder die Zugehörigkeit zu einer Religionsgemeinschaft (möglichst zur richtigen) das A und O ist, werden Sie vielleicht ein wenig umdenken müssen, um Gefallen an Innerer Arbeit zu finden. Sollten Sie dagegen ahnen, daß Sie weit mehr sind als eine Zusammensetzung aus Fleisch, Haut und Knochen, oder sich sogar schon darüber im klaren sein, daß Sie eine nicht zu unterschätzende Eigenverantwortung tragen für Ihr diesseitiges und jenseitiges Dasein, dann stehen die Aussichten nicht schlecht, Gefallen an den kleinen und großen Veränderungen zu finden, die sich unausweichlich einstellen werden.

Wenn Sie sich nämlich nicht nur als Mensch sehen, als eine vergängliche, materielle Hülle,

- dann trauen Sie dem, der als die höchste Intelligenz die gesamte Schöpfung ins Leben gerufen hat, auch zu, daß Er sich bei Seinem Tun etwas gedacht hat;

- dann werden Sie auch nicht glauben, daß der Sinn in allem darin besteht, sich mehr schlecht als recht durchs Leben zu schlagen, nicht so richtig zu wissen, was es damit auf sich hat, dann die irdischen Augen zu schließen und auf ein Jüngstes Gericht zu warten;
- dann werden Sie auch der weitverbreiteten Irrlehre eine angemessene Portion Skepsis entgegenbringen, die uns glauben zu machen versucht, daß nach *einem* menschlichen Leben von ein paar Jahrzehnten ein *für die Ewigkeit* geltendes, „göttlich-gerechtes Urteil" ausgesprochen wird, das entweder eine nie mehr endende höllische Qual oder himmlische Glückseligkeit vorsieht. Abgesehen von der Zeit, in der Sie (Pardon, Ihre Seele) im Fegefeuer gepeinigt wird;
- dann werden Sie von der Tatsache, daß in Ihnen – uns allen – göttliches Potential[a] steckt, so angetan sein, daß es Ihnen keine Ruhe mehr läßt, bis Sie tiefer in die Erfahrung Seiner Liebe eingetaucht sind.

Ununterbrochen werden die Menschen bewegt, etwas zu verändern, manchmal sogar sich selbst. Die Gründe dafür sind so vielschichtig wie die dahinterliegenden Interessen: Eine Situation wird unangenehm, materielle Vorteile winken, der Druck wird zu groß, Ängste nehmen zu und, und, und ... Wenn wir positive Beispiele brauchen: Ein Streit wird aus der Welt geschafft, eine gemeinsame Zukunft wird geplant, alte Zöpfe werden abgeschnitten, ein harmonisches Zusammenleben wird angestrebt, weil man sich liebt und vieles mehr.

Von allen Motivationen, die einer Veränderung zugrundeliegen mögen, ist die Liebe nicht nur das edelste, es bringt auch die nachhaltigsten Wirkungen mit sich. Da für die Innere Arbeit der richtige Ansporn entscheidend ist, weil damit ihr Erfolg steht und fällt, wird es nötig sein, diese Überlegungen – wenn es um ihre praktische Um-

---

a Aber Vorsicht! „Göttliches Potential" heißt n i c h t , daß wir Gott sind, wie es die Gegenspieler Gottes verkünden. Wir sind Seine Geschöpfe, Seine Kinder, allerdings ausgestattet mit geistigen Kräften, von denen wir noch keine Ahnung haben.

setzung geht – noch auszubauen. Davon später. Nur soviel schon jetzt:

Ich konnte eine Sache immer dann besonders gut annehmen, wenn ich sie verstanden hatte. Das ist auch heute noch so und wird wohl auch so bleiben. Mir ging es nie so sehr darum, gesagt zu bekommen, was zu tun ist, sondern ich wollte die Zusammenhänge durchschauen. Erst dann, wenn ich diese erkannt und anerkannt hatte, war in mir das richtige Fundament gelegt, auf dem ich meine Arbeit, gleich welcher Art diese war, gründen konnte. Und ich gehe einmal davon aus, daß es vielen, vielleicht den meisten Menschen ähnlich ergeht.

Deshalb werde ich auch nicht einfach schreiben: „Wir sollten uns aus Liebe zu Gott ändern“, weil das viel zu abstrakt ist. Es sei denn, Sie empfinden diese Liebe schon in dem Maße, daß Sie bereits in den Startlöchern stehen und nur darauf warten, daß es losgeht. Glückwunsch! Aber der Mehrzahl geht es noch nicht so. Für sie wird der „Unterbau“ sehr wichtig sein, nämlich das Wissen darum, *warum* denn überhaupt Innere Arbeit so nötig ist, obwohl es auf den ersten Blick doch viel einfacher erscheint, die Dinge tatkräftig selbst in die Hand zu nehmen und dem ungezogenen Kind, der argwöhnischen Schwiegermutter, dem unmöglichen Chef, dem grantigen Nachbarn, dem intriganten Konkurrenten und dem provozierenden Nachbarstaat zu zeigen, „was Sache ist“.

Damit springen wir mitten hinein in ein Geistiges Gesetz, das lautet: *Alle Probleme und Schwierigkeiten sind geistiger Natur. Somit können sie auch nur auf geistigem Wege gelöst werden.*

Wer versucht, seine Probleme oder die Probleme der Welt dadurch zu lösen, indem er lediglich mit äußeren Mitteln arbeitet, gleicht einem Träumer, der feststellen muß, daß beim Erwachen alles noch so ist wie zuvor – und war sein Traum noch so intensiv, beglückend oder realistisch! Die Wirklichkeit holt ihn bald wieder ein. Das bedeutet aber auch, daß einem Hilfesuchenden oder Um-Rat-Fragenden nur dann wirklich geholfen werden kann, wenn a) der um Hilfe oder Rat Gebetene die geistigen Zusammenhänge kennt – am besten aus eigener Erfahrung und Bewältigung –, und b) der Hilfe- oder Ratsuchende bereit ist, den seelischen-geistigen Ursprung seines

Problems zu suchen, zu finden (!) und daran zu arbeiten. Sind a) und/oder b) nicht gegeben, ist die Wahrscheinlichkeit groß, daß die Wirklichkeit das Problem erneut präsentiert.

Aber ist denn das nicht Wirklichkeit, was wir um uns herum erleben? Ein klares J-ein. Das muß natürlich erklärt werden. Um uns und die Rolle, die wir zur Zeit „spielen", um unser Leben mit seinen Höhen und Tiefen, um die Welt schlechthin richtig begreifen zu können, bedarf es eines Blickes in die Vergangenheit, eines *sehr tiefen* Blickes – beinahe bis an den Beginn der Schöpfung. Erst dann können wir die großen Zusammenhänge erkennen, unser wahres Wesen verstehen, dann ergibt sich so manches Aha-Erlebnis, und erst dann haben wir eine Chance, uns selbst und den großen Rahmen, in den wir hineingeboren worden sind, mit anderen, dann geöffneten Augen zu sehen.

Lassen Sie uns gemeinsam diese Reise antreten – allerdings nur so kurz und knapp wie möglich; denn sie soll ja nur als Basis dienen, als ein Fundament für unsere Innere Arbeit. Ich greife dabei zurück auf das, was ich ausführlich in anderen Büchern[a] geschildert habe und gebe es hier auszugsweise wieder. Die Bibel kann leider für dieses Geschehen nicht als Quelle dienen, weil sie den *Engelsturz* oder *Fall* – die Ursache allen Übels, ohne deren richtiges Verständnis alles im Nebel der Unwissenheit verbleibt – nur an wenigen Stellen erwähnt, und es von theologischer Seite weder eine ausführliche noch verständliche Interpretation dafür gibt. Es heißt in wenigen Sätzen lediglich, daß sich ein Kampf im Himmel erhob, Michael und seine Engel gegen den Drachen und dessen Engel kämpften, und *„gestürzt wurde der große Drache, die alte Schlange, die den Namen Teufel und Satan trägt, der den ganzen Erdkreis verführt; er wurde hinabgestürzt auf die Erde, und seine Engel wurden mit ihm gestürzt."* (Offb 12, 7 – 9)

Das war's.

Leider reicht das vorne und hinten nicht aus, um dem Fragenden und Suchenden auch nur im entferntesten eine Ahnung von dem zu vermitteln, was wirklich geschah. Hätte es den Fall nämlich nicht gegeben, dann gäbe es auch kein materielles Universum, keine Dunkel-

---

a siehe Buch-Anhang

heit, nichts Böses, keine Notwendigkeit der Rückführung alles Gefallenen wieder ins Licht; es gäbe auch keine Menschen, sondern Sie und ich und mit uns alle, die jemals diese Erde betreten haben und noch betreten werden, würden als geistige Wesen unser wahres Leben leben und nicht – wie momentan – eingebunden sein in die Schwere eines materiellen, menschlichen Körpers.

Wenn wir daher mehr über die Schöpfung, und damit selbstverständlich auch über uns, wissen wollen, müssen wir auf die sogenannten Neuoffenbarungen[a] zurückgreifen. „Daß sie untereinander nicht absolut übereinstimmend, wenn auch stimmig in ihrer Sinnaussage sind, liegt nicht in ihrem Urheber Gott begründet, sondern im seelischen Aufnahmevermögen des Empfängers, in dessen Bewußtsein. Auch die Evangelien stimmen im übrigen nicht überein, ganz abgesehen von den Apokryphen, den ‚verborgenen' Evangelien, die wegen ihrer Andersartigkeit oder Linienabweichung erst gar nicht in das Neue Testament aufgenommen wurden. Nichtsdestoweniger läßt sich anhand der Neuoffenbarungen ein klares, uns verständliches Bild zeichnen, das mehr als ausreichend ist, um auch diesen Teil des Mosaiks ausfüllen zu können", schrieb ich in *Die Spielregeln oder Das Ende der Vernebelung*.[2] Hier nun die Kurzfassung dieses unbegreiflichen Geschehens:

> Was mit dem Akt der Schöpfung erfolgte, das ist schon so unfaßbar für unseren Verstand, daß einfachste Erklärungen dafür herhalten müssen, die zwar gelesen, aber kaum verstanden werden können. Was davor war, bevor also die Energie und Intelligenz Gott sich entschloß, aus sich „herauszutreten" und durch Seinen Schöpfungswillen im geistigen Universum etwas „sichtbar" und „faßbar" werden

---

a Mit dem Begriff „Neuoffenbarungen" werden die aus dem Geiste Gottes empfangenen Durchsagen und Niederschriften bezeichnet (manchmal auch abwertend belegt), was ihren Gegensatz zur Bibel herausstellen soll. Sie sind so umfangreich geworden, daß ihre Anzahl nicht mehr zu bestimmen ist (die der nichtgöttlichen Durchsagen übrigens auch). Ihr unübertrefflicher Inhalt geht weit über den Rahmen der Bibel hinaus. Muß er ja auch, denn Gott ist kein „Wiederkäuer". Die christlichen Kirchen haben damit naturgemäß ihre Probleme.

zu lassen, entzieht sich unserem Denken und unserem Vorstellungsvermögen ohnehin gänzlich.
Es geschah auf jeden Fall, und das Ergebnis war eine geistige Schöpfung, die belebt war von Wesen, deren Ursprung einzig und allein die Schöpferliebe Gottes war. Ihm zum Ebenbild schuf Er die Wesen des Himmels, die wir Engel nennen, ausgestattet mit einem Bewußtsein, dessen Größe, Möglichkeiten und Energiepotential wir nicht fassen können. Sie waren und sind göttlich. Sie waren und sind *nicht* gottgleich oder gar Gott.
Mit der Erschaffung der Geistwesen erweiterte sich die Bedeutung Gottes auf die des *Vaters*, der geistige *Kinder* ins Leben gerufen hatte. Für die Liebe, die diese göttliche Vaterperson darstellt, ist es nicht nur unvorstellbar, sondern völlig u n m ö g l i c h , eine Beschneidung der Freiheit ihrer Kinder vorzusehen oder vorzunehmen. Also erhielten alle Kinder als schönstes und größtes Geschenk die Willensfreiheit. Die Freiheit ging so weit, dem Kind die Entfernung von der göttlichen Ordnung und sogar die Wandlung seines Wesens zu gestatten. Damit, so würden wir sagen, fing das Problem an.
Die Willensfreiheit, die wir heute noch besitzen[a], ist der springende Punkt zum Verstehen des nachfolgenden Geschehens. Wer die freie Willensentscheidung ablehnt, wie zum Beispiel Luther und ihm folgend die evangelische Kirche, der *kann gar nicht* die Einzelteile zu einem Mosaik harmonisch und sinnvoll zusammenfügen. Aber selbst dort, wo der freie Wille betont wird (wie beispielsweise in der röm.-kath. Kirche), führt dies aufgrund hausgemachter Beschränkungen nicht automatisch zum Erfassen der Zusammenhänge.
Der Mißbrauch des freien Willens führte den Engelsturz herbei, und erst dadurch ergab sich die Notwendigkeit der

---

a Wobei wir vielleicht ehrlicherweise sagen müßten „im Prinzip besitzen", denn wir selbst haben unsere ehemalige Willensfreiheit durch Entscheidungen im Eigenwillen schon erheblich beeinträchtigt.

Rückholung der gefallenen Geistwesen. Für sie wurde über die Menschwerdung die Möglichkeit zur Rückkehr in den Himmel geschaffen. Ohne dieses Wissen und seine richtige Einordnung läßt sich das Drama, das sich seit unvorstellbar langer Zeit zwischen Himmel und Erde abspielt, nicht erkennen. Und wenn es denn hier und da in Ansätzen erkannt wird, fehlt es an Einblick, um es zu begreifen.

Weil Gott Kinder wollte, die sich in absoluter Freiheit zu Seiner Liebe bekennen und mit diesem Schritt schließlich selbst zur göttlichen Liebe werden, konnte Er keine Wesen schaffen, die – Sklaven oder Robotern gleich – ohne Entscheidungsfreiheit zwar keine Fehler hätten machen können, denen aber Entscheidendes gefehlt hätte: die Liebe als das selbstbestimmende Element des Lebens. Vergleichbar mit dem, was wir über unsere irdische Evolution wissen, hätten dies allenfalls tierähnliche Wesen sein können. Für die höchste Intelligenz, die Liebe, Barmherzigkeit, Geduld, Ernst, Weisheit, Wille und Ordnung und gleichzeitig die Allmacht in einer Person darstellt, nicht vorstellbar.

Unfreie Geschöpfe waren also nie das Ziel und sind nie geschaffen worden!

Was sich im Äonenlauf im ersten weiblichen Engel – Sadhana, Satana oder Luzifer genannt – abspielte, wird sich menschlichem Fassungsvermögen für immer entziehen. Als Grund für die Auflehnung dieses Engels und schließlich seines Anhangs wird nach allgemeiner Auffassung der Stolz genannt. Im weitesten Sinn ist das richtig; im Detail ging es darum, das Abhängigkeitsverhältnis von Gott nicht mehr anzuerkennen. Denn dieses Wesen neidete Gott den Vorrang, von „Ewigkeit" zu sein, während es selbst einen „Anfang" hatte. Es stand im Prinzip dem Wesen Gottes in nichts nach, denn es war, wie alle Geschöpfe, nach Seinem Ebenbild geschaffen – allerdings ließ erst der Wille Gottes, Seine Liebe und Seine Allmacht dieses erste weibliche und die weiteren Wesen erstehen. Gott als die ewige Lebensenergie (der Odem Gottes) war und ist darüber hinaus Allgegenwart, was auf Seine Kinder nicht zutrifft. Das war Sadhanas[a] Problem.

Ihr Denken und Handeln nahm immer feindlichere Formen an; ihr Streben, nicht länger „zweitrangig" sein zu müssen, beherrschte sie mehr und mehr. Um dieses Ziel zu erreichen, hätte Sadhana Gott aber vernichten, auslöschen, vergehen lassen müssen – eine Unmöglichkeit für die Liebe. Kein Geschöpf ist größer als sein Schöpfer. Die Auflehnung gegen Gott, die Verweigerung der Anerkennung und das direkte Aufbegehren in Form eines „Aufstandes" (die Verwendung der Gänsefüßchen weist auf die Schwierigkeit hin, die richtigen Worte zu finden) führten dazu, daß ein Gesetz zur Geltung kam, das höchst sinnvoll das Miteinander regelt: „Gleiches zieht Gleiches an" bzw. seine Umkehr „Ungleiches stößt sich ab". Sadhana und ihr Anhang konnten sich in den energetisch höchstschwingenden, himmlischen Bereichen nicht mehr halten. Durch ihr gegensätzliches Verhalten hatte sich schließlich die Schwingung des pulsierenden Lebens in ihr und ihren Anhängern verringert. Sie „fielen", das heißt, sie mußten den Himmel trotz Gegenwehr verlassen.

Michael und seine Engel hatten den Drachen und seine Engel besiegt, wie es in der Bibel heißt. Der „Fall" hatte seinen Anfang genommen.

Da Gott als die Liebe keines Seiner Kinder zugrunde gehen läßt, geschweige denn eines vernichtet, waren Sadhana und ihr Anhang auch nicht verloren, als sie den Himmel verlassen mußten. Wenn wir uns mit unserem schwachen Vorstellungsvermögen auch nur den kleinsten Hauch göttlicher Liebe vergegenwärtigen, dann werden wir verstehen, daß es nur eine Lösung geben konnte: außerhimmlische Bereiche, die zur vorübergehenden Heimat der Gefallenen wurden. Die zerstörerische Absicht in Sadhanas We-

---

a Ich verwende ab hier nur noch diesen einen Namen, weil es das Lesen ansonsten erschwert.

sen hatte aber durch diesen Fall nichts an Eigenwilligkeit verloren. Ihr Schöpfungspotential und -wissen waren immer noch so unendlich groß, daß sie den Kampf auch außerhalb des Himmels nicht aufgab. Doch mit jedem weiteren Vorstoß, der gegen die Liebe Gottes gerichtet war, reduzierte sich die Leistungsfähigkeit ihres Bewußtseins und damit die Aufnahmefähigkeit ihres Energiekörpers. Das galt ebenso für alle Wesen, die ihr gefolgt waren.
Aber trotz ihrer Intelligenz fiel und fiel sie über unendlich lange Zeiträume hinweg, was sie schließlich kaum noch oder nicht mehr bemerkte, weil von ihrer ursprünglichen geistigen Größe nichts mehr übriggeblieben war. Die Anzahl außerhimmlischer Bereiche war inzwischen immens zahlreich geworden, und mit jeder weiteren „Entfernung" vom rein-geistigen, himmlischen Zentrum verdichtete sich die ursprünglich höchstschwingende Energie mehr und mehr. Die Geburtsstunde der Materie war gekommen. Es gilt festzuhalten:
Die Materie entstand erst als letztes Glied aufgrund des Engelsturzes, des Falls, als Folge des verlorenen Kampfes des „Drachens" und seiner Anhänger.
Daß diese Stunde geschlagen hatte, bedeutete noch nicht, daß sogleich die Erde entstand. Keiner weiß, wie lange sich die Evolution dafür Zeit ließ. Es stand auf jeden Fall genügend davon zur Verfügung. Die Herausbildung immer dichterer Bereiche bis hin zum materiellen Universum war ausschließlich die Folge nicht enden wollender Zuwiderhandlungen der gefallenen Geister, nach wie vor mit Sadhana an der Spitze. So wie es überhaupt nicht zum Fall hätte kommen müssen, so war auch die Entstehung der Materie weder die Absicht noch das Ziel Gottes, ebensowenig war sie von Seinen Gegenspielern gewollt. Gott in Seiner Liebe ließ jedoch die Bildung der Materie nicht nur zu, Er gab Seinen Willen hinzu. Auf diese Weise wurde eine Plattform geschaffen, die zur Rückkehr dienen konnte. Aber allerspätestens dann, als die sich verdichtende

Energie auch den Planeten Erde und das erste Leben hervorbrachte, wurden die Weichen in Richtung „Umkehr" gestellt. Die irdische Evolution nahm ihren Lauf.
Den Absturz in die Tiefe und damit die Rückentwicklung hätten die gefallenen Wesen durch freien Willensentschluß jederzeit und an jedem Punkt der Entwicklung, in jeder beliebigen „Höhe" stoppen können. Der Zwang, bis nach ganz unten fallen zu müssen, bestand nie.
Viele der Wesen erkannten ihr falsches Handeln auch so rechtzeitig, daß sie – da sie noch nicht zu tief gefallen waren – auf ihrer Stufe verbleiben konnten, ohne den weiteren Abstieg mitmachen zu müssen. Aber die Uneinsichtigen unter ihnen erreichten gemeinsam mit Sadhana schließlich einen licht- und energiearmen Zustand völliger Erkenntnislosigkeit, den wir als „Hölle" bezeichnen können. Sie waren am Tiefstpunkt ihres Falls angelangt. Der Himmel hatte sich für alle Bereiche, die sich durch den Fall gebildet hatten, geschlossen.
Wenn man diesen zeitlich nicht zu überschauenden und verstandesmäßig nicht begreifbaren Vorgang, der hier auf wenigen Seiten zusammengefaßt ist, nun auch noch so hoch konzentriert, daß er in dem Satz „Im Anfang schuf Gott den Himmel und die Erde" (1 Mos 1,1) Platz hat – welche Chancen hat der Suchende dann noch, um vom rein kopfnickenden Glauben zum herzöffnenden Verstehen gelangen zu können?[3]

Viele Auslegungen, Erklärungs- und Erläuterungsversuche hat es gegeben, um dieses gewaltige Ereignis in verständliche Worte zu fassen. Wurde dieser Versuch vom Intellekt begleitet, dann blieb er in Dogmen, Phrasen und Glaubensvorschriften stecken. Nur wer auf sein Herz und dessen Logik hörte und hört, konnte und kann ein wenig davon erfassen. Doch es reicht aus, das Verhältnis Gottes zu Seinen Geschöpfen in einem völlig anderen Licht zu sehen.

Sie ahnen jetzt auch sicher schon, daß eine Veränderung, die nur im Äußeren angestrebt oder durchgeführt wird – gleich welcher Art sie ist –, nie den Kern des Problems berühren kann. Alle Probleme und Schwierigkeiten, die die Menschheit von ihrem Anbeginn bis zu ihrem Ende hat, haben eine gemeinsame geistige Ursache, auch wenn sie für uns in der Materie auftreten: die Entfernung von ihrem Ursprung, ihrer göttlichen Heimat, das Verlassen einer nicht zu beschreibenden Liebe – ausgelöst durch den *Fall* oder *Engelsturz* vor unendlich langer „Zeit“[a].

Viele, für die dies neu ist, werden mit einer gewissen Logik sagen: „Angenommen, das war so. Was hat das mit mir zu tun? Ich bin doch kein Engel, war auch nie einer. Ich bin doch ein Mensch.“

Wenn man es auf das Hier und Jetzt überträgt: Völlig richtig, doch es ist nur der kleinere Teil der Wahrheit. Die ganze Wahrheit ist sehr viel umfassender: Sie sind unauslöschlicher, das heißt ewiger *Geist*, Sie haben eine *Seele*, die den sogenannten Tod überdauert, und Sie sind *Mensch*, weil Sie sich aus irgendwelchen Gründen als geistiges Wesen entschieden haben, die Erde zu betreten, um hier für ein paar Jahrzehnte zu leben. Aber Ihre wahre Heimat – unsere Heimat – ist die Erde nicht. Die Heimat liegt ganz woanders: Vielleicht noch weit weg, und damit nicht sogleich zu erreichen, oder aber bereits „gleich um die Ecke“ – je nach Bewußtsein, je nach dem Maß gelebter Liebe, je nach Seelenzustand. In jedem Fall aber, ob schwer oder leicht zu finden, die wahre Heimat – den Himmel – tragen wir *in uns*. Und irgendwann, hoffentlich schon bald, werden wir dort wieder zu Hause sein.

Keinem, der sich hier auf Erden wohl fühlt und gerne hier ist, will ich eine Illusion rauben. Es kann ja auch sehr schön sein hier; es sollte sogar so sein, denn die Erde und dieses Leben sind uns gegeben, damit wir etwas Positives daraus machen und die Früchte unseres Strebens sodann ernten. Darum auch dieses „Handbuch“ für die Innere Arbeit, nicht nur mit Blick auf ein irgendwie geartetes besseres Leben im Jenseits, sondern mindestens genauso wichtig für eine Verbesserung unserer momentanen Lebensbedingungen. Das ist, auch aus göttlicher Sicht, völlig legal, zumal das göttliche Gesetz einen

a Doch nicht alle Seelen, die „ins Fleisch gegangen“ sind und nun als Menschen vorübergehend auf der Erde leben (das kann schon wiederholt geschehen sein), haben den Fall mitgemacht. Es gibt unter uns sehr viele geistige Wesen, gerade in dieser schweren Zeit, die den Himmel freiwillig verlassen haben, um ihren Brüdern und Schwestern auf der Erde helfend zu dienen.

„illegalen“ Gebrauch – also das Anzapfen göttlicher Energien ohne eine entsprechende Bemühung und/oder Veränderung – ohnehin unterbindet. In verstärktem Maße aber fließt uns Lebensenergie, die nicht nur unsere innere (seelische) und unsere äußere (körperliche) Situation, sondern auch unser gesamtes Umfeld harmonisiert, dann zu, wenn wir uns um die Liebe zu Gott und unserem Nächsten bemühen. Und was wir uns hier erarbeitet haben an Frieden, Vertrauen, Gemeinsamkeit, Ausgeglichenheit, Geborgenheit, Freiheit und so vielem mehr, bleibt Teil unseres Wesens und wird von uns „mit hinübergenommen“.

Dennoch bedarf es ab und zu der Erinnerung daran, wer wir wirklich sind. Die Motivation, etwas verändern zu wollen, ist um so größer und fruchtbringender, wenn wir um die Liebe *in uns*, um unser göttliches Erbe, wissen und darum, daß und wie man diese Liebe mehren kann.

Und jetzt greife ich etwas vor: Die Sehnsucht ist die Voraussetzung für eine Veränderung, sie ist der Schlüssel, der uns finden läßt.

Die Sehnsucht ist der Schlüssel, der dich finden läßt

Du möchtest wirklich finden, Kind? Dann mach’ dich auf
und gehe suchend Schritt für Schritt auf deinem Weg.
Und du wirst finden! Denn die Spur, die Ich dir leg’,
führt dich zurück zu Mir. Du wartest noch? Worauf?

Die Suche scheint nicht leicht, oft voller Müh’ und Last?
Wie willst du finden, wenn du zweifelnd stille stehst?
Wenn du, statt Mich zu suchen, deine Wege gehst,
für die du freien Willens dich entschieden hast?

Ich sprach, daß jeder, der Mich sucht, Mich finden wird.
So kann kein Zweifel daran sein, daß dies geschieht,
und daß Mein Herz auch dich und jeden an sich zieht,
der liebt und voller Sehnsucht sich an Mich verliert.

Die Sehnsucht ist der Schlüssel, der dich finden läßt,
und Ich Bin es in dir, der dein Bemühen trägt.
Ich Bin es, der sich stark und tröstend in dir regt,
und wenn du schwankend wirst, dann halte Ich dich fest.

Du willst Mich finden, Kind? Dann komm und tu den Schritt,
laß deiner Sehnsucht freien Lauf und zög're nicht
und finde so zu dir und Mir zurück – ins Licht.
Und sei, was auch geschieht, gewiß: Ich gehe mit![4]

Das Wissen darum, wer wir in Wirklichkeit sind, das heißt das Verständnis für die „Dreiteilung" unseres Wesens – Geist, Seele, Mensch –, kann uns dabei helfen, unsere Sehnsucht wachsen zu lassen und notwendige Entscheidungen zu treffen. Und weil sowohl bei Theologen, Psychologen, sonstigen -logen und in diversen Wissenschaften keine Einigkeit darüber besteht, was Geist und Seele tatsächlich sind, und wie sie „funktionieren" (die größte Übereinstimmung besteht noch bei der Beurteilung des Menschen), lassen Sie uns kurz das Miteinander und Ineinanderwirken dieser drei Elemente, Komponenten oder Wesenheiten betrachten. Schon, damit wir die gleiche Sprache sprechen.

Wenn sich ein flüssiger Stoff verfestigt, bildet sich an seiner Außenhaut die erste festere Hülle, die immer dichter wird, weil immer mehr innere Flüssigkeit des jetzt erstarrenden Gebildes ebenfalls fest wird. Dieses Bild läßt sich gut auf das übertragen, was mit den Engeln geschah, die den Himmel verlassen mußten. Um ihre herrlichen Energiekörper, die in Form gebrachtes, reinstes Bewußtsein waren, bildeten sich die ersten Hüllen. Je weiter die Wesen „abstürzten", sich vom göttlichen Bewußtsein entfernten, um so mehr verkleinerte sich ihr rein-geistiger Kern; gleichzeitig nahm die Verdichtung zu, das heißt, mehr und mehr Hüllen umschlossen den Geist. So formten sich die Seelenhüllen, die in ihrer Gesamtheit als Seelenkörper bezeichnet werden oder einfach als Seele.

- Wenn wir daher von *Geist* sprechen, ist damit nicht unser Verstand oder unser Bewußtsein, unsere Intelligenz oder unsere Auffassungsgabe gemeint, sondern der Teil, der unser göttliches Wesen ausmacht, unser wirkliches Leben, ewig und unzerstörbar.

- Verläßt ein Geistwesen den Himmel (das muß, wie wir gelesen haben, nicht nur durch den Fall bedingt sein), dann schließen mehr oder weniger dichte Energie-Hüllen diesen Geist ein. Der Volksmund verwendet dafür den Begriff *Seele.*
- Geht eine Geist-Seele zur Inkarnation, dann tritt sie bei der Geburt in einen materiellen Körper ein. Ein *Mensch* ist geboren worden, in dem für die Dauer einer kurzen oder langen Lebensspanne eine – seine – feinstoffliche Seele lebt, die wiederum den Geist in sich trägt, oft auch als Geistfunke oder höheres Selbst bezeichnet.

Auf Erden sind wir also „dreigeteilt“: Mensch, Seele, Geist. In den jenseitigen Sphären, die noch nicht den Himmel darstellen, haben wir keinen materiellen Körper mehr, sondern bestehen „zweigeteilt“ aus Seele und Geist. Haben wir schließlich die Vollkommenheit erreicht, haben sich die Seelenhüllen – die licht und lichter geworden sind – also wieder aufgelöst, dann gibt es keine Teilung und keine Trennung mehr. Wir sind eins in und mit uns selbst, mit Gott, unserem Vater, und mit allem, was ist – wir sind wieder das, was wir seit Ewigkeiten sind und nie verloren, sondern nur vergessen hatten: individueller Geist, reinstes Bewußtsein, reinste Liebe.[a]

Wenn das keine Zukunftsaussichten sind!

---

a Ausführlicher werden der Fall, die Entstehung des materiellen Universums und des Menschen und vor allem die Bedeutung von Seele und Geist in *Das letzte Wort hat die Liebe*, 13. und 14. Kapitel, geschildert.

2. Mission Rückruf

Wo Bin Ich? Bin Ich in den buddhistischen Tempeln?
Bin Ich in den christlichen Kirchen? Bin Ich in den Moscheen?
Ich Bin in euren Herzen, dort findet Mich jedes Kind.

Aus einer Christusoffenbarung vom Juli 2005

Nachdem wir nun – wenn auch in denkbar kürzester Abhandlung – erfahren haben, wer wir in Wirklichkeit sind, tauchen neue Fragen auf, die Antworten verlangen, wenn wir unseren roten Faden weiterhin logisch aufbauen und den Bereich der Spekulationen oder des Glauben-müssens-um-jeden-Preis meiden wollen.

Mit der Bildung der Materie hatte der Fall seinen Tiefpunkt erreicht, die „Entfernung" zum Himmel, den rein-geistigen Welten, war unüberbrückbar groß geworden. Hatte Gott damit aber einen Teil Seiner Kinder auf immer verloren? Ist dies überhaupt denkbar, wenn wir wissen und anerkennen, daß Gott die Liebe ohne Wenn und Aber ist? Daß es eine bedingungslosere Liebe nicht gibt und auch keine größere Macht als Seine Allmacht? Daß diese Macht deshalb auch alle Möglichkeiten hat und ausschöpft, das wieder zurückzuholen – unter Beachtung des freien Willens Seiner Geschöpfe! –, was sich im Eigenwillen von Ihm entfernt hatte und nun ein Dasein in Not, Elend und Unfreiheit fristete? Denn sich vorzustellen, daß gemessen am himmlischen Sein in grenzenloser Liebe, Fülle und Freiheit ein Leben in dieser selbstverursachten Gottferne die Hölle darstellt, dazu bedarf es keiner ausgeprägten Phantasie.

Hat Gott Seine Kinder, die sich nach außerhalb begeben hatten, also einfach „da draußen machen lassen"? Versetzen Sie sich für einen Augenblick an Seine Stelle. Natürlich ist das nicht wirklich möglich, aber es ist auch keine Gotteslästerung, wenn wir auf diese Weise einen winzigen Blick in Sein unendlich großes Herz werfen und so ein Gespür dafür bekommen, was an kirchlicher Lehre falsch und was richtig ist.

Also: Was hätten Sie an Seiner Stelle getan – immer der Tatsache eingedenk, daß Sie die unendliche Liebe sind und die Allmacht haben? Es *kann* nur eine Antwort geben.

In dem Offenbarungswerk *Bischof Martin*[a] heißt es in einem wunderbaren Vergleich: „Eine Mutter würde neunundneunzig der glänzendsten Gesellschaften verlassen, um zu ihrem kleinen Kind um der künftigen Liebe willen zu eilen, da ein kleines Fünklein wahrer Liebe höher steht als tausend Welten ... Wenn aber eine irdische Mutter das täte, um wieviel mehr Ich, der Ich Meinen Kindern alles bin ...“[5] Wenn nun unser Handeln als Vater oder Mutter gefragt wäre in einer Situation, in der die Gefahr bestünde, unsere Kinder zu verlieren – würden wir nicht *alles* in unserer Macht Stehende unternehmen? O ja, wir täten es! Und wir dürfen davon ausgehen, daß Gott zuallermindest das gleiche, wenn nicht viel Größeres tut. Und im Rückblick auf das, was vor 2.000 Jahren geschah, dürfen wir davon überzeugt sein: „Er hat es getan. Er hat sich aufgemacht, um *alle* Gefallenen wieder heimzuholen.“

Er hat Seinen Kindern genau das gebracht, was so dringend benötigt wurde: das fehlende Element der Liebe. Wer diese Liebe kennengelernt hat, ist nicht mehr nur überzeugt davon, daß es so war, er *weiß* es.

Es gab und gibt einen „kleinen Haken“ bei der Sache, nicht wirklich störend oder hinderlich, aber er macht die Rückführung zu einer – wir würden sagen – „zeitraubenden“ Geschichte, wobei es Zeit im Geistigen natürlich nicht gibt: die Tatsache, daß alle Geschöpfe[b] den freien Willen haben und dieser von Gott unter allen Umständen respektiert wird.

Natürlich wäre es – bildlich gesprochen – viel einfacher gewesen, den aufmüpfigen Ausreißern die Ohren lang zu ziehen, ihnen ein paar passende Worte zu sagen, sie bei der Hand zu nehmen, und sie wieder nach Hause zu bringen. Die meisten von uns hätten das ver-

---

a empfangen von Jakob Lorber

b Dies gilt noch nicht für das Mineral-, Pflanzen- und Tierreich, das sich – sowohl im Geistigen als auch im Materiellen – noch im Evolutionsstadium befindet und erst in die Freiheit eines Gotteskindes hineinwächst.

mutlich so gemacht, und dabei in eklatanter Form das Liebegebot des unantastbaren, freien Willens verletzt.

Da Gott Seine eigenen Gesetze niemals mißachten oder außer Kraft setzen wird, auch nicht unter den denkbar schwierigsten Umständen, müssen sie so angelegt sein, daß *jede Situation* in *jedem Fall* gelöst werden kann, und das auf der Grundlage absoluter Liebe. Würde es je erforderlich werden, ein Gesetz „zu biegen", um einen Ausweg aus einem Dilemma zu finden, dann erwiesen sich Seine Gesetze als unvollkommen und Er als der Gesetzgeber selbstverständlich auch, was im gleichen Moment das Ende der Schöpfung bedeuten würde.

Die einzige Antwort auf den Fall konnte also nur sein, diejenigen, die den Himmel verlassen hatten, dazu zu bewegen, aus freien Stücken heraus den Rückweg anzutreten, um wieder zu ihrem Ursprung zurückzukehren, um wieder zu dem zu werden, was sie im Kern ihres Wesens immer noch waren und immer bleiben werden: zur Liebe.

Nur, und jetzt kommt eine weitere Hürde, die die Sache nicht ganz so einfach macht (der freie Wille hat eben nicht nur Vorteile, er bürdet uns andererseits auch ganz schön Verantwortung, Entscheidung und Arbeit auf): **„Wer wieder in den Himmel eintreten will, muß den Himmel in sich tragen"**, sagt ein weises Wort und beschreibt damit einen Aspekt des geistigen Gesetzes der Anziehung und gleichermaßen der Abstoßung, jener anderen Seite der Medaille. Das Wissen um Anziehung und Abstoßung wird uns als wichtiges Hilfsmittel noch beschäftigen, wenn wir zur Praxis der Inneren Arbeit kommen.

„Ohne erschlossene Liebe kein erschlossener Himmel." Das mag hart erscheinen, entspricht aber der Gerechtigkeit Gottes, die im übrigen für *alle* ohne Ausnahme gilt und Teil Seiner allumfassenden Liebe ist, die uns auch den freien Willen geschenkt hat. Sie ahnen jetzt möglicherweise schon, warum die Innere Arbeit für jeden unumgänglich ist, und daß keine noch so treue Kirchenmitgliedschaft, kein noch so scharfer Intellekt, kein noch so langes Studium der Religionswissenschaften, keine noch so hohe Position innerhalb einer Religions- oder Ideologiegemeinschaft ausreicht, um später einmal als Eintrittskarte für den Himmel gelten zu können.

Wie aber sollten diejenigen, die im Laufe der Äonen den Himmel immer weiter hinter sich gelassen hatten, jemals zur Einsicht kommen und die Kraft aufbringen können, umzukehren und die Liebe in sich wieder zu entwickeln, von deren Ausmaß und Macht sie nicht einmal mehr einen blassen Schimmer hatten? Eine absolute Unmöglichkeit, wenn man erwartet, daß sie dies aus eigener Kraft würden schaffen können. Und nicht nur, daß sie nicht zurück konnten, wenn sie denn gewollt hätten, ein Großteil von ihnen – zumindest die, die sich innerhalb der dunklen Hierarchie ihre Positionen geschaffen hatten – sah gar keinen Grund, ihr Vorhaben aufzugeben, das sich zu einem ununterbrochenen, wenn auch aussichtslosen Kampf gegen das Licht entwickelt hatte. Aber auch ihnen galt (und gilt) die „Mission Rückruf", denn kein einziger wird zurückbleiben. Erst dann, wenn *alle* wieder zu ihrem Ursprung zurückgefunden haben, hat sich der große Bogen, der mit dem Fall begann, wieder geschlossen, und die vollkommene Einheit ist wieder hergestellt. Auch wenn die offizielle christliche Lehre etwas anderes aussagt.

> „Der Mensch kann sein Leben verfehlen", heißt es im Evangelischen Erwachsenenkatechismus. „Wir haben keine Garantie, daß am Ende alles gut ausgeht."[6] Da manche christlichen Theologen und Gruppierungen die Annahme, Gott würde einen Teil Seiner Geschöpfe auf ewig ins Feuer schicken, nicht zusammenbringen konnten mit Seiner Liebe und Barmherzigkeit, entwickelte sich die Allversöhnungslehre[a], die jedoch von den offiziellen Vertretern der Kirche abgelehnt wird; von den Protestanten, weil die Allversöhnung im Neuen Testament keinen Anhalt findet, von

---

a Allversöhnungslehre = alle Seelen und Menschen finden zu Gott zurück, also keine ewige Verdammnis. Es tut ein bißchen weh, wenn man die vielen Stellungnahmen – zumeist von Protestanten – und ihre Begründungen liest, in denen mit Eifer und Fanatismus dafür gekämpft wird, daß es *keine* „Wiedereinbringung aller" (Apokatastasis) gibt, sondern nur ein ewiges Getrenntsein für die, welche im Gericht verurteilt werden. So, als wollte man damit zum Ausdruck bringen, daß dies den Unglücklichen recht geschähe; sie hätten ja auch glauben können.

> den Katholiken, weil ... Dogmen dagegenstehen. Keine Allversöhnung bedeutet aber: ewige Verdammnis für diejenigen, die nach ihrem Leben für „zu leicht befunden" werden.[7]

Lassen Sie uns unsere Herzenslogik, diese wunderbare, den Geist erhellende Mischung aus Herz und Verstand, gebrauchen und festhalten, daß Gott Seine Kinder nicht alleine ließ und eine Möglichkeit schuf, die erforderliche Liebekraft für eine Umkehr in jede Seele und jeden Mensch hineinzulegen. Es handelt sich dabei um das Geschehen, das die christlichen Kirchen als „Erlösung" bezeichnen, allerdings so verfremdet dargestellt, daß deren Auslegung dazu geführt hat, daß sich die überwiegende Zahl von Mitgliedern christlicher Kirchen für erlöst hält, weil sie sich haben taufen lassen.

„Wenn wir meinen", so schreibt *Geddes MacGregor,* Theologe und Prof. der Philosophie, „man brauche sich nur von der Liebe Christi ergreifen zu lassen und glühende Dankbarkeit zu empfinden für die Erlösung, die er jedem Empfänger seiner Gnade zusichert, wenn wir glauben, dies sei schon alles, so ist das beileibe keine christliche Anschauung."[8]

Jeder Inkarnation liegen die gleichen Gesetzmäßigkeiten zugrunde. Ein Geistwesen verläßt die höchstschwingenden Sphären, den Himmel, geht über oder durch diverse außerhimmlische, also niederschwingende Bereiche, nimmt bei diesem „Abstieg" freiwillig Belastungen unterschiedlichster Art auf, wodurch sich seine Seelenhüllen – in ihrer Gesamtheit: die Seele – bilden. Diese feinstoffliche Seele, nach wie vor ein Individuum und in ihrem Kern unzerstörbare Liebe-Energie, tritt bei der Geburt in einen menschlichen Körper ein. Eine Inkarnation[a] hat sich vollzogen[b]. Absolute Kurzfassung! – und die Bitte, sich umfassender zu informieren, wenn Sie dem zustimmen,

---

a Inkarnation = Fleischwerdung, Verkörperung, „Re"-inkarnation bedeutet die erneute oder wiederholte Verkörperung.

b Bei dem Vorgang, den die meisten Menschen für den „Tod" halten, vollzieht sich das Gegenteil: Die Seele, durch ihr Leben im menschlichen Körper entweder belastet (dunkler und schwerer geworden) oder von so manchem befreit (leichter und lichter geworden), verläßt die Materie und wird ins Jenseits, in feinstoffliche Welten, hineingeboren.

was Sie hier lesen, aber aus den bereits geschilderten Gründen nicht immer so umfangreich dargestellt finden, wie Sie es sich vielleicht wünschen.

Wie leicht kommt es uns von den Lippen, daß Gott die Liebe ist, ohne daran zu denken, daß Er dann auch nur aus der Liebe heraus handeln kann. Daher konnte es nur einen einzigen Weg geben, die abgefallenen Kinder zurückzuholen. Es ist ein Weg, den menschliches Bewußtsein sich weder ausdenken kann noch je ganz versteht.

Da Gott Seine Gesetze aufgrund ihrer Absolutheit und Vollkommenheit nie umgehen oder verändern muß, erfolgte die Menschwerdung des Gottesgeistes – des göttlichen Aspektes der Liebe – nach den gleichen Regeln, wie sich jede Inkarnation vollzieht, und wie sie zuvor beschrieben wurde. Gott wurde Mensch in Jesus von Nazareth.[a] Die Liebe selbst ging in „die Tiefe“, um den Gefallenen – ihren gottfernen Kindern – die Kraft zu bringen, die sie benötigten, um wieder zurück in den Himmel zu finden. Für die einen nicht nachvollziehbar, unglaubwürdig, für die anderen ein völlig logisches Geschehen, das sich aus der Tatsache grenzenloser Liebe und Allmacht ergibt.

In einer Christusoffenbarung der heutigen Zeit heißt es dazu: „Ich, Jesus Christus, Bin die Liebe des Vaters, eins mit Ihm. Aus Ihm kam Ich in Meiner Eigenschaft der Liebe zu euch auf diese Erde und lehrte Meine Jünger und alle, die Meinen Worten lauschten, den Weg der Liebe.“[9]

Er lehrte aber nicht nur den Weg der Liebe, sondern, und das war das Entscheidende, Er *lebte* ihn vor. Wie hätte Er sonst Seine Anhänger überzeugen können? Theoretisieren konnten auch damals schon viele. Ein derartig großes und einmaliges Geschehen, wie es vor 2.000 Jahren mit dem Ziel vorbereitet, eingeleitet und durchgeführt wurde – erfolgreich obendrein! –, die geteilte Schöpfung wieder zu einen, brauchte Männer und Frauen, die das *lebten*, was ihnen ihr Vorbild *vorgelebt* hatte. Bis zum bitteren Ende.

Selbst der Geist in Jesus von Nazareth nahm bei Seinem Abstieg in die Materie Fehler und Schwächen auf sich, die der Mensch Jesus im Laufe Seines Lebens umwandelte in Licht und Stärke, bis Er – so-

---

a „Das Wort [Gott] ist Fleisch geworden und wohnte unter uns“ (Joh 1,14) weit dies einem Menschen möglich ist – vollkommen wurde. Ohne diese Innere Arbeit hätte Er den Menschen zwar als Lehrer, nicht aber als Vorbild dienen können, dem es nachzufolgen gilt. (Wer hätte sich Gott in Seiner Vollkommenheit als Vorbild nehmen können?[a]) So aber konnte und kann jeder die Früchte Seiner Arbeit sehen und sich entscheiden, Gleiches anzustreben.

> *Die Liebe, so klärte mich mein LICHT in* „Bin Ich es, den du liebst?" *auf, mußte der Dunkelheit beweisen, daß das Böse, das aus Gewalt, Haß und Vernichtung besteht, durch die selbstlose, gewaltfreie, verzeihende Liebe besiegt werden kann. Jesus Christus hat dadurch, daß Er sich hat kreuzigen lassen, die Überlegenheit der Liebe offenkundig gemacht und ist gerade durch diese Tat im Geistigen Sieger geblieben.*
>
> Hätte Er, rein theoretisch, die gleichen oder ähnliche Mittel angewendet wie Seine Gegner, denen Er ja von Seinem Bewußtsein, Seiner Kraft und Größe um ein unnennbar Vielfaches überlegen war, und damit den Kampf im Äußeren gewonnen, so hätte die Finsternis dennoch den Sieg davongetragen, weil sie bewiesen hätte, daß das Böse in der Lage ist, die Liebe zur Aufgabe ihrer Prinzipien zu zwingen. Ist das so? fragte ich.
>
> *Genauso ist es. Eine solche Überzeugung, daß die Liebe die stärkste Kraft darstellt – nicht nur als Theorie, sondern auch in ihrer praktischen Vorgehensweise –, ist für die allermeisten von euch unvorstellbar.*[10]

Mit dem Verkünden der Lehre und dem Vorleben der Liebe aber war es nicht getan. „Was denn noch?" werden Sie fragen. Das Entscheidende war die Übertragung des sogenannten „Christusfunkens", einer zusätzlich stärkenden Liebeenergie, die seit Seinem „Tod" auf Golgatha jeder Mensch und jede Seele in sich tragen. Damit war die bis dahin vorherrschende Macht der Finsternis auf der Materie und in

---

a Es hätte geheißen: „Klar, daß Du das schaffst, göttlich vollkommen und fehlerfrei wie Du bist. Aber wir sind nur schwache Menschen. Wie also können wir Dir nachfolgen?"

den angrenzenden feinstofflichen Bereichen gebrochen, der Fall war gestoppt, ein weiteres Fallen war nicht mehr möglich. Der Wendepunkt war eingeleitet worden. Der Himmel, bis zu diesem Zeitpunkt für die außerhalb Lebenden nicht mehr erreichbar, konnte wieder „betreten“ werden. Der verlorene Sohn hatte wieder alle Möglichkeiten, sich nicht nur auf den Weg ins Vaterhaus zu machen, sondern von Seinem Vater auch wieder in die Arme geschlossen zu werden.

Gott selbst hatte uns den Himmel wieder geöffnet. Nur: Die Entscheidung, auch hinein zu wollen, müssen wir immer noch selbst treffen (der freie Wille hat, wie schon erwähnt, eben auch seine „Schattenseiten“). Und auf den Weg machen, um wieder zur Liebe zu werden, müssen wir uns auch selbst. Allerdings – im wahrsten Sinne: Gott sei Dank – brauchen wir diese Wegstrecke nicht allein zu bewältigen.

Das ist die Wahrheit über die Erlösung. Keiner kann sich selbst erlösen. Dazu hat es dieser Liebetat bedurft. Nun aber einfach darauf zu hoffen oder daran zu glauben, daß uns Seine Liebetat auch gleichzeitig an unseren alten Stammplatz im Himmel zurückkatapultiert, das ist wohl eine Illusion. Wer es noch klarer braucht: eine Irrlehre.

Es bedarf unseres Wunsches, unserer Sehnsucht, unseres Ja – und unserer daraus folgenden Inneren Arbeit, damit uns der Himmel auch wirklich anziehen kann.

Wer sich im Herzen einen Platz für dieses Ziel bewahrt hat, der wird sich darauf freuen. Und er wird den LOTSEN freudig und dankbar an Bord bitten, damit dieser das Steuer seines Lebensschiffes übernehmen kann.

3. Mit dem Tunnelblick ins Jenseits?

> Je rascher die Zahl der Menschen wächst, die nach der Goldenen Regel leben, desto schneller verschwinden alle der wahren Religio und Humanitas entgegenstehenden theologischen, politischen, staatlichen, gesellschaftlichen und sonstigen Ungerechtigkeiten und Gegensätzlichkeiten von selbst.
>
> *Leo Nikolajewitsch Tolstoi*

Die wenigsten werden die Bücher von Christian Gotthilf Salzmann (1744 – 1811), evangelischer Pfarrer und Pädagoge, kennen. Er war seiner Zeit in vielen Dingen weit voraus. Im Vorwort zu seinem Buch *Der Himmel auf Erden* heißt es:

„In diesem Buch entwickelt Salzmann die zentrale Idee, daß die Menschen die Glückseligkeit nicht erst im Jenseits, nach dem Tode erwarten sollen, sondern daß es jeder selbst in der Hand hat, seine Umgebung in ein Paradies umzuwandeln, und damit des Himmels bereits auf Erden teilhaftig werden kann. Dazu gehört, daß man seinen Pflichten gewissenhaft nachkommt, das Gute, das einem begegnet, nicht gering achtet und den lebendigen Glauben gewinnt, daß auch das härteste Schicksal eine Fügung der göttlichen Liebe, ein Erziehungsmittel ist, wodurch Gott des Menschen Geist auszubilden und zur Erfahrung der Seligkeit immer fähiger zu machen sucht.“[11]

Da hat er aber ein paar Thesen aufgestellt! Die sind sicher auch damals schon nicht unbedingt überall auf begeisternde Zustimmung gestoßen. Heute würde er bei vielen „aufgeklärten“ Zeitgenossen nur ein mitleidiges Lächeln ernten, denn mit *Pflichten nachkommen, lebendigen Glauben gewinnen und alles als aus der göttlichen Liebe kommend ansehen* kann man nicht mehr viele Anhänger gewinnen. Nicht in unserer, nur dem Schein nach liberalen und freiheitlichen Welt, die in Wirklichkeit dabei ist, auch ihre letzten Krücken an Ordnung, Moral und Kultur hinter sich zu lassen.

Dabei hat Salzmann völlig recht, und wenn man die ein wenig überholte Sprache umsetzt in unseren heutigen Sprachgebrauch, hört es sich gleich etwas zeitgemäßer an: Aus Pflichten wird *Ernsthaftigkeit und Konsequenz*, lebendiger Glaube wird ergänzt um *gelebte Liebe,* das göttliche Erziehungsmittel erweist sich als die *Schule des Lebens.*

Wer – abgesehen von den Positiv-denken-Gurus[a] und den Beim-Universum-Bestellern – ist bisher auf die Idee gekommen, daß man durch inneres Bemühen etwas im Äußeren verändern kann? Wo findet man in den diversen christlichen Lehren eine Anweisung dafür,

- daß Glaube, Religion, Liebe oder gar die im Menschen wohnende Kraft Jesu Christi nicht nur für das spätere Jenseits zuständig sind, sondern mit ihnen ganz real schon in diesem Leben positive Veränderungen erzielt werden können;
- daß mit der Liebekraft Christi handfest „gearbeitet" werden kann;
- daß erst auf der Grundlage eines tiefen Vertrauens, einer großen Liebe, eines wirklichen Verständnisses, einer inneren Harmonisierung und einer bis dahin nicht gekannten Angstfreiheit die Weichen dafür gestellt werden können, die richtige Einstellung für das jenseitige Leben zu gewinnen;
- daß man mit um so größerem Ansporn an die „Erfüllung seiner Pflichten" mit Blick auf das nachtodliche Leben geht, wenn man sieht, daß die „Spielregeln" tatsächlich funktionieren;
- daß sich das, was uns „drüben" erwartet, ohnehin ergibt, ohne daß es einer besonderen Fixierung darauf be-

a Nichts gegen positives Denken! Im Gegenteil. Nur muß es das richtige positive Denken sein. Hinter den meisten dieser Ideologien, die auf dem Esoterik-Markt angeboten werden, verstecken sich Systeme, die ausschließlich auf die Erfüllung Ihrer materiellen und ideellen Wünsche abzielen – ohne Rücksicht darauf, ob dies für Ihre seelische Reifung gut ist. Das Gefährliche daran ist, daß das meiste davon funktioniert. Deshalb: Vorsicht.

darf, und daß es die Folge dessen ist, was wir hier schon eingeleitet haben und dankbar ernten durften;

- daß es keineswegs Gottes Wille ist, daß sich Seine Kinder oft schmerzlich mühen, arm und krank sind und sich mit Schwierigkeiten und Problemen herumschlagen, völlig ahnungslos, daß sie selbst die Verursacher sind;
- daß die in rechter Weise verstandene „Fülle" für alle vorgesehen ist und sich allen erschließt, und es der Verklemmung, Kasteiung, resignierender Schicksalsergebenheit und blinder Gläubigkeit nicht bedarf, um sie zu empfangen;
- und schließlich, daß Kinder Gottes sich auszeichnen durch Freude und Leichtigkeit, die sich aus einem erfüllten Leben mit Ihm ergeben und nicht erst zu einem späteren Zeitpunkt lediglich erhofft werden müssen, und das auch oftmals noch ängstlich, weil unwissend?

Eigentlich wäre es Aufgabe jeder christlichen Lehre gewesen und müßte es nach wie vor sein, diese Zusammenhänge darzustellen, überzeugend und liebevoll darüber aufzuklären und die Umsetzung unterstützend zu begleiten. So hätten die „Lehrer" – seien sie hoch- oder niedriggestellt – ihre Vorbildfunktion erfüllen können, basierend auf der Kenntnis göttlich-geistiger Gesetze und deren eigener Umsetzung. Das gesamte „Schülervolk" hätte davon profitiert, wäre selbst zu Lehrern geworden, die die nachfolgenden Schüler hätten unterweisen können – und die Erde wäre ein Paradies.

Man kann diese Erkenntnisse auch mit anderen Worten ausdrücken, z. B. so, wie es Arthur Schopenhauer (1788 – 1860) getan hat:

„Das Wahre und Echte würde leichter in der Welt Raum gewinnen, wenn nicht die, welche Unfähige sind, es hervorzubringen, zugleich verschworen wären, es nicht aufkommen zu lassen. Dieser Umstand hat schon manches, das der Welt zugute kommen sollte, gehemmt und verzögert, wo nicht gar erstickt."

Würde, hätte, wäre, könnte, müßte ...

Deshalb ist die Welt auch noch kein Paradies, in dem der Mensch mit vollen Händen nur gute Früchte erntet. Und weil, dem Gesetz von Ursache und Wirkung entsprechend, die Ernte immer der Saat[a] entspricht, darf völlig sachlich, ohne zu urteilen oder zu verurteilen, festgestellt werden, daß es wohl keine gute Saat war, die in vielen Jahrhunderten immer wieder neu gelegt wurde.

Ich habe an anderer Stelle darauf hingewiesen, daß die Veränderungen in der christlichen Lehre schrittchenweise vorgenommen wurden, und daß dies nicht durch Menschen geschah, die durchweg bösen Willens waren. Deshalb zielen auch meine aufhellenden Feststellungen nicht darauf ab, irgend jemanden anzuklagen oder zu verunglimpfen. Ohne dies ausdrücklich zu betonen, meine ich niemals diejenigen, die ihr Herz bei Gott haben und sich bemühen, das Gebot der Gottes- und Nächstenliebe dort zu leben, wo sie hingestellt sind, sei es innerhalb oder außerhalb einer kirchlichen Einrichtung. Ich meine auch nicht die Ordensschwester und den Geistlichen, die ernsthaft und warmherzig ihre Aufgaben erfüllen.

Aber auf die Organisationen und Institutionen trifft es zu, die sich so leicht hinter ihrer Unpersönlichkeit verstecken können, und die doch gar nicht bemerken, daß aus einstmals gutem Willen und bestem Vorsatz ein nicht mehr[b] zu verändernder Selbstläufer geworden ist. Daß sie es nicht mehr bemerken *können*, ist der gelungenen Dosierung durch die Kräfte aus dem Fall zuzuschreiben, die wenigstens eine Kursänderung erreichen wollten, nachdem das Schiff selbst nicht mehr aufzuhalten war. Die Fahrt dauert jetzt länger, ans Ziel kommen dennoch alle.

---

a Gal 6, 7: „Denn was der Mensch sät, das wird er ernten.“ Viel ausführlicher, als es die Bibel, Dogmen und Auslegungen verdeutlichen, geht die inzwischen unüberschaubare Literatur, die es zu diesem Thema gibt – und vor allem die Neuoffenbarungen – auf dieses zentrale Gesetz ein. Kirchliche Interpretationen lenken (bewußt oder unwissend?) den Blick ausschließlich auf das Jenseits, auf das Jüngste Gericht und seine Folgen für den Menschen (der dann ja gar kein Mensch mehr ist). Daß das Gesetz auch schon im Diesseits Gültigkeit hat und Ihnen und mir „heute“ als Wirkung das beschert, was Sie und ich „gestern“ verursacht haben, wird nicht gelehrt. In *Die Spielregeln oder Das Ende der Vernebelung* ist es das Hauptthema.

b Das ist nicht ganz korrekt; auch dieser Selbstläufer wird in einem großen Bogen wieder in die Einheit zurückgeführt.

Auch heute noch sind es die gleichen finsteren Kräfte – aus dem Unsichtbaren heraus wirkend und deshalb so gefährlich – wie die, die schon vor rund 2.000 Jahren daran gingen, die Liebelehre des Jesus von Nazareth zu verändern. Damals nutzten sie menschliche Schwächen, von denen keiner der Nachfolger Christi frei war. Ein bißchen Sein-Wollen, in bißchen Frauenfeindlichkeit (nur ein ganz klein bißchen!), ein bißchen Besserwisserei, ein bißchen Gängelei und In-die-richtige-Richtung-Schubsen – und schon entspricht das, was in bester Absicht weitergegeben wird, nicht mehr dem Original. Eigentlich ganz einfach, wenn man weiß, wie. Dieses erfolgreiche Prinzip wurde durchgängig beibehalten. Warum sollte man auch etwas ändern? Es ist heute noch so wirkungsvoll wie früher, weil die menschlichen Schwächen immer noch dieselben sind – und es wird so lange effektiv eingesetzt werden, bis wir darangehen, unsere Schwachstellen zu erkennen und diese Schlupflöcher zu stopfen. Das nennt sich dann Innere Arbeit.

Ein wenig, so meine ich, sollte schon darüber nachgedacht werden, warum sich die Situation so entwickelt hat, schon allein deshalb, um aus den Erkenntnissen vielleicht die Notwendigkeit eines Kurswechsels für sich selbst abzuleiten ...

Jeder Mensch und jede Seele handeln vor Gott in absoluter Eigenverantwortung. Sie sind frei und entscheiden selbst. Wenn sich der Mensch in dieser Freiheit erkennt, sich seiner geistigen Möglichkeiten bewußt wird, um die innere Verbindung zu Gott und die Kommunikation mit Ihm im Inneren Wort weiß, dann läßt er sich nicht mehr einbinden in ein Korsett von Glaubenssätzen und Vorschriften, die er nur befolgt, weil er es anders nicht kennt. Wenn er jedoch um seinen Rückweg ins Vaterhaus weiß, wie dieser sich darstellt, welche Hilfe er bekommt, was er selbst aber dazu beitragen muß durch eigenes Bemühen, dann spürt er auch, daß *Glaube und Gnade, Mitgliedschaften, Gesetzestreue und -erfüllung* eben nicht ausreichen, um später einmal dahin zu kommen, wohin er doch möchte. Und möchten tut er in aller Regel, sonst würde er ja nicht dieser oder jener Lehre anhangen.

Was kann es dann für einen Grund geben, sich fest einbinden zu lassen in Kirchen und Gruppierungen, die es nicht besser wissen und deshalb nichts anderes lehren als das, was sie selbst nicht bis zu Ende durchdacht haben?[12]

Wenn derjenige, der aufwacht, von seiner göttlichen Freiheit Gebrauch macht, hat dies zur Folge, daß er seiner kirchlichen Gemeinschaft als (zahlendes) Mitglied verlorengeht. Machen viele davon Gebrauch, weil sie die Notwendigkeit einer Vermittlertätigkeit durch das Priestervolk nicht anerkennen, gehen viele verloren. Je mehr verlorengehen, um so kleiner wird die Gemeinschaft, und – jetzt kommt der springende Punkt – um so mehr schwindet deren Macht.

Wer gibt schon gerne Macht aus den Händen, wenn er einmal davon gekostet hat? Wer sägt schon gerne an dem Ast, auf dem er sitzt?

Also bleibt es bei den Lehren und Konzepten, die bei ihren Anhängern eine Abhängigkeit erzeugen und über die Anzahl der Schäfchen die Aufrechterhaltung eines gewissen Einflusses garantieren.

Das gilt für jedes System, gleich welcher religiöser, politischer, wirtschaftlicher oder ideologischer Art, das nicht in erster Linie die Freiheit des Menschen im Auge und zum Ziel hat. Gruppen, die letzteres anstreben und umsetzen, kann man vermutlich an einer Hand abzählen. Absolute Freiheit und Gleichheit verschenkt ohnehin nur der Himmel, der *eine* Himmel, weil es daneben keinen anderen gibt. Oder glauben wir etwa, es gäbe einen christlichen Himmel, einen muslimischen, einen buddhistischen usw.? Wer sich später einmal in einem solchen „Spezialhimmel" wiederfindet[a], darf sicher sein, den *wahren, wirklichen* Himmel noch nicht erreicht zu haben.

Es ist erstaunlich, daß vor langer Zeit schon der evangelische Pastor Christian Gotthilf Salzmann Lebensrezepte vorgestellt hat, die nicht unbedingt mit der Lehre, die er vertreten mußte, im Einklang waren. Es zeugt von Durchblick und Mut (Hut ab!), daß er es doch getan hat. Wir finden bei ihm so unverblümt ausgesprochene Wahrheiten wie die folgende, von der man sich wünscht, sie wäre in so manchem theologischen Standardwerk zu lesen. Es geht darum, daß er bewußt darauf verzichtet hat, in seinen Büchern und Predigten immer wieder die Unsterblichkeit zu erwähnen:

„Übrigens ist es absichtlich geschehen, daß ich der Unsterblichkeit wenig erwähnt, nicht auf sie verwiesen habe. Der Glaube an die-

---

a Zur Erinnerung: Gleiches zieht Gleiches an.

selbe ist nach meiner Überzeugung bei vielen Menschen die vorzüglichste Ursache, warum sie bisher auf der Erde den Himmel nicht fanden. Das bekannte: *Hier such' ich's nur, dort werd' ich's finden!* hat gar viele vom Suchen abgeschreckt. Warum soll ich denn suchen, wenn ich gewiß weiß, daß ich [hier] nicht finden werde?

Man hat das Geschäft seiner Veredlung vernachlässigt, und es bis dorthin verschoben, wo wir vollkommene Gerechtigkeit und Heiligkeit zu erlangen hoffen; man hat auf die himmlischen Freuden in diesem Leben Verzicht getan, in der Voraussetzung, daß man derselben erst nach Ablegung des Körpers fähig wäre. Man hat sich einen Himmel geträumt, der – niemals zu finden sein wird, einen Himmel, wo wir ohne Anstrengung heilig und gerecht sein, immer genießen, die Befriedigung aller unser Wünsche erhalten werden.

So handelt ein Tor, der untätig ist, seinen Zustand zu verbessern, in der Hoffnung auf eine reiche Erbschaft, die ihm alles und noch mehr ohne Mühe geben wird, was er sich jetzt nur durch große Anstrengung verschaffen kann."[13]

Er geht ziemlich streng ins Gericht mit den Gläubigen, wenn er ihnen vorhält, daß sie lediglich darauf hoffen, daß in einer anderen Welt alles besser sein wird und sich daher keine Mühe geben, ihren gegenwärtigen Zustand zu verbessern. Sie „... verkennen ganz das Gute, das sie gegenwärtig genießen, suchen nur die Unannehmlichkeiten auf, die sie umgeben und stellen sich dann die Erde ... als ein Tal der Tränen und des Jammers vor."[14]

Leo Nikolajewitsch Tolstoi drückt, mit seiner großen Weisheit und Liebe zu Gott und den Menschen, den gleichen Gedanken aus, wenn er davon schreibt, was die Goldene Regel[a] alles bewirken kann: „Das bedeutet, daß es den Menschen nicht nur besser geht, sondern daß sie besser werden: zufriedener und glücklicher, wohlwollender und liebevoller, menschlicher und vollkommener. Zugleich wird ihnen ihr Einssein mit dem Nächsten und dem Willen und Wesen Gottes bewußt ... Wo immer das geschieht, da erweist sich zugleich, wie weitgehend der Mensch mit Hilfe Gottes Schöpfer und Gestalter sei-

a Tolstoi nannte die „Goldene Regel" ein universales Lebensgesetz, das von allen Menschen ohne Unterschied der Rasse, des Alters, der Nation oder Religion befolgt werden kann. Sie drückt sich auch in dem Sprichwort aus: „Was du nicht willst, das man dir tu, das füg' auch keinem andern zu."

nes Schicksals und Glücks ist – und zugleich der Mitschöpfer des Wohlergehens aller.“[15]

Wenn wir nun eines Tages erkennen, daß wir ohne eine Bindung an althergebrachtes, ungeprüft übernommenes Glaubensgut und festgefahrene Denkmodelle eigentlich viel freier wären – was machen wir dann? Halten wir es mit Karl Valentin (1881 – 1948), der meinte: „Mögen täten wir schon wollen, aber dürfen haben wir uns nicht getraut“?

Die Praxis der Inneren Arbeit mit der Liebekraft Christi, die im Diesseits beginnt und hier bereits ihre Früchte zeigt, bereitet ohne Beunruhigung und Angst, Drohung und Druck – praktisch „nebenbei“ – in aller Liebe den Boden im Jenseits vor. Ehrgeiz mit dem Ziel oder der unbestimmten Hoffnung auf einen guten Platz im Himmel ist nicht nur völlig überflüssig, er wäre total fehl am Platz. Einzig und allein die göttliche Liebe führt dabei die Regie. Und ihr reicht unser ernsthaftes, ehrliches Bemühen.

Es gibt nichts Vergleichbares. Es gibt nichts, was auch nur annähernd damit in Konkurrenz treten könnte. Es gibt nichts, was derart nebenwirkungsfrei und risikolos im Alltag angewendet werden kann. Alle angebotenen Techniken und Meditationen, alle westlichen und östlichen Heilswege, alle noch so ausgeklügelten Psychoseminare, alle bunt und blumig versprochenen Strategien sind nichts gegen die Kraft, die als einzige i m M e n s c h e n wohnt, und der sich jeder bedienen kann – gleich welcher Kultur, welcher Rasse oder welcher Religion er angehört. Sie sind nichts gegen *den* LOTSEN.

Deshalb sage und schreibe ich, selbst auf die Gefahr hin, daß es anmaßend klingt:

Es gibt zur Lösung aller persönlichen und gesellschaftlichen Probleme keinen anderen Weg, der eine nachhaltigere und tiefgreifendere Veränderung mit sich bringt, als den der Inneren Arbeit mit der Liebekraft, die in jedem von uns das Leben ist.

**Es ist der Weg, den jeder gehen wird –
früher oder später.**

4. Wenn die Verpackung wichtiger wird als der Inhalt

Die Spinne behauptet, sie breite ihr Netz für die Tauperlen aus – und fängt Fliegen.

Rabindranath Tagore

Wir tragen oft das Wort *Religion* im Mund, wir gehören einer *Religions*gemeinschaft an, wir nahmen oder nehmen am *Religions*unterricht teil, wir hören von *Religions*kriegen und *Religions*freiheit – und doch wissen die wenigsten von uns, was es denn mit der *Religion* tatsächlich auf sich hat. Vermutlich hat uns die ständige *Religions*-Präsenz im Alltag abgestumpft, so daß wir um ihre wahrhaft tiefe Bedeutung nicht mehr wissen.

Der Wortursprung kommt aus dem Lateinischen und bedeutet *Bindung oder Rückbindung an das Göttliche, an Gott.* Damit erklärt jeder, der sich als religiös bezeichnet – unausgesprochen und vielfach ohne es zu wissen –, daß er einen göttlichen Ursprung hat, mit dem er verbunden ist, daß er also nicht nur „von dieser Welt" ist. Das ist doch schon ein Anfang.

Jetzt tun wir den nächsten Schritt. *Alle* Menschen und Seelen sind mit ihrer göttlichen Quelle verbunden – mit dem Unterschied: Die Religiösen glauben oder wissen es, die Nicht-Religiösen glauben und wissen es nicht. Aber ohne eine Anbindung an etwas, was Leben erst ermöglicht, ist keiner – weil er ansonsten nicht wäre.

Wenn aber alle Geschöpfe Kinder der *einen* Liebe sind, und diese Liebe die Gerechtigkeit beinhaltet, *muß* es auch einen Weg geben, den *alle* in der Lage sind zu gehen, weil alles andere keine Gerechtigkeit darstellen würde, sondern eine Bevorzugung besonders Privilegierter. Das kann bei Gott nicht sein. Ob intelligent oder nicht, arm oder reich, krank oder gesund – alle müssen das gleiche anstreben und erfüllen können, um wieder zu ihrer Quelle zurückzufinden[a]. Das bedeutet: ein Maßstab für alle, unabhängig von der Zugehörigkeit zu einer Rasse, einer Kultur, einer Religion. Alles andere wäre ungerecht.

Es gibt diesen Maßstab. Er heißt: *Liebe – und sonst nichts.*

Wer etwas anderes lehrt, vertritt entweder eigene Interessen oder hat die Liebe Gottes in ihrer Tiefe nicht verstanden. Oder hat der liebe Gott vielleicht doch einen Fehler gemacht? Verrät uns die folgende Anekdote einen Teil der Wahrheit?

> Ein Atheist und ein hoher kirchlicher Würdenträger kommen nach ihrem Tod gleichzeitig am Himmelstor an. Sie werden gebeten, einen Moment zu warten, bis der Herrgott Zeit hat, ein Gespräch mit ihnen zu führen, das darüber Aufschluß geben soll, ob sie für den Himmel bereit sind.
> Der Kirchenmann überläßt dem Atheisten den Vortritt, der nach einer halben Stunde kopfschüttelnd wieder herauskommt und vor sich hinmurmelt: „Was habe ich alles falsch gemacht, was habe ich alles falsch gemacht."
> Da er daran interessiert ist, wie es dem Kirchenmann ergeht, wartet er. Es tut sich lange Zeit nichts. Nach etwa zwei Stunden öffnet sich die Türe. Gott Vater kommt heraus, kopfschüttelnd und vor sich hinmurmelnd: „Was habe Ich nur alles falsch gemacht ...!

*

Blicken wir in die Welt, so treffen wir auf eine nicht mehr zu überschauende Anzahl von Religionsgemeinschaften mit ihren Splittergruppen. Sie alle entstanden (und entstehen heute noch), weil es immer Menschen gab und gibt, die meinten, ihre eigene Sicht der Dinge – vielleicht auch ihre ganz persönlichen Erfahrungen – in ein Glaubensgebäude einbringen und dort nicht selten „zementieren" zu müssen, das ohne diese Zugaben unfertig und unzulänglich wäre. Je nach Kultur, Phantasie und Machtanspruch wuchs auf diese Weise ein Sy-

a Die Beeinträchtigungen, die es zweifellos gibt (krankheitsbedingt, suchtbedingt, karmabedingt o. ä.) heben aber das Prinzip nicht auf.

stem, es wucherte, es überwucherte oft genug das Herzstück. Und da es anscheinend in der menschlichen Natur begründet liegt, die Oberen, Mächtigen und Schlauen machen zu lassen – unter Hintansetzung der eigenen Entscheidungsbereitschaft und Verantwortung –, entwickelten sich im Verlaufe langer Perioden die unterschiedlichsten Auffassungen. Fast allen ist die tiefe Überzeugung zu eigen, den richtigen Weg zu weisen[a].

Auch die Zahl der christlichen Gruppierungen ist unüberschaubar groß und kann nur geschätzt werden (sie liegt, je nach Quelle, irgendwo zwischen 150 – 200), denn klare Vorgaben, wer noch als christlich gilt und wer schon nicht mehr, gibt es natürlich nicht.

Teils sind die Unterschiede der Glaubensinhalte beträchtlich, teils sind sie nur in äußeren Merkmalen begründet, die aber für die Abspalter anscheinend so wichtig waren, daß sie ihre eigene Kirche gründeten. Wer nach dem ursprünglichen Kern der christlichen Botschaft sucht, weil er die Wahrheit – und nichts als die Wahrheit – finden will, befreit von den falsch gelegten Fährten und dem überwuchernden Glitzerwerk vieler Jahrhunderte, der findet in folgender Übung ein absolut sicheres Instrument zur Wahrheitsfindung. Aber Vorsicht: Ihnen wird dann klar, daß etwas nicht mehr stimmen kann, wenn der Mensch mit dem gleichen Tun und Lassen, das ihm vor 2.000 Jahren noch den Weg in den Himmel erschloß, heute (angeblich) nicht mehr in den Himmel kommt.

Bitte überlegen Sie einmal:

> Angenommen, Sie leben um das Jahr 30 n. Chr. herum, sind auf der Suche nach einem sinnerfüllten Leben, treffen auf diesen Jesus von Nazareth und lernen Ihn in der Folgezeit näher kennen. Was Er sagt und wie Er lebt, das gefällt Ihnen. Später – nach Seinem Tod – entschließen

a Sie könnten mir vorwerfen, ich würde die Innere Arbeit ja auch für den einzig richtigen Weg halten. Das tue ich – aber mit dem Unterschied, daß er nichts verlangt, nichts verbietet, nichts vorschreibt, jedem die absolute Freiheit läßt, keine Dogmen und Äußerlichkeiten kennt und frei ist von jeglicher „Verpackung". Er fußt einzig und allein auf der Tatsache, ohne darüberhinaus gehendes Glaubenmüssen, daß Gott die Liebe ist. Sonst nichts. Von dieser ewigen Wahrheit lasse ich mich nicht abbringen.

Sie sich, Ihm nachzufolgen. Sie meinen es ernst und bemühen sich, das zu tun, was Er Ihnen und vielen Ihrer gleichgesinnten Freunde, die Sie inzwischen haben, vorgelebt hat. Nur das, nicht mehr und nicht weniger! Sie würden allerdings keine Kirchenzugehörigkeit, keine Bibel, keine andere Lehre als die Seine, keine Sakramente, keine Kirchengebote, keinen Mitgliedsbeitrag kennen – nichts von alledem. Denn das gab es damals alles noch nicht.

Hätte eine Nachfolge im Sinne Seiner Liebe-Lehre – einmal abgesehen von Ihrer persönlichen seelischen Entwicklung – ausgereicht, damit sich der Himmel in Ihnen erschließt?

- Wenn ja: Käme man heute, 2.000 Jahre später, auf die gleiche Weise immer noch in den Himmel?
- Wenn wiederum ja: Warum glauben wir dann, heute Dinge tun zu müssen, die zu Christi Zeiten nicht notwendig waren? Also all das, was man damals noch nicht kannte, was aber heute als „heilsnotwendig" angesehen wird? Reicht heute nicht aus, das gleiche zu tun wie damals?
- Lautet unsere Antwort darauf: „Nein, das ist zu wenig", dann hat Jesus etwas Falsches gelehrt.
- Antworten wir mit: „Doch, es würde reichen", dann sind viele der *heutigen* Lehren falsch oder überflüssig.

Als einzige Steigerung dieser Beweisführung könnte ich mir die Überlegung vorstellen, ob Jesus von Nazareth selbst eigentlich nach heutiger, christlicher Auffassung in den Himmel käme!

Ich bin davon überzeugt, daß wir nicht nur den mündigen Bürger, sondern auch den mündigen Christen brauchen; was nicht gleichbedeutend damit ist, eine Kirche oder Gemeinschaft zu verlassen. Das

Gegenteil kann vonnöten sein. Ich plädiere lediglich dafür, sich eigenverantwortlich Gedanken zu machen[a].

Wer das tut, der wird beispielsweise sehr schnell feststellen, daß sich mit den unterschiedlichen Gottesvorstellungen nicht immer auch das Bild der selbstlosen und bedingungslosen Liebe verbindet. Wir treffen, wenn wir die großen Weltreligionen und ihre diversen Auffassungen betrachten, zwar immer wieder auf den Glauben an eine übergeordnete Macht, die man aber eben nicht nur anders benennt, sondern der man auch andere Eigenschaften und Wesensmerkmale zuordnet. Deshalb ist es nicht damit getan, leichthin zu sagen: „Wir haben doch alle den gleichen Gott, wir nennen Ihn nur anders". Dies erweckt den Anschein, der dahinterstehende „Gottes-Inhalt" wäre, Name hin oder her, der gleiche. Falscher kann etwas nicht sein, denn dies trifft absolut nicht zu.

Entscheidend ist, was wir mit unserem Gottesbild verbinden, weil wir dann auch so leben, wie es uns dieser Gott zu leben aufträgt: im besten Fall tolerant und freiheitlich-nächstenliebend, im schlimmsten Fall verbohrt und fanatisch. In der Umsetzung dessen, was wir für richtig halten, treten dann die gegensätzlichen Überzeugungen und Vorschriften zutage. Sie erst, und nicht der Name, verraten den Geist, der dahintersteckt.

Wenn mir jemand von „seinem" Gott erzählt, der für ihn väterliche und mütterliche Liebe ist, und der ihn in Freiheit an Sein Herz ziehen möchte, dann kann er diesen Gott nennen wie er möchte, dann ist es auch „mein" Gott.

Stehen Tradition, Praktiken, Zeremonien und Riten einer gelebten Liebe nicht im Wege – was sollte dann gegen sie einzuwenden sein, wenn sie demjenigen, der dies noch braucht, das Gefühl von Hier-kenne-ich-mich-Aus vermitteln? Sie binden und bremsen aber leider allzuoft, weil sich ja gerade dadurch die Religionen voneinander abgrenzen. Dann erhält das Drumherum ein Übermaß an Gewicht und

---

a René Egli, dem ich bei vielen seiner Thesen vehement widersprechen muß, trifft allerdings mit folgender Aussage den Nagel auf den Kopf: „Entweder wir sind Mitglied einer Kirche, dann wäre es ehrlich und logisch, wenigstens zu versuchen, die entsprechenden Grundsätze anzuwenden. Oder wir kümmern uns nicht um diese Grundsätze, dann wäre es ehrlich und logisch, aus der Kirche auszutreten." (Das LOL^{2}A-Prinzip, S. 55.)

verhindert so die Sicht auf den eigentlichen Kern der Sache. Dann wird die Verpackung wichtiger als der Inhalt.

Aus den empfangenen Botschaften *Von Drüben II* von Eva Herrmann:

„Befindet sich nun eine Seele im Zustand geistig-religiöser Blindheit – und ich verstehe heute unter Religiosität etwas anderes als das stumpfe Befolgen eines Rituals oder gar religiösen Fanatismus – so verhindert der opake[a] Zustand einer solchen Seele das Durchleuchtetwerden von einer Helle, die zugleich Ausdruck der Liebe, der Erkenntnis und einer absoluten Gerechtigkeit ist.“[16] Sie werden es kaum glauben, wer diese Durchsage aus dem Geistigen gemacht hat – es war der Psychoanalytiker Sigmund Freud (1856 – 1939), nachdem ihm in den jenseitigen Welten nach und nach „die Augen aufgegangen“ sind. Wir werden von ihm, aber auch von anderen Größen ihrer Zeit, noch mehr hören.

Sie können ja einmal, nur spaßeshalber und wenn Sie ein bißchen Zeit übrig haben, darangehen und bei einer beliebigen Veranstaltung einer beliebigen Gemeinschaft das im Geiste wegnehmen, was Sie als Verpackung erkennen[b]. Und dann entfernen Sie hier noch ein bißchen, streichen da etwas zusammen und werden schließlich bemerken: Wenn Sie lang genug gestrichen, entfernt und weggenommen haben, hat sich das alles ganz schön reduziert. Vielleicht ist auch fast nichts mehr übriggeblieben; das wird von Gemeinschaft zu Gemeinschaft unterschiedlich sein.

Was Sie dann als Rest entdecken – als großen oder kleinen –, das schauen Sie sich genauer an. Befreit von all dem, was Jesus von Nazareth weder vorgelebt noch gelehrt hat, sollte als einziges das gemeinschaftliche Bestreben sichtbar geworden sein, sich in geschwisterlichem Miteinander liebevoll zu unterstützen. Glückwunsch, wenn Sie fündig geworden sind.

Vielleicht müssen Sie zweimal hinschauen, weil Sie auf Anhieb kaum glauben können, wer folgendes gesagt hat: „Wenn wir die jüdische Religion der Propheten und das Christentum, wie es Jesus ge-

---

a opak = trüb, schattig

b Fangen Sie klein an. Es muß ja nicht gleich der goldene Sarg von Michael Jackson sein.

lehrt hat, von dem reinigen, was später hinzukam, besonders von seinen Entartungen und Verfälschungen, dann haben wir eine Religion, die die Welt von allen Mißständen befreien kann. Es ist die heilige Pflicht eines jeden, daß er sein Äußerstes tut, um dieser Religion zum Sieg zu verhelfen."[17] Es war – Albert Einstein.

Die Idee des *„Liebe – und sonst nichts"* ist gar nicht so neu. Einen schönen Vergleich bringen Gertrude und Thomas Sartory in *Die Meister des Weges in den großen Weltreligionen.* So unterscheiden sich, wie sie schreiben, zwar die Religionen deutlich voneinander und haben auch die *Meister des Weges* ihr eigengeprägtes Gesicht, je näher die Religionen aber ans letztlich Wesentliche heranführen, um so mehr fangen sie an, einander zu gleichen. „Sie sind wie die Speichen eines Rades: je mehr zur Peripherie hin (zum „Äußeren"), um so ferner voneinander und fremder einander – je näher zum Mittelpunkt, um so näher beieinander, um so ähnlicher einander. Die Wege der Meister sind Wege zum Zentrum, zur Mitte."[18] Natürlich zu ihrer göttlichen Mitte, denn im Mittelpunkt ihrer Religionen, an der Spitze deren Hierarchien, standen christliche Mystiker, indische Gurus, islamische Sufis und jüdische Zaddiks nie.

So sehr man die Entstehung unzähliger Glaubenssysteme auch bedauern mag, aus geistiger Sicht haben sie dennoch ihren Sinn. Ihrer Aufgabe, den Menschen auf ihrem Weg zu Gott helfend und mit Blick auf den nächsten seelischen Entwicklungsschritt zur Seite zu stehen, werden sie leider in den wenigsten Fällen gerecht, weil sie sich selbst nie lediglich als „Helfer in einem Entwicklungsstadium" erkennen. Jede Religion hält sich für die Schule selbst; keine erkennt ihre Position als die einer Schulklasse, die es zu absolvieren gilt, damit der Schüler den nächsten Schritt tun kann. Eine Organisation aber, der ein solches Selbstverständnis eigen ist, müßte stets ihre Mitglieder schon hier auf Erden „in die Freiheit" einer nächsten Phase der seelischen Evolution wieder entlassen. Eine wunderbare Vorstellung, der man ruhig einmal in Gedanken nachhängen kann ...

Alle Religionen sind endlich, also einer zeitlichen Begrenzung unterworfen. Ihre Existenz endet spätestens dann, wenn sich immer mehr Menschen – und natürlich auch Seelen, denn drüben gibt es ganz ähnliche Religionsstrukturen – darauf besinnen, daß es nur *einen* Himmel und *einen* Weg dorthin gibt: den Weg der gelebten Liebe. Im Lichte dieser Liebe – ob wir sie die „Helle“ wie Freud oder den „Mittelpunkt“ wie Sartory nennen – lösen sich alle Gegensätze und Unterschiede auf.

Bis es aber so weit ist, darf sich jeder die Weltanschauung aussuchen, die seiner inneren Überzeugung am ehesten entspricht, darf sich dorthin orientieren, wo die Lehren, Vorschriften und Gebote seinem Erkenntnisvermögen und seinen Vorstellungen entsprechen. Oder er inkarniert schon aufgrund seiner Interessen oder seiner in Vorleben gemachten Erfahrungen in das Umfeld (oder wird von ihm wegen seiner Seelenschwingung angezogen), das sich ihm als eine nächste Stufe für seine Entwicklung anbietet. In jedem Fall aber findet jeder seinen vorläufigen Platz.

Und bekommt, ganz gleich, wo dieser Platz sein wird, sein auf ihn persönlich zugeschnittenes Lernprogramm. Das ist so sicher, wie das berühmte „Amen“ in der Kirche.

5. Vom Regen in die Traufe?

Die meisten Menschen stolpern gelegentlich
über die Wahrheit, aber die meisten fangen sich wieder
und machen weiter, als wäre nichts geschehen.

Winston Churchill

Ich greife jetzt – abgewandelt – einen Gedanken auf, den Renate Hartwig in *Der verkaufte Patient*[a] eingebracht hat.[19] Es ist vielfach wirklich so, daß, wenn Mißstände aufgedeckt und Obrigkeiten und ihr Handeln bloßgestellt werden, Leser und Zuhörer ihren Spaß dabei haben, ohne auf die Idee zu kommen, daß das alles auch sie etwas angeht: „Sie meinen, daß sie sich ... ruhig in ihrem Stuhl zurücklehnen und ... zuhören können". Wir kennen das ja selbst: Man liest oder hört etwas Interessantes, diskutiert ein bißchen darüber, dann stellt man das Buch zur Seite oder vergißt den Bericht. Alles bleibt beim alten.

Wir tun deshalb sehr oft nichts, weil wir das Gefühl haben, daß uns jemand anderer bereits die Arbeit abgenommen hat, und die Tatsachen jetzt auf dem Tisch liegen. Was noch ...?

Vergessen wir nicht: Unser Ziel ist es, etwas zu *verändern.* Zuerst einmal uns selbst. Deshalb zielt alles, was wir hinterfragen und richtigstellen, immer nur darauf ab, dem Veränderungswilligen Fakten an die Hand zu geben, anhand derer er die nötigen Schlüsse ziehen

---

a Ein durchaus lesenswertes Buch über unsere Gesundheitspolitik, das zwar nichts mit Innerer Arbeit zu tun hat, dem Leser aber darüber die Augen öffnet, wie wir verschaukelt werden. Glaube nur keiner, die dort aufgedeckten Machenschaften seien auf die Politiker/-innen und Pharmakonzerne beschränkt. Wir treffen ähnliche Strukturen überall dort an, wo es um Macht und Machterhalt geht – und werden aufmerksam bis vorsichtig.

kann, und ihn zu Überlegungen zu bewegen, die er ohne diese Anstöße möglicherweise nicht angestellt hätte.

Deshalb haben – auch wenn ich mich wiederhole – die erhellenden Diagnosen und Anregungen zum Nachdenken auch niemals den Charakter des Urteilens oder Verurteilens. Aufklärung aber muß gestattet sein. Sie betrifft im übrigen nicht nur Lehren aus dem kirchlichen Umfeld, sondern ebenso pseudoreligiöse Ideen und Lebensanweisungen, die in den letzten Jahren immer stärker auf den Markt drängen. Ihre Erfolge, die sie zweifellos bei vielen Unwissenden und Enttäuschten haben, konnten und können sie nur erzielen, weil sie Antworten (zwar die falschen, aber immerhin Antworten) auf Fragen geben, zu denen die Kirchen nur die Achseln zucken und auf das „große Geheimnis Gottes verweisen, in das einzudringen der Mensch nicht in der Lage ist". Das reicht einem ernsthaft Suchenden nicht aus. Es reichte ihm eigentlich nie, mußte ihm aber gezwungenermaßen genügen, wenn und weil weiterführende Wahrheiten und Einsichten nicht in der Welt waren.

Das hat sich geändert, denn die nötigen aufklärenden und hilfreichen Antworten und Unterweisungen aus dem Gottesgeist sind inzwischen in reichlichem Umfang vorhanden, gemäß der damaligen Ankündigung: *„Noch vieles hätte ich euch zu sagen, aber ihr könnt es jetzt noch nicht ertragen. Wenn aber jener kommt, der Geist der Wahrheit, wird er euch in alle Wahrheit leiten"* (Joh 16, 12 – 13). (Nur am Rande: Im übrigen gibt es hier eine Parallele zu dem Vorwurf an die Juden, sie würden in Jesus nicht den verheißenen Messias erkennen. Die Kirchenchristen legen gegenüber Neuoffenbarungen das gleiche Verhalten an den Tag, obwohl die Bibel – die Grundlage ihres Glaubens – ihnen etwas anderes verkündet. Auf was oder wen wartet die Kirche noch? Auf das Wiederkommen des Herrn „im Fleische"? Wann soll sich denn Sein Wort erfüllen, das den Geist der Wahrheit ankündigt, wenn nicht in unserer schweren Zeit?)

Was Sie heute, wenn Sie den Esoterik-Markt betrachten, an „Lebenshilfen" finden, ist absolut verwirrend. Es wird Ihnen kaum gelingen, in diesem Misch-Masch eine irgendwie erkennbare, halbwegs übereinstimmende Spur zu finden. Jede der unzähligen Richtungen hat nach dem Gesetz der Anziehung ihre Anhänger. Die Phantasien,

Vorstellungen und Traumgebilde dieser diversen Gruppen ziehen also *die* Menschen in Bann, deren Seelenzustände und -schwingungen dies ermöglichen. Wer nicht den Gott der Liebe mit Seinen unendlichen Möglichkeiten in den Mittelpunkt seines Lebens gestellt hat, kann leicht von niederschwingenden Energiefeldern anderer Quellen beeinflußt werden und schließlich in deren Fänge geraten.

Viele dieser Heilslehren zielen darauf ab, die Menschen von ihrem göttlichen Urgrund zu entfernen, was um so leichter fällt, weil die innere und ewige Verbindung des Menschen zu seinem Schöpfer den wenigsten bekannt ist. Und das, obwohl jeder Christ die Bibelstelle kennen wird: *Oder wisset ihr nicht, daß euer Leib ein Tempel des heiligen Geistes ist* (1 Kor 3, 16). Wer versteht sie? Wem wird sie hinreichend erklärt? Wegen solcher und anderer Unverständnisse ist es den Gegenspielern Christi, die ich als die *Dunkelheit* oder *Finsternis* bezeichnen werde[a], leicht gemacht, die Köpfe der Menschen mit Ideen vollzustopfen, die diese nur zu gerne als Ersatzreligionen akzeptieren.

Dazu gehört unter anderem das verführerische Angebot, an etwas Unpersönliches zu glauben, eine „große Intelligenz“, eine „universelle Kraft“, ein „ kosmisches Bewußtsein“, eine irgendwie geartete „göttliche Instanz“. Diese Angebote gipfeln nicht selten in der Behauptung: „Du selbst bist Gott.“

Das hört sich gut an für diejenigen, die mit Gott als dem Vater nicht viel anfangen können, die einen göttlichen Vater nicht verstehen, der anscheinend blind und taub ist gegenüber den Geschicken Seiner Menschenkinder, die an keinen Gott-Vater glauben – geschweige denn Ihn lieben – können, der ihrer Meinung nach droht und straft (diese Irrlehre geht zweifelsfrei auf das Konto der christlichen Kirchen). Gott wird entpersonifiziert, Er wird neutralisiert, zu einem „übergeordneten Prinzip“ herabgestuft – mit gravierenden Folgen für Seele und Mensch.

(Ein Einschub an dieser Stelle: Die Vorgehensweise der Dunkelheit einschließlich all ihrer Vasallen ist derart raffiniert angelegt und

---

a Es sind die Wesen aus dem Fall, die ihren Kampf noch nicht aufgegeben haben, obwohl sie ihn im Prinzip schon seit 2.000 Jahren verloren haben. Er war für sie nie zu gewinnen, und seit Golgatha geht es ohnehin nur noch zurück, bis alles im Licht enden wird.

bedarf deshalb eines besonderen Augenmerks, daß ich in einem nachfolgenden Kapitel „Die Feinde der Inneren Arbeit“ ausführlicher darauf eingehe. Wir müssen darum wissen, denn einen Gegner zu kennen, bedeutet in der Regel, seine Gefährlichkeit zu reduzieren.)

Einem Prinzip aber, das sich nicht als mein Schöpfer darstellt, das ich also auch als solchen nicht anerkennen muß, bin ich auch keine Rechenschaft über mein Handeln schuldig. Der Schritt zu der verführerischen Idee, daß es dann auch nichts Böses geben kann, ist nur sehr klein. Und wer nichts Böses tut, kann auch nicht schuldig werden. Und wer nicht schuldig ist, braucht sich keine Gedanken darüber zu machen und keine Anstrengung zu unternehmen, eine Veränderung seines Wesens, seiner Gewohnheiten, seiner Charaktereigenschaften anzustreben. Er braucht auch keinen Ausgleich für getanes Unrecht herbeizuführen, und Reue zu empfinden einem abstrakten Bewußtsein, einer universellen Energie gegenüber ist überflüssige, weil verlorene Liebesmühe.

Eine persönliche Beziehung, eine Liebesbeziehung, kann ich nur zu einem Gegenüber aufbauen. Wenn dies für mich mein Schöpfer ist, bin ich Sein Kind. Und wenn ich als der „verlorene Sohn oder die verlorene Tochter“ meinem Vaterhaus fern bin, kann ich mich wieder auf den Heimweg machen und den mir zustehenden Erbanteil in Empfang nehmen. Dann weiß ich, wo ich in der Vergangenheit dem Gesetz der Liebe zu wenig Beachtung geschenkt habe, dann kann ich mich entscheiden, dies zu ändern. Dann kann und werde ich all die Hilfen in Anspruch nehmen, die mir mein göttlicher Vater zur Verfügung stellt. Das ist Innere Arbeit.

Mit der irrigen Überzeugung, mehr zu besitzen als nur mein göttliches Erbe, und mit dem Glauben, aufgrund meiner geistigen Herkunft mehr zu sein, als man mir bisher beigebracht hat – nämlich nicht nur göttlich, sondern gottgleich –, entfällt jede Notwendigkeit der Inneren Arbeit. Diese fixe Idee, nicht abhängig zu sein von einer höheren Macht, sondern diese Macht selbst zu verkörpern, ist satanisch bis auf den Grund und war der Auslöser für den Fall.

Wer das berücksichtigt, der weiß auch, welche Kräfte diese Blendwerk aufbauen und vorantreiben. Der erkennt die Notwendigkeit, sie zu demaskieren und verwechselt schließlich nicht mehr Aufdeckung mit Verurteilung.

Der Acker, auf dem die Finsternis ihre Saat ausbringt, ist durch die Androhung von Strafen – bis hin zur ewigen Höllenqual –, die Gott angeblich über den Sünder verhängt, vorbereitet worden. Da hilft kein Drumherumreden: Diesen Schuh werden sich die Verantwortlichen eines Tages anziehen müssen. Wenn wir den Mechanismus verstehen, den dieses System seit vielen hundert Jahren einsetzt, können wir uns – als freie Gotteskinder, die wir ja sind – dagegen entscheiden und auch selbst achtgeben, daß wir nicht ähnliche Mechanismen gegenüber unseren Mitmenschen aufbauen.

Das Prinzip ist einfach und funktioniert (fast) immer: Alle Menschen sind Sünder, das macht ihnen zwangsläufig ein schlechtes Gewissen. Damit sind sie manipulierbar. Mit einem schlechten Gewissen sind sie bereit, mehr zu tun und/oder zu geben als ohne diese Last. Die nimmt ihnen dann – stellvertretend für Gott – ein kraft göttlicher Segnung dafür besonders privilegierter Mensch ab. Dann geht aber das teuflische Spiel wieder von vorne los. So sind und bleiben alle beschäftigt.

Diesen Mißbrauch des Sünden-Themas, mit dem viele nicht zurechtkommen – nicht zuletzt deshalb nicht, weil sie aus dieser Tretmühle nicht herauskommen –, macht sich die Gegenseite zunutze. Da finden wir dann folgende Sätze in einem Buch, das ansonsten viel Gescheites enthält: „Die Sünde ist kein Naturgesetz [*richtig*]. Sie ist eine reine Erfindung des Menschen [*falsch*] mit dem einzigen Zweck, seine Mitmenschen zu beherrschen [*halbwahr*].“[20] Was natürlich ihre Überwindung überflüssig macht, denn bei einer rein menschlichen Erfindung, einem Phantasiegebilde, erweisen sich Ansätze jeglicher Art dazu als reine Zeitverschwendung und natürlich auch als völlig wirkungslos. Innere Arbeit ade!

Da läuft man bei vielen Menschen (so mancher „Christus“-Geschädigte ist darunter) offene Türen ein. Wer will schon gerne als Sünder gelten? Und dann folgt ein nächster raffinierter, ideologischer Schachzug: „Und woher nehmen diese anderen Menschen das Recht, über Sünde und Nicht-Sünde zu entscheiden? [*Da ist sogar ein bißchen was dran.*] Woher nimmt ein Mensch das Recht, über andere

Menschen zu urteilen?“ [*Jetzt wird's kritisch bis gefährlich, und wenn es sich noch so logisch anhört.*][21]

Mit der verallgemeinernden Behauptung, man dürfe ein Unrecht kein Unrecht nennen, weil damit immer auch eine Verurteilung des Nächsten verbunden sei, kann jeder jeden, der die Dinge dennoch beim Namen nennt, in die Ecke eines Richters stellen und dies auch noch biblisch untermauern, selbst wenn er die Bibel ansonsten nicht ernst nimmt bzw. nicht anerkennt: *Richtet nicht, auf daß ihr nicht gerichtet werdet* (Mt 7, 1). Also vorsichtshalber schweigen, um ja nicht in den Geruch des Verurteilens und Richtens zu kommen? Das würde so manchem Finsterling gefallen. Aber unabhängig davon, daß die Gründe für solche „Warnungen“ – die immer aus den gleichen Ecken kommen – leicht zu durchschauen sind, wäre es interessant, einmal in der Tiefe zu ergründen, warum wir denn kaum in der Lage sind, jemandem, der uns beispielsweise bestohlen hat, zu erklären: „Du bist ein Dieb, aber ich liebe dich.“

„Zurückzuführen ist unsere Schwäche“, schrieb ich vor einigen Jahren, „weiß auch als weiß und schwarz auch als schwarz zu erkennen und zu benennen, auf unser Unvermögen, den Menschen so zu lieben, wie er ist. Wir brauchen uns nur zu fragen, wie Gott uns sieht, und wie Er dennoch mit uns umgeht, um zu wissen, was zumindest im Prinzip richtig wäre. Daß wir es so noch nicht können, ist eine Sache. Die andere ist, ob wir es lernen wollen.“[22]

Womit wir wieder mitten im Thema wären.

Unser Nichtwissen um unsere innere Kraft führt in vielen Fällen dazu, daß wir unsere christliche Religion als *nur* für unser späteres *Seelenheil* zuständig betrachten, uns bei akuten seelischen oder körperlichen Unstimmigkeiten oder Krankheiten aber anderen Quellen zuwenden, denen wir anscheinend eher zutrauen, für uns eine Lösung zu finden. Damit geraten wir nicht selten vom Regen der Unwissenheit in die Traufe[a] des Irrtums, weil wir mangels Kenntnis und Durchblick nicht in der Lage sind zu entscheiden, welchen geistigen Kräften wir uns ausliefern. „Unwissenheit ist schädlich“, ist bei

---

a Traufe = hochstehende Abschlußkante eines Daches (früher hatte man keine Dachrinnen mit Abflußrohren), in der sich das Regenwasser sammelte. Kam es plötzlich mit einem Schwall herunter, wurde derjenige, der sich vor dem Regen unter die Traufe gerettet hatte, plätschnaß.

Christian Gotthilf Salzmann zu lesen, „ungleich schädlicher aber ist Irrtum.“ Wer ein Mittel gar nicht kenne, um sich zu helfen, sei zu bedauern, aber noch lange nicht so sehr wie ein anderer, der zwar Mittel kenne, die aber falsch seien.[23]

Im günstigsten Fall wird es nichts bringen, wenn wir uns an Kartenleger, Handaufleger, Energie-Überträger, In-die-Zukunft-Schauer, Engel-Medien, Kaffeesatz-Leser und Karma-Auflöser wenden. Deren „Therapien“ sprechen nicht an oder Behandlungserfolge sind nicht von Dauer, weil die Ursachen in ihrer Tiefe nicht erkannt wurden. Und beseitigt erst recht nicht. Im schlimmsten Fall kann es zu massiven Eingriffen in psychische und körperliche Strukturen kommen, was bis hin zu Besetzung und Besessenheit führen kann.

All das wäre völlig unnötig, wüßten die Menschen um den Schatz, den sie in sich tragen, und darum, wie man ihn „hebt“.

Einen Teil ihrer angstbedingten Krankheiten könnte man alleine dadurch zum Verschwinden bringen, daß man ihnen die Wahrheit verkündet über das, was sie z. B. nach ihrem sogenannten Tod erwartet. Wieviel Furcht, Zweifel, Sorge und Ungewißheit würden sich in Nichts auflösen, würden die Menschen die Wahrheit über das nachtodliche Geschehen erfahren. Und dann genauso vertrauensvoll-gläubig damit umgehen, wie sie dies mit den ungereimten und unscharfen Glaubenssätzen tun, die man sie bisher gelehrt hat. Rudolf Passian, der bekannte Autor vieler lesenswerter Bücher, die sich mit Jenseits-Fragen und -Antworten befassen, schrieb einmal resignierend: „Jahrzehntelang versuchte ich, der Theologenzunft klarzumachen, welche wertvolle Glaubenshilfe z. B. eine parapsychologische Forschung den Kirchen zu bieten vermöchte. Aber es ist leider vergeblich ...“[24]

Noch etwas zum Schluß dieses Kapitels, wobei ich mir überlegt habe, ob ich es bringen soll oder nicht. Ich bring’s und zitiere ein paar Abschnitte aus einem Gespräch mit Harry G. Frankfurt, Prof. für Philosophie an der amerikanischen Eliteuniversität Princeton[a]. Was er zu sagen hat, trifft mitten ins Volle, und ist übertragbar auf alles, was uns die „Oberen“, gleich welcher Couleur, anbieten bzw. aufoktroyieren.

---

a erschienen in CICERO in der Ausgabe 3/2007.

Auf die Frage, ob er eine Erklärung dafür hat, warum sein Buch „On Bullshit“[a] mittlerweile in mehr als zwanzig Sprachen übersetzt wurde mit einer Auflage von mehr als 450.000 Exemplaren, antwortete er:
„Ich vermute, daß die Menschen ganz einfach die Nase voll haben von all dem Bullshit und den Lügen, denen sie tagtäglich ausgesetzt sind ... Der Hunger nach Wahrheit ist riesengroß.“
Worin denn, philosophisch gesprochen, das Wesen von Bullshit bestehen würde?
„Beim Bullshit geht es darum, einen Menschen genau das fühlen oder glauben zu lassen, was er fühlen oder glauben soll, und zwar ganz unabhängig davon, ob die zu diesem Zweck aufgestellten Behauptungen wahr oder falsch sind. Wichtig ist allein die Frage, wie das gewünschte manipulative Ergebnis erzielt werden kann.“
Über sein jüngstes Buch, das den Titel trägt „Über die Wahrheit“:
„Wenn wir wirklich auf der Wahrheit bestünden, immer und überall und ohne Kompromisse, so würde dies einen dramatischen Wandel in unserer Gesellschaft bedeuten. Weite Teile unseres Lebens und unserer sozialen Beziehungen beruhen auf Lügen und Bullshit.“
Warum er so sehr den praktischen Wert der Wahrheit betone; wahre Meinungen wären demnach vor allem nützlich.
„Nach guter amerikanischer Ansicht ist nicht die Wahrheit nützlich, sondern das Nützliche wahr – und dem kann ich nicht zustimmen ... Der Pragmatismus[b] *stellt die Beziehung von Wahrheit und Nutzen falsch dar. Die Dinge sind nützlich, weil sie wahr sind – und nicht umgekehrt.“*

---

a Ich überlasse es dem Leser, diesen Begriff selbst zu übersetzen. Viel falsch machen kann man dabei nicht, und wenn man es vornehm ausdrücken möchte, hört es sich auch gar nicht so schlimm an: Neigung zum Gelaber, Geschwätz, Humbug, Quark, Bockmist.

b Pragmatismus = ist die Fähigkeit, mit den gegebenen Umständen zurechtzukommen und dabei trotzdem seine Ziele so gut wie möglich zu erreichen.

Wie recht er mit seiner Aussage zur Praxis der vorherrschenden „Wahrheits“-vermittlung hat, zeigt ein Blick in unsere Welt, unser vorübergehendes Daheim. Ein Vergleich mit unserer ewigen Heimat, in der nichts als die Wahrheit vorherrscht, macht den satanischen Charakter des Diesseits deutlich und seine Einflußnahme auf unser gesamtes Leben. Ein Grund mehr für den, der sich von diesen Beeinflussungen frei machen will, sein Lebensschiff dem LOTSEN zu überlassen. Wahrheit und Freiheit erwarten ihn.

6. Gerechtigkeit pur

Der Herr hat Gesetze erlassen, welche die Menschen kennen müssen; und wenn sie das nicht wollen, wird Er nicht die Ordnung des Universums umstürzen, um einigen Unwissenden einen Gefallen zu tun.

Omraam Mikhaël Aïvanhov in „Goldene Regeln für den Alltag“

Lassen Sie sich *nie* einreden – von niemandem, und sei er noch so hochgestellt, gebildet oder (in Ihren Augen) kompetent –,

- daß es einen Zufall gäbe, oder
- daß alles vorherbestimmt sei, und/oder
- daß Sie nicht in der Lage wären, Ihre Situation zu verändern.

Irreführender können Aussagen nicht sein! Entweder beruhen sie auf der Unwissenheit dessen, der solche Ammenmärchen verbreitet, oder es steckt eine verderbliche Absicht dahinter[a].

Halten wir es weiterhin so, wie ich es am Anfang des Buches geschrieben habe, daß wir nämlich den Bereich des Ausschließlich-glauben-Müssens am besten erst gar nicht betreten, dafür aber unsere Herzenslogik und unseren gesunden Menschenverstand gebrauchen. Mit dieser Einstellung begeben wir uns jetzt, in einem noch unübersichtlichen Gebiet voller Schlingpflanzen und Gestrüpp, auf die Suche und werden – versprochen – das finden, wonach wir Ausschau halten.

Wir nehmen an, auf einen Knopfdruck hin wird alles zurückgestellt. Was wir und andere in der Vergangenheit gedacht, gesagt und getan haben, existiert nicht mehr. Das Leben macht für einen Mo-

a Die Deutlichkeit der Sprache an dieser Stelle ist bewußt so gewählt. Hier, an diesem zentralen Punkt, sind diplomatische Floskeln nicht am Platz.

ment Pause, gleich beginnt es neu. (Das ist zwar absolut unrealistisch, für unser Denkmodell aber hervorragend geeignet.) In diesem Null-Zustand hat bisher nichts auf etwas anderes Einfluß genommen, alles ist noch frisch, unschuldig, unberührt. Dann ertönt ein lauter Paukenschlag, der Zeiger, der bislang stille stand, fängt an, sich zu bewegen. Das Leben – und wir mitten drin – pulsiert!

Es werden nur Bruchteile einer Sekunde vergehen, bis die ersten Dinge geschehen: ein Augenaufschlag, ein Atemzug, ein Geräusch und vieles mehr. Genauso lange wird es dauern, bis auf diese ersten Aktionen Reaktionen erfolgen: der Augenaufschlag hat die mittägliche Entspannung beendet und die Aufmerksamkeit wieder auf die Umwelt gelenkt, der Atemzug hat die Lunge angeregt bzw. aufgefordert, den nächsten Atemzug zu tun, das Geräusch hat den bis dahin noch Schlafenden hochschrecken, auf den Wecker schauen und mit einem Satz aus dem Bett springen lassen. Das Leben hat begonnen, und schon nach kürzester Zeit hat es – weltweit – viele Milliarden von Aktionen und Reaktionen gegeben, die sich aneinanderreihen wie die Perlen oder Glieder einer unendlich langen Kette.

- ➔ Um es wissenschaftlich auszudrücken: Das *Kausal-Gesetz* ist in Kraft getreten.
- ➔ Weniger wissenschaftlich ausgedrückt: *Ursache und Wirkung* und Wirkung und Ursache haben angefangen, sich wechselseitig abzulösen und eine Kette zu bilden, um ihr Spiel so lange fortzusetzen, wie die materielle Schöpfung besteht.
- ➔ Geistig betrachtet und mit einem spirituellen Aspekt versehen: Das Gesetz von *Saat und Ernte* hat seine Arbeit aufgenommen.
- ➔ Mit dem Begriff *Karma* wird das Geschehen dann bezeichnet, wenn menschliches Handeln gemeint ist, das nicht dem Liebegesetz entspricht und eine entsprechende Seelenbelastung nach sich zieht.

Es wird oft so getan, als würde die oben beschriebene Gesetzmäßigkeit der Phantasie irgendwelcher Esoterik-Anhänger entspringen. Dem ist beileibe nicht so. Kausa (lat. *causa*) heißt „Ursache“, und als

Kausalität bezeichnet man die Beziehung zwischen Ursachen und Wirkungen. Aristoteles hat dies schon gelehrt. Das hat also mit Religion nichts zu tun, sondern ist eine jahrtausendalte, philosophische Erkenntnis.

Eine Kausalkette ergibt sich, wenn jede Wirkung selbst wieder zur Ursache für eine neue Kausalität ... und somit zu einem neuen Kausal-Ereignis wird.[25] Philosophisch erläutert, z. B. von Immanuel Kant, hört sich das so an: „Wenn wir erfahren, daß etwas geschieht, so setzen wir dabei jederzeit voraus, daß irgend etwas vorausgehe, worauf es nach einer Regel folgt."[26]

Wer dazu noch mehr wissen möchte, weil ihm das vielleicht noch nicht reicht, der mag sich in der vielschichtigen Literatur, die es dazu gibt, umtun[a]. Am Ende wird er, das kann man voraussagen, ohne eine prophetische Gabe zu besitzen, nicht umhin kommen, das Ursache-Wirkung-Ursache-Prinzip anzuerkennen.

Wenn es aber so ist, daß jedes Geschehen sich in einzelne Abschnitte zerlegen läßt, und kein Abschnitt für sich alleine da steht, weil das Prinzip der Kausalität sie verbindet: Wie kann dann jemand überhaupt auf die Idee kommen, daß es den Zufall gibt?

Die Antwort ist gar nicht so schwer zu finden. Wir räumen nur ein bißchen den darüberliegenden Müll der Vernebelung und Unwissenheit an die Seite – und schon wird alles klar.

Das Kausal-Gesetz können die Halbwissenden und Irrlehrer nicht ignorieren, aber sie können seinen Geltungsbereich einschränken: Für das, was ich sehen, schmecken, hören, riechen und fühlen kann, mag das Gesagte ja zutreffen – sagen sie. Aber für alles, was sich der äußeren Wahrnehmung durch unsere fünf Sinne entzieht, ist der bloße Zufall – oder noch tragischer: eine unverständliche, willkürliche Vorsehung Gottes – zuständig. Die Schöpfung wird nach dieser kindlich-naiven Denkweise von zwei Prinzipien beherrscht. Das eine Prinzip bestimmt: Dort, wo ich (der kleine, auf seine unzulänglichen

---

a In *Die Spielregeln oder Das Ende der Vernebelung* steht das Gesetz von Ursache und Wirkung im Mittelpunkt, weil es d a s entscheidende Rädchen im Uhrwerk unseres Lebens ist, das die Kirchen entfernt haben, ohne das es aber kein Verstehen dafür gibt, warum wir hier sind, worin der Sinn unseres Lebens besteht, und wohin wir gehen. Ohne dieses Verstehen aber keine Erkenntnis und ohne Erkenntnis keine Innere Arbeit.

Sinne beschränkte Mensch) etwas erkenne, weil ich es sehen, hören usw. kann, liegt ein geregeltes Miteinander zugrunde. Hier waltet erkennbare Logik, vielleicht sogar Gerechtigkeit, weil ja alles, was geschieht, ganz offensichtlich einen Grund hat. Da, wo mein Verständnis und meine Kenntnis jedoch nicht mehr ausreichen, soll die Welt vom Chaos-Prinzip oder dem Willkür-Prinzip göttlicher Vorherbestimmung regiert werden.

Tief durchatmen ...

Doppelt tief durchatmen, weil wir damit diesen völlig indiskutablen, irrwitzigen Zufalls- und Vorsehungsgrundsatz genau *dem* Bereich unseres Leben zuschreiben, der unsichtbar jenseits unserer Wahrnehmung liegt, und von dem wir glauben, *daß von dort aus Gott wirkt* – mitten hinein in unser hilfloses und armseliges, als unfrei und ungerecht empfundenes Dasein.

Vergessen Sie ihn schnell, diesen Gott (falls Sie diesem Glaubensmuster noch anhängen), der nichts gemein hat mit jenem, der die unendliche Güte und Barmherzigkeit ist; und der sich nicht reduzieren läßt auf unausgereifte, abstruse, menschliche Interpretationen.

Unten auf dieser Seite, im Bereich der Fußnoten[a], findet sich etwas zur Idee der „Vorherbestimmung", zur „Prädestinationslehre"; im Fußnotenbereich deshalb, weil ich glaube, daß der Leser das zwar wissen sollte, ich dem aber kein zu großes Gewicht beimessen möchte. Es lohnt sich wirklich nicht, diese theologische Gehirnakrobatik auch nur in Ansätzen weiterzuverfolgen.

Tatsache ist, daß seit Beginn des Falls ein Glied der Kausalkette in das andere greift. (Deshalb *seit Beginn des Falls*, weil erst mit dem Fall das Gesetz von Ursache und Wirkung in Kraft getreten ist und im Himmel aufgrund des vollkommenen Lebens im göttlichen

---

a Die Prädestinationslehre ist eine religiöse Glaubensvorstellung, die besagt, daß das Schicksal eines Menschen allein von der Willkür Gottes bestimmt wird. Die Eigenschaft, von Gott „erwählt" oder „verworfen" zu sein, hängt somit nicht etwa vom Handeln oder Glauben einer Person ab, sondern nur von der persönlichen Entscheidung Gottes. Wer auserwählt ist, hat nach verschiedenen Ausprägungen der Prädestinationslehre sein Leben lang Erfolg und Ansehen zu erwarten.(http://www.woxikon.de/wort/prädestination.php) Diese Lehre, die ursprünglich Augustinus zugeschrieben wird, ist auch heute noch in unterschiedlich strenger Auslegung in diversen kirchlichen Gruppierungen zu finden, im übrigen auch im Islam.

Gesetz nicht existiert; so ähnlich, wie Gefängnisse einmal überflüssig werden, weil alle Menschen gut geworden sind.) Und ob wir nun die einzelnen Glieder einer Kausalkette kennen oder nicht – beispielsweise unsere persönlichen –, ändert das nichts daran, daß sie existieren, und daß es *immer* ein Glied bzw. mehrere Glieder vor dem Glied geben muß, das uns gerade beschäftigt, in das wir vielleicht gerade verstrickt sind. Sei es nun ein sichtbares oder unsichtbares, eines, das wir aus der Erkenntnis heraus akzeptieren oder eines, dessen Vorhandensein wir rundherum ablehnen.

*

Was verbinden Sie mit dem Wort „Prophet“? Ist das jemand, der voraussagen kann, was künftig geschieht? Dann sind wir eigentlich alle Propheten. Oder können Sie nicht vorhersagen,

- was geschieht, wenn ein gebrochener Arm nicht geschient wird;
- was es für die Psyche eines Kindes bedeutet, wenn es mit Schlägen „erzogen“ wird;
- wo Sie finanziell einmal enden werden, wenn Sie ständig über Ihre Verhältnisse leben;
- wie sich Ihre Ehe oder Partnerschaft entwickeln wird, wenn die Liebe fehlt;
- wie Ihr Garten bald aussehen wird, wenn Sie ihn nicht pflegen;
- wie die Polizei reagieren wird, wenn Sie mit abgefahrenen Reifen erwischt werden?
- ....
  (hier ist Platz für Ihre persönlichen Beispiele)

Und jetzt vollziehen wir den Schritt ins Geistige, ins Unsichtbare hinein. Wenn Sie Vorstehendes ohne Schwierigkeiten bejahen konnten, dann wird es Ihnen auch nicht schwerfallen, vorherzusagen, was es für Folgen nach sich ziehen wird, wenn

- Sie Ihre Kunden beschummeln (ohne daß dies bemerkt wird);
- Sie Ihre/n Partner/in betrügen (ohne daß dies bemerkt wird);
- Sie intrigieren und manipulieren (ohne daß dies bemerkt wird);
- Sie Geld aus der Portokasse oder aus anderen Kassen nehmen (ohne daß dies bemerkt wird);
- Sie Ihrem Nachbarn ununterbrochen negative Gedanken schicken (ohne daß dies bemerkt wird);
- Sie aufgrund Ihrer rhetorischen Fähigkeiten ein ganzes – oder halbes – Volk verführen (ohne daß dies – sofort – bemerkt wird);
- Sie ein Ja-Sager oder Mitläufer sind, ohne Eigenverantwortung zu übernehmen (ohne daß dies bemerkt wird);
- Sie Ihr Hauptaugenmerk darauf richten, daß *Sie* Erfolg haben, und es *Ihnen* gut geht (was zwar bemerkt, aber selten beanstandet wird)?
- ....
  (hier ist nochmals Platz für Ihre Beispiele)

Ich wollte nur das Bewußtsein ein wenig dafür schärfen, daß das Kausalgesetz auch über die Grenzen des Materiellen hinaus wirkt – und von dort aus wieder zurückstrahlt. Sie sind mir hoffentlich nicht böse ...

*

Im übrigen: Was wäre das für eine göttliche Gerechtigkeit, würde auch nur ein einziger von uns nicht in dieses Gesetz eingebunden sein! Hätte auch nur ein einziger keine Vergangenheits-Glieder, die durch seine Gegenwarts-Glieder seine Zukunfts-Glieder hervorbringen!

Ich lasse an dieser Stelle Omraam Mikhaël Aïvanhov, französischer Philosoph und Pädagoge bulgarischer Herkunft (1900 – 1986), dazu etwas sagen:

„Man weiß nie, was die Zukunft bereithält, das stimmt; aber die beste Art, Unglück zu vermeiden, das man befürchtet, ist, jetzt möglichst vernünftig zu leben. Die Zukunft wird so sein, wie ihr sie in der Gegenwart erschafft. Was also zählt, ist das ‚Jetzt'. So, wie die Gegenwart die Folge bzw. das Ergebnis der Vergangenheit ist, ist die Zukunft die Fortsetzung der Gegenwart. Alles ist miteinander verbunden: Vergangenheit, Gegenwart und Zukunft sind nicht voneinander getrennt. Die Zukunft wird auf den Fundamenten gebaut, die ihr heute errichtet. Sind diese nicht fest, dann dürft ihr natürlich keine glänzende Zukunft erwarten. Sind sie jedoch fest, dann braucht ihr euch nicht zu berunruhigen: wie die Wurzeln, so der Stamm, die Zweige und die Früchte."[27]

Wunderbar!

Was uns vielleicht die Vorstellung eines Systems, das unser Leben derart direkt und intensiv beeinflußt, nicht sehr attraktiv erscheinen läßt, ist unsere scheinbare Hilflosigkeit gegenüber solchen Wirkungsmechanismen. Vielfach wird ja auch, wenn es um Karma geht, die Auffassung vertreten, daß eben das zu ertragen sei, was als frühere Ursache in unser Leben hineinwirkt – daß uns, schlicht ausgedrückt, unsere Vergangenheit einholt.

An diesem Punkt ist Wachsamkeit bis Vorsicht geboten! Eine Falle kann sich auftun! Grundsätzlich ist es so, **daß wir hier sind, um unser Karma durch Selbsterkenntnis und die anschließende Innere Arbeit mit dem Herrn abzubauen und umzuwandeln (das Leben ist eine Schule!) und nicht, um unser Los in falscher Demutshaltung ergebendst ertragen und unsere Seelenschuld leidend abtragen zu müssen**.

Abtragung mag in seltenen Fällen eine Möglichkeit sein, sich von seiner Schuld durch Leid, Not und Schmerz befreien zu können; beispielsweise dann, wenn es an der nötigen Kenntnis, Einsicht und/oder Bereitschaft zur Inneren Arbeit fehlt, und die Seele somit keine andere Möglichkeit sieht, als das Karma in den Körper oder die Lebensumstände einfließen zu lassen. Dies ist aber ganz sicher nicht die Regel, und es stellt in meinen Augen auch keinen Ersatz für die eigene und eigentliche Arbeit dar. Eine solche Abtragungshaltung – „ich habe mir mein schweres Leben selbst ausgesucht; nur so kann ich meine Schuld wiedergutmachen und Gott versöhnen bzw. Ihm näherkommen" – verführt nur allzuschnell und -gerne dazu, sich vor den Aufgaben, die das Leben stellt, zu drücken. Anscheinend ist der Abtragungsweg in den Augen derjenigen, die so empfinden, denken und handeln, immer noch leichter zu bewältigen als die eigentlich notwendige Arbeit, die darin besteht, sich selbst anzuschauen und dann die erforderlichen Schritte der Veränderung zu tun. Man kann eine solche Haltung als „Hiob[a]-Syndrom" bezeichnen.

Es kann sein, daß trotz Innerer Arbeit etwas oder einiges übrigbleibt, das es abzutragen gilt. Das dann anzunehmen und diese Wegstrecke mit Gott gemeinsam zu gehen, ist richtig und wichtig. Aber das ist etwas anderes als ohne Selbsterkenntnis zu sagen: „Da ist nichts zu machen. Das muß ich halt tragen."

Auf die Idee, eine Operation deshalb abzulehnen, weil eine künftige Gesundheit ja doch nicht zu erreichen ist, kommt kein Mensch. Auch eine Reparatur unterbleibt nicht, wenn die Notwendigkeit erkannt ist, das Auto wieder fahrbereit machen oder den feuchten Keller wieder trocken legen zu müssen. Wir sehen sofort den Zusammenhang zwischen Schaden, Operation/Reparatur und Wiederherstellung. Wieder dasselbe Bild: Kausalität auf der Materie *ja*, im Seelisch-Geistigen *nein*.

Diese Anschauung ist grundfalsch; sie kommt immer aus dem Nichtwissen um die Christuskraft im Menschen. Wer darum weiß, wer ihre *einzige Aufgabe* kennt, der kann so etwas nicht denken oder verbreiten. Ihre Aufgabe lautet: dem Menschen, der sich ihr zuwendet – und über den Glauben hinaus ein ernsthaftes Bemühen an den Tag legt, die Liebe zu leben –, bedingungslos zu helfen. Wie er dies richtig anstellt, auf welche geistige Unterstützung er trifft, wie die aufgestellten Fallen der Gegenseite aussehen, welche Widerstände sich ihm in den Weg stellen, und wie er ihnen begegnen kann – das alles wird der Suchende in diesem Buch noch finden. Und dann kann oder wird er erkennen: Wir sind keineswegs einem unbeeinflußbaren Schicksal ausgeliefert! Die Früchte eines Neuanfangs, einer *neu ein-*

---

a Aus dem Buch *Hiob* im AT: Der Satan schlägt vor, Hiobs Gottesfurcht auf die Probe zu stellen. Gott läßt den Verlust allen Besitzes Hiobs sowie den plötzlichen Tod seiner zehn Kinder und die Schädigung seiner Gesundheit zu. Hiob nimmt die Schicksalsschläge an, ohne Gott zu verfluchen.

gebrachten Saat[a], werden wir sowohl in diesem Dasein als auch im Leben „jenseits des Schleiers“ ernten.

Wir haben uns mit der Idee des Zufalls aber auch ganz gerne angefreundet (ehrlich sein! mir ging's wenigstens vor Jahren noch so), weil wir es zum einen nicht besser wußten, und weil es zum anderen den „unschätzbaren Vorteil“ hat, daß wir selbst mit dem, was uns da widerfährt, nichts zu tun haben. Zufall![b] Und das enthebt uns natürlich jeder anstrengenden Nachforschung oder auch nur des Nachdenkens und ebenso jeder Auseinandersetzung mit einer eventuell doch gewonnenen Erkenntnis. Und zumindest aus unserer kleinen, eingeschränkten, völlig falschen Sicht enthebt es uns auch jeglicher Verantwortung, und das ist weitaus schwerwiegender. Allerdings: „Mein Name ist Hase, ich weiß von nichts“ verliert hier seine Gültigkeit.

*

Wenn wir uns der neuen Sichtweise öffnen und den fundamentalen Grundsatz anerkennen, daß a l l e s seine Ursache hat, bedeutet das – leider – nicht, daß diese Ursache auch immer offen zutage tritt. Leicht ist es, den Zusammenhang zwischen *den Tomatenflecken auf dem Hemd* und den *von der Gabel gefallenen Spaghetti* zu erkennen. Alles hat sich im Äußeren, im Sichtbaren, abgespielt. Aber vielleicht schon nach Wochen fällt es uns schwer, uns an den aktuellen Anlaß für die Flecken zu erinnern. Leider können wir nicht behaupten, es hätte keine Ursache dafür gegeben, das alles wäre rein zufällig pas-

---

a Dies wird in Kirchenkreisen oft als „neugeboren im Geiste“ oder „Wiedergeburt im Geiste“ bezeichnet (nicht zu verwechseln mit der körperlichen Wiedergeburt, der Reinkarnation, die nicht der vorherrschenden christlichen Lehre entspricht, auch wenn viele Christen heimlich an sie glauben). Aber das ist mir zu wenig. Wir müssen über das „Geborenwerden“ hinaus auch laufen lernen. Und hierbei zeigen sich die Probleme, indem wir nämlich trotz aller Bemühungen immer wieder „fallen“ (daran ist u. a. Luther gescheitert) und schließlich den Mut verlieren, weiterzumachen. Die Innere Arbeit und ihre „Spielregeln“ sind vielfach selbst denen nicht bekannt, die den Herrn von ganzem Herzen lieben.

b Ich kenne das Wortspiel, daß „zufällig“ bedeutet, daß uns etwas „zufällt“. Wenn das ernstgemeint ist, und wir auf die Suche gehen, was das uns Zugefallene denn mit uns zu tun hat, und was es uns sagen will, stimme ich damit völlig überein. Nur: Tun wir's, oder erfreuen wir uns nur des Wortspiels?

siert. Wir müssen also eine Ursache akzeptieren, ob wir um sie wissen oder nicht.

Hat es eine Ursache dafür gegeben, daß die Spaghetti nicht auf der Gabel geblieben sind, wo sie doch hingehören? Sicher, die läßt sich wahrscheinlich auch finden: Wir hatten sie nicht richtig aufgerollt, wir sind angestoßen worden, wir haben uns angeregt mit unserem Tischnachbarn unterhalten, irgend etwas hat uns so beschäftigt und unser ganzes Denken beherrscht, daß wir nicht bei der Sache waren und, und, und ...

Wenn wir jetzt noch weiter zurückgehen (warum waren wir nicht bei der Sache?), kommen wir langsam in den Bereich, wo die Glieder davor nicht mehr (sofort) greifbar sind. Wissen wir zwar um unser Problem, das die Geistesabwesenheit bewirkt hat, wollen es aber nicht anschauen und auch nicht darüber sprechen, dann werden wir eine Erklärung auch nicht finden oder abgeben wollen. Stetig aber sicher verschieben sich die davorliegenden Glieder so in den Bereich des Nebulösen, bis sie schließlich unsichtbar werden. Oder, um mit den Worten der Zufall-Vertreter zu sprechen: „Gibt es sie überhaupt? Nein, alles entstand einfach ‚so aus dem Nichts heraus'."

Hier ist noch nicht einmal die Herzenslogik, sondern lediglich die Logik gefragt ...

Verlassen wir unsere Spaghetti mit Tomatensoße, die ja nur als anschauliches Beispiel dienen sollten, und kommen wir zurück zu unseren Grundsatzüberlegungen, die nicht nur spielerisch-philosophischer Natur sind, sondern die unmittelbar etwas mit uns zu tun haben: ganz praktisch, ganz konkret, mit gravierenden Auswirkungen auf unser jetziges Leben und unser jenseitiges Dasein, auf unsere Gesundheit und Krankheit, auf Freud und Leid, auf Glück oder Not, zusammen mit den Menschen, die wir und die uns lieben und mit jenen, die uns noch nicht so mögen. Wenden wir uns wieder dem Wissen zu, das man uns vorenthält oder – selbst unwissend – falsch vermittelt; später auch dem, was man uns geschmackvoll verpackt anbietet, um uns nach Möglichkeit an trügerische Theorien und gefährliche Ideologien und die dahinter wirkenden Kräfte zu binden.

Die Vernebelung oder Falschdarstellung (bis hin zur Verneinung), die mit dem Gesetz von Ursache und Wirkung betrieben wird, hat

Methode und ganz offensichtlich das Ziel, die Menschen erst gar nicht auf den Gedanken kommen zu lassen, eine Veränderung hin zum Besseren und Guten anzustreben. Den als Ersatz angebotenen Lehren und „Lebenshilfen" liegt die Absicht zugrunde, die Menschen über ihren Seelenzustand unaufgeklärt zu lassen. Wer sich in dem Glauben wähnt, „frei" zu leben – das heißt in dem Fall ohne Einbindung in unzählige geistige, von ihm selbst geschaffene Kettenglieder, die sein Leben bestimmen –, der sieht in der Regel auch keine Veranlassung, sich „zu bewegen". Und wer sich nicht bewegt, bleibt da, wo er ist. Das hätten sehr viele – die Feinde der Inneren Arbeit – sehr gerne.

Leben aber, geistiges, seelisches und körperliches, ist Evolution. Evolution hat ein Ziel. In diesem Fall heißt es „Heimkehr".

Jede Handlung, und dazu zähle ich auch Empfindungen, Gedanken und Worte, hinterläßt Spuren, teils im Äußeren, aber i m m e r im Geistigen. Es sind Energiefäden, -bahnen, -felder, unsichtbare „Fingerabdrücke", die wir geschaffen und zurückgelassen haben. Sie gehören zu uns und bleiben mit uns als den Urhebern so lange verbunden, bis sie – wenn es sich um Negativenergien handelt – aufgrund unserer freien Entscheidung wieder aufgelöst bzw. umgewandelt werden. Alle von uns geschaffenen Energieformen, die wir aus der ewigen Quelle in uns ununterbrochen durch unser schöpferisches Tun ins Leben rufen, werden Teil unseres Seelenkörpers. Sie gehen in ihn (und damit in uns) ein und stärken oder schwächen ihn, je nachdem, ob wir aus der Liebe heraus handeln oder gegen ihre Grundsätze verstoßen.

Da es sich um Energien handelt, wenn auch „nur" um feinstoffliche[a], können und werden sie sich nicht einfach in Luft auflösen. Energie kann man nicht vernichten; das ist ein physikalisches Gesetz.

*

a Ihre Unsichtbarkeit (hellsichtige Menschen sind da, was ihr Erkennen betrifft, etwas besser dran) hat zu der falschen Meinung geführt, es gäbe sie nicht. Bei Menschen, die ausschließlich auf die Materie fixiert sind, trifft man durchweg auf diese Auffassung.

Ich will Ihnen eine kleine Begebenheit nicht vorenthalten, die ich in *Alles endet im Licht* beschrieben habe. Es geht dabei um einen Physikstudenten, den ich als Anhalter mitgenommen hatte. Sein Vater war gestorben, er hatte sich mit Fragen zum „Leben nach dem Tod" beschäftigt und wollte mir nun seine Sicht nahebringen.

„Ich erinnerte mich an ein physikalisches Gesetz, nach dem es unmöglich ist, daß Energie verlorengehen kann. Anders ausgedrückt: Man kann Energie nicht vernichten. Verstehen Sie?"
Ich verstand noch nicht viel. Inzwischen waren wir vor dem Haus seiner Mutter angekommen.
„Es ist ganz einfach", belehrte er mich. „Man kann Energie wohl umwandeln, aber niemals vernichten. Aus Eis wird Wasser, aus Wasser wird Wasserdampf, und dieser löst sich schließlich auf und verflüchtigt sich für das Auge. Ergo: Das Eis existiert nicht mehr, es ist verlorengegangen, vernichtet. Oder?"
Jetzt war das jugendliche Grinsen wieder in seinem Gesicht.
„Nichts ist vernichtet. Das Eis hat eine andere Form angenommen und ist zu Wasser geworden. Das Wasser hat eine andere Form angenommen und ist zu Dampf geworden. Der Dampf hat sich in Feuchtigkeitstropfen von Molekülgröße verwandelt, die nicht mehr sichtbar sind. Aber alles ist noch da, nur in einer anderen Beschaffenheit. Nichts ist vernichtet."
Er hielt inne. Jetzt erst schien ihm aufzufallen, daß wir bereits geparkt hatten. Er warf einen Blick auf seine Uhr.
„Es ist spät geworden. Danke, daß Sie mich mitgenommen haben."
Ich wartete immer noch auf die Auflösung.
„Verstehen Sie jetzt?"
„Ich glaube schon", sagte ich zögernd. Schließlich wollte ich nicht den Anschein erwecken, als sei ich schwer von Begriff. Würde er mir helfen, das letzte, noch fehlende Glied in der Kette zu erkennen? Das meiste hatte ich ja be-

griffen. Meine zögernde Antwort hatte ihn erkennen lassen, daß es bei mir zum letzten Durchblick noch nicht reichte.

„Es ist unmöglich, Energie zu vernichten. Man kann sie nur umwandeln. Sie verändert dabei ihre Form, aber ihr ‚Inhalt' bleibt der gleiche. Deshalb habe ich darin für mich den Beweis dafür gefunden, daß es keinen Tod gibt. Mir ist natürlich klar, daß dieser ‚Beweis' einer strengen wissenschaftlichen Prüfung nicht standhält. Aber das ist eben meine Art, an die Sache heranzugehen, wenn ich anders nicht weiterkomme. Deshalb glaube ich an ein Leben nach dem Tod", eine kleine Pause, wie um das Ganze spannender zu machen, „weil nämlich Leben nichts anderes als Energie ist."

„Und Energie kann nicht vernichtet werden", wiederholte ich.

„Genau", sagte er beim Aussteigen, „nur verändert. Genau wie Materie." Er nahm seinen Rucksack vom Rücksitz und gab mir die Hand. „Sonst mache ich das eigentlich nicht, daß ich so viel von mir erzähle. Wir kennen uns ja kaum." Fast entschuldigend sagte er das; anscheinend wunderte er sich über sich selbst. „Dennoch, es war nett, sich mit Ihnen zu unterhalten. Wenn wir uns nicht zufällig an der Tankstelle getroffen hätten ..."

„Ja", sagte ich, „Zufälle gibt's."[28]

Auf die Energien, die wir ein Leben lang produziert haben, treffen wir unweigerlich, wenn wir unsere irdischen Augen schließen[a]. Wir treffen auf die guten, aber auch auf die weniger guten – sofern diese in ihrer alten Form und Stärke noch existieren. Nur: Unser „Wiedersehen" findet nicht erst am Tage des Jüngsten Gerichtes statt, wie man uns zu glauben lehrt. Wir begegnen uns und unseren Taten unmittelbar, nachdem unsere Seele (das sind dann wir!) den nicht mehr benötigten Körper verlassen hat.

---

a „... denn ihr Werke folgen ihnen nach." (Off 14,13) Und obwohl sie uns „nachfolgen", sind sie doch schneller als wir, denn sie sind schon da – waren immer schon da –, wenn wir ankommen.

Insofern hat Innere Arbeit sehr viel mit dem zu tun, was uns im Jenseits erwartet. Dennoch werde ich den Schwerpunkt nicht auf diesen Gesichtspunkt legen, weil damit immer die Gefahr verbunden ist, eine falsche Motivation zur Grundlage einer Verhaltensänderung zu machen: nämlich das Vermeidenwollen nachtodlicher Unannehmlichkeiten, eines längeren Aufenthalts im Fegefeuer oder gar eines angeblich ewigen Verbleibens in der Hölle. Entscheidungen, die aus der Furcht getroffen werden, einmal solchen oder ähnlichen Strafen ausgesetzt zu sein, sind weitgehend wertlos. Sie müssen als freier Entschluß aus Liebe zu Gott gefällt werden. Dazu später mehr.

Wer jetzt mit dem ehrlichen Bemühen eines Kurswechsels beginnt, braucht sich sowieso keine Gedanken über das Später mehr zu machen. Er wird in sich die Gewißheit erlangen, daß alles gut ist. Wie und wo er dann drüben lebt, das überläßt er vertrauensvoll seinem himmlischen Vater, seiner großen Liebe, deren „Haus viele Wohnungen hat". Er spürt auch hier und jetzt schon, wie die einst geschaffenen negativen Energien ihre Anziehungskraft und ihre Wirkung verlieren und – praktisch im Austausch – dafür eine nie gekannte Freiheit im Inneren entsteht. Wer Gott in einer stillen Stunde sein Ja gibt, dessen Geflecht von Ursache und Wirkung beginnt sich zu entwirren und aufzulösen.

Jeder Mensch ist mehr oder weniger fest in das unsichtbare „Karma"-Netzwerk eingebunden, das sich mit dem Fall gebildet hat, und gegen das das „WWW" – das *World Wide Web* des Internets –, so gewaltig-umfangreich es auch geworden ist und noch werden wird, ein Waisenknabe ist und bleibt. Denn die karmischen Bindungen und Verbindungen, die durch die Zuwiderhandlungen gegen das Liebegesetz entstanden sind, werden in ihren Auswirkungen zwar hier auf der Erde sicht- und spürbar (zumindest zum Teil), jedoch sie beschränken sich nicht darauf, sondern sie wirken feinstofflich. Es sind Energien, die Menschen mit Menschen verbinden, Menschen mit Seelen, Seelen untereinander, die aber auch das Verhältnis des Menschen gegenüber dem Tier-, Pflanzen- und Mineralreich betreffen, falls sich der Mensch massiv dagegen versündigt hat.

Als Karma-Gesetz – wie wir bereits hörten – wird daher das Prinzip bezeichnet, das die Beziehung von negativem Handeln und daraus entstehender Schuld regelt. Der Begriff *Karma*[a] „bezeichnet ein spirituelles Konzept, nach dem jede Handlung – physisch wie geistig – unweigerlich eine Folge hat. Diese muß nicht unbedingt im aktuellen Leben wirksam werden, sondern kann sich möglicherweise erst in einem der nächsten Leben manifestieren.“[29]

Für unser Verständnis paßt es ganz gut, Karma – die Summe unserer Verfehlungen oder Belastungen – einfach als *Seelenschuld* zu bezeichnen. Lassen wir uns nicht von den Theologen beirren, die – nur weil der Hinduismus und Buddhismus in diesem Punkt anderen Religionen „um Längen voraus“ sind – die ganze Karma-Wahrheit als östlichen Irrtum oder Irrlehre abtun. Jeder Mensch trägt sein Karma, nicht nur die Menschen in Indien und anderen asiatischen Ländern ...

*

Lassen wir uns auch nicht von den Feinden der Inneren Arbeit – von den Gegnern Christi – erzählen, daß es keine Schuld gäbe, die der Mensch sich aufladen könnte. Dem liegt, wie schon erwähnt, der verführerische und zugleich verwerfliche Hintergedanke zugrunde, daß es somit ja auch keiner Wiedergutmachung oder eines Ausgleichs bedarf. Es sind inzwischen Massen, die hinter dieser Fahne begeistert herlaufen: „Ich brauche nur eine Transformation meines Körpers und meiner Seele anzustreben, höhere energetische Zustände sind dann automatisch die Folge.“ Daß ein echter, ein wirklich erweiterter Bewußtseinszustand, ein Lichter-Werden der Seele und ein vermehrter Zustrom göttlicher Energie nicht mit Meditationen oder noch so ausgeknobelten Techniken zu erreichen sind, erzählt man ihnen nicht. Das will auch keiner wissen. Dafür hört sich die Aussage: „Du bist gut, Du bist kein Sünder, Du bist Gott, wir alle lieben Dich“, einfach zu gut an.

Völlig übersehen wird dabei, weil man es entweder nicht besser weiß oder nicht sehen will, daß das Gesetz von Ursache und Wirkung *ausschließlich aus Liebe zu den Gefallenen* geschaffen wurde.

---

a Karma = aus dem Sanskrit, bedeutet Wirken oder Tat

- Es war und ist reinste Liebe, die Gott dazu bewogen hat, ein Instrumentarium in Kraft treten zu lassen, das die Heimkehr aller Kinder ermöglicht.
- Es ist und bleibt reinste Liebe, uns zur Veränderung des Verhaltens zu bewegen, indem Er uns mit den Auswirkungen unseres Tuns konfrontiert.
- Es ist unbeschreibbare, das menschliche Denken übersteigende Liebe, diesen Prozeß so zu gestalten, daß unser freier Wille unangetastet bleibt.
- Es ist bedingungslose Liebe, die einem jeden die Hand reicht, der heimkehren möchte, auch denjenigen, die Äonen lang gegen diese Liebe gekämpft haben.
- Und wenn wir uns einen Funken von Sehnsucht bewahrt haben, dann werden wir die Größe Seiner Liebe in jeder Situation unseres Lebens spüren oder zumindest erahnen können und aus einem wissenden Herzen heraus – nicht nur aus einem glaubenden – sagen können: „Danke, Vater. Dieses Leben, auch wenn im Moment vielleicht alles nicht so rosig ausschaut, ist das beste, was mir geschehen konnte."

Wenn wir akzeptieren können, daß Gott in Seiner Weisheit und Allmacht keinen Fehler macht (auch wenn unsere beschränkte, menschliche Sicht es bisweilen gerne anders sieht), dann werden wir uns auch dazu durchringen können, Sein Gesetz von Ursache und Wirkung widerspruchslos auf unser Leben zu übertragen. Was ja nicht heißen muß, daß wir gleich alles verstehen. Aber allein die Tatsache, anzuerkennen, daß es so ist, bringt uns einen beträchtlichen Schritt nach vorne. Wir werden dann auch unsere Energie und Zeit nicht weiter darauf verwenden und verschwenden, gegen eine unumstößliche Tatsache anzukämpfen. Sich nicht nur mit ihr – gezwungenermaßen – zu arrangieren, sondern auf dieser neuen Erkenntnis ein künftiges neues Denken und Handeln aufzubauen, ist eigentlich keine so große Sache. Wenn man sie mal begriffen hat.

Solange jedoch Fragenden und Suchenden mit Unwissenheit begegnet wird, wird das große Umdenken noch auf sich warten lassen.

Das soziale Engagement vieler Laien- und Profi-Helfer ist zwar sehr groß und ihr hingebungsvoller Einsatz uneingeschränkt anzuerkennen, aber schlußendlich bleibt die Hilfe doch auf tröstende Worte beschränkt.

Das wird ganz deutlich in einem Zeitungsartikel, den ich aktuell auf der Internetseite der *Heilbronner Stimme* fand:

Trost in schweren Stunden

> Löwenstein – Warum straft mich Gott so? Diese Frage bekommen die Klinikseelsorger T. R. und A. S. oft gestellt, wenn sie Gespräche mit schwerkranken Patienten der Klinik Löwenstein führen.
> Eine Frage, die auch für die Gemeindereferentin der katholischen Kirchengemeinde St. Johann Baptist Affaltrach-Wüstenrot-Löwenstein und den Pfarrer der evangelischen Kirchengemeinde Neulautern-Stocksberg schwer zu beantworten ist. „Darauf gibt es keine Antwort", sagt S. Sein Rezept in diesem Moment: nichts sagen, zuhören, dem Patienten die Möglichkeiten geben, seine Sorgen von der Seele zu reden.[30]

Wer es nicht besser gelernt hat und es darum auch nicht besser weiß, ist in solchen Momenten mit seinem Latein am Ende. Es hätte natürlich auch keinen Sinn, einem kranken, sich im Endstadium des Lebens befindenden Menschen das Gesetz von Ursache und Wirkung nahezubringen. Das hätte vor einigen Jahrzehnten geschehen müssen.

Und so bleibt es beim Bild des strafenden Gottes und vielen offenen Fragezeichen. In dieser Phase zu erklären, daß *Gott nichts als Liebe ist*, macht die Sache nicht glaubwürdiger, weil sie nicht mehr verstanden werden kann.

*

Manchmal helfen dem, der noch ein wenig mehr Anstöße braucht, Gleichnisse weiter wie zum Beispiel

Das Märchen vom gerechten König und seinen fünf Kindern

Es war einmal ein König, der hatte fünf Kinder. Alle verließen, als sie älter geworden waren, ihr Vaterhaus, alle hatten dafür ihre eigenen Beweggründe. Fern ihrer Heimat fristeten sie ihr Dasein, das sich meistens mehr schlecht als recht darstellte. An der Liebe des Vaters zu seinen Kindern hatte deren Weggang nichts geändert. Obwohl ein wenig traurig, liebte er sie nach wie vor. Und er liebte alle gleich. Er hätte sie auch gerne wieder zurückgeholt, aber ihr freier Wille ging ihm über alles.

So schuf er für alle die Möglichkeit, mit ihm Kontakt aufzunehmen. Dafür mußten keine Voraussetzungen erfüllt werden. Ein Anruf genügte. Für die Rückkehr stellte er keine Bedingungen, sie mußte lediglich aus freien Stücken erfolgen. (Die gute Nachricht vorab: Alle sind zurückgekehrt!)

Die Heimkehr der Fünf gestaltete sich unterschiedlich, zum Teil sogar dramatisch. Die Handreichung erwies sich als nicht so problemlos, wie es zu Anfang schien. Jedes der Kinder hatte seine Gründe für eine (vorläufige) Absage oder für ein Hinauszögern: Das eine, weil es nicht daran glaubte; das andere, weil es (angeblich) nicht darum gewußt hatte; das dritte, weil es ihm in der Ferne noch ganz gut ging; ein weiteres, weil ihm die Rückreise zu anstrengend erschien; das letzte, weil es sich sein eigenes, kleines Reich aufgebaut hatte. Als dann schließlich ein Kind nach dem anderen doch in die Heimkehr einwilligte, stellte sich heraus, daß die Mühen und Dauer des Heimwegs nicht für alle gleich, sondern sehr unterschiedlich waren. Wie war das mit der Liebe des gerechten Vaters zu vereinbaren? Noch bevor sie wieder zu Hause waren, bekamen sie die Erklärung:

„Jedes von euch hat auf seinem Weg in die Fremde seine Saat gesät, seine ganz persönlichen Spuren hinterlassen. Hielten sie sich einigermaßen im Rahmen, so waren Unordnung und Oberflächlichkeit, Eigennutz und Selbstdarstellung die Ernte. Uferten sie aus, hinterließen sie Chaos und Unfrieden, Ängste und Abhängigkeiten.

Die Gerechtigkeit sieht vor, daß das, was beschädigt oder zerstört wurde, wieder hergestellt oder aufgebaut wird. Darauf haben die Geschädigten Anspruch, denn auch sie werden von mir ebenso geliebt wie ihr. Wer nicht genau weiß, was er wieder gutzumachen hat, der wird zu Personen und an Stellen geführt, die ihm seine noch zu erledigende Arbeit spiegeln. Wenn ihr bei diesem Aufräumen Hilfe braucht, so wird sie euch gewährt; ein einfacher, aber ehrlicher Ruf des Herzens reicht aus. Das heißt, sie steht einem jeden in gleichem Maße zur Verfügung – aber sie muß von euch erbeten werden.

Und was die Dauer eurer Rückreise betrifft: Sie wird unter anderem durch die Strecke des Weges bestimmt, die ihr seit eurem Weggang zurückgelegt habt. Die Vergangenheit bestimmt die Zukunft, und weil sich die Wege, die ihr hinter euch habt, voneinander unterscheiden, werden auch die noch vor euch liegenden unterschiedlich sein. Jedes Kind geht s e i n e n Weg. Doch wie lang oder schwer dieser auch sein mag: Entscheidender als die Schwere und Länge des Weges ist, wie fest entschlossen ihr eure Heimreise antretet, wie konsequent ihr bei der Sache bleibt, und ob und in welchem Umfang ihr die angebotene Unterstützung in Anspruch nehmt.

Sollte es sich eines von euch anders überlegen und doch lieber seine eigenen Wege gehen, so hindert euch daran nichts. Von Ungerechtigkeit meinerseits kann aber keine Rede sein, wenn es ein spätes und beschwerliches Heimkommen wird. Ich warte auf euch, denn ich liebe euch.“

*

Es kann keine größere Gerechtigkeit geben als die, die sich im Gesetz von Saat und Ernte ausdrückt. Und es kann keine größere Liebe geben, weil dieses Gesetz nur ein Ziel hat: den Betroffenen durch die Konfrontation mit den Folgen seiner Handlung zu der Einsicht zu bewegen, daß er etwas falsch gemacht hat. Es ist Anstoß zur Kurskorrektur. Nicht mehr und nicht weniger. Das Gesetz droht nicht, es straft nicht, es stellt auch nicht von alleine sein Wirken ein (auch wenn dies in Raum und Zeit manchmal so scheint); nein, es präsentiert mit unendlicher Geduld und vollkommener Präzision das, was es präsentieren muß, und zwar so lange, bis die Ursachen durch den Verursacher selbst aufgehoben und/oder durch die Liebe-Barmherzigkeit[a] Gottes aufgelöst werden. Bis es aber so weit ist, bleibt die Konfrontation aufrechterhalten. Diese ist dabei nicht auf das momentane Leben auf der Materie beschränkt, sondern sie setzt sich nahtlos in den Seelenbereichen fort.

Das liest sich so leicht; aber es kann nicht nur die Hölle sein, sondern sie ist es: den Ängsten, Nöten und Schmerzen, die man anderen zugefügt hat, gegenübergestellt zu werden und sie am oder im eigenen Seelenleib erfahren zu müssen. *Anita Wolf*[31] (1900 – 1989) schrieb dazu in *Vortragsmappe*:

„Es gibt keinen Grundtext, der von bleibender Verdammnis spricht. Gott ist ein ‚Gott ewiger Erbarmung!‘ Wohl mag jeder inne sein, daß Böses eine Strafzeit nach sich zieht. Diese kann sehr lange währen, wo das Prädikat ‚ewig‘ anzuwenden ist. Ein Beispiel: Jemand, der mit viel Schmerzen schlaflos eine ganze Nacht verbringt, wird diese wie eine Ewigkeit empfinden. Da schleichen förmlich die Sekunden. Viel bitterer aber drückt die Seelen- und Gewissensqual.“[32]

Selbst dem Verbohrtesten und Hartgesottensten wird sich unter diesen Umständen irgendwann der Schrei nach Hilfe entringen, und damit vollzieht er den ersten Schritt, der ihn auf den Weg der Befreiung führt. Ist er dann auf diesem Weg, und spürt und erfährt er die Liebe Gottes und die seiner Nächsten, die ihm bei der Aufarbeitung seiner Schuld hilfreich zur Seite stehen, dann wird er auch die Gerechtigkeit im Gesetz von Ursache und Wirkung erkennen.[b] Nur durch die Erkenntnis des eigenen Verschuldens, die – das gilt für uns alle – leider oftmals kaum anders als über den Weg des selbstverursachten Leidens gewonnen werden kann, wird die Heimkehr unter Wahrung der Willensfreiheit eingeleitet. Das ist Liebe!

Anhand der Gesetzmäßigkeit von Ursache und Wirkung und an diesem Beispiel wird uns auch klar, warum man mit Gott nicht diskutieren kann. Früher, ziemlich früher, als mein Glaubensgebäude

a was aber nicht willkürlich geschieht, sondern ebenfalls innerhalb Seiner geistigen Gesetzmäßigkeiten abläuft.

b Ein wunderbares Buch zu diesem Thema ist „Franchezzo – Ein Wanderer im Lande der Geister“, Turm-Verlag, ISBN: 978-3-7999-0050-8.

noch eine Mischung aus kirchlicher Lehre, eigener Vorstellung, tausend Fragen und viel Opposition darstellte, hatte ich mir immer vorgestellt, daß es doch ganz toll sein müßte, mit Gott diskutieren und Ihm vielleicht sogar ein paar Kompromisse abringen zu können. Heute weiß ich es besser. Nicht, daß man Ihn ein Leben lang als schweigende Instanz akzeptieren muß; man kann im Gegenteil sehr wohl mit Ihm herrliche Zwiegespräche führen, *Zwiegespräche*, keine einseitigen Gebete! Nur eines kann man nicht – mit Ihm diskutieren. Und individuelle Übereinkommen schließt Er auch nicht ab. Leider, habe ich früher gedacht und gesagt. Heute sage ich: „Wie wunderbar, daß man das nicht kann, daß man es nicht m u ß , weil Seine Gesetze so unumstößlich vollkommen sind – seit Ewigkeiten und bis in Ewigkeiten –, daß es nie eine Notwendigkeit geben kann, irgend etwas daran infrage stellen zu müssen.“

Diskutieren heißt doch, daß man Meinungen austauscht. Könnte es nicht auch so sein? Oder vielleicht anders herum?[a] Das würde bedeuten, Gott ließe sich darauf ein, über Alternativen zu reden. Was wäre das für eine unvollkommene und unvollständige Allmacht und Weisheit, die sich auf einen Disput über die Richtigkeit oder Unrichtigkeit göttlicher Liebe einließe! Etwas Absolutes, das a l l e Möglichkeiten göttlicher Liebe und Barmherzigkeit einschließt, kann man nicht verbessern[b]. Natürlich können wir mit Ihm hadern, Ihm Vorwürfe machen, Ihn beschimpfen (solange wir das noch tun, glauben wir wenigstens noch daran, daß es einen Gott gibt) – nur gewinnen können wir gegen Ihn nicht. Das haben auch die Gegensatzkräfte schon erfahren müssen.

*

Dies ist kein Buch zum Thema „Reinkarnation“ = Wiederverkörperung. Dazu sind unzählige andere Bücher geschrieben worden. Aber

---

a Können Sie sich vorstellen, daß Jesus mit Seinen Jüngern und Aposteln *diskutiert* hat? Hat Er sie nicht vielmehr das absolute Gesetz der Liebe gelehrt?

b Man kann das auf die Kurzformel bringen: Das Schlechte ist, daß man mit Gott nicht diskutieren und auch keine Kompromisse schließen kann. Das ist aber gleichzeitig auch das Gute. Denn als Ersatz für Diskussionen und Kompromisse bringt Er weitaus Besseres ins Spiel: Liebe und Barmherzigkeit.

ich komme nicht umhin, das Thema wenigstens zu streifen, weil Reinkarnation und das Gesetz von Ursache und Wirkung untrennbar miteinander verbunden sind.

So, wie es der Gesetzmäßigkeit des „Was du säst, wirst du ernten" nicht mehr bedarf, wenn die Einheit einmal wiederhergestellt ist, ebenso sind Wiederverkörperungen dann kein Thema mehr. Sie sind nicht nur überflüssig geworden, sondern auch unmöglich, weil es keine Bereiche mehr gibt, in die man inkarnieren könnte.

„Der große Bogen", so belehrte mich mein LICHT, *„begann mit dem Fall, er endete – vom Geiste aus betrachtet – mit der Erlösertat Christi auf Golgatha. Auch wenn er auf der Materie noch weitergeht, so ist er doch bereits entschieden. Auf Golgatha wurde die Niederlage der Finsternis besiegelt. Dort leitete Jesus Christus die Wende ein. Der weitere Fall war gestoppt und die Rückkehr in die Himmel wurde wieder möglich. Darüber haben wir ausführlich gesprochen ...*

Die Finsternis, das sind deine und meine Brüder und Schwestern. Sie sind trotz ihres gegensätzlichen Handelns nicht unsere Feinde. Alle Wesen des Lichtes und viele Menschen auf der Erde arbeiten daran, sie ins Licht zurückzuholen. Erst dann, wenn sich auch dieser Bogen im Kreis vollendet hat, um sich für alle Zeit zu schließen, wird unser aller Glück vollkommen sein.

Die Rückführung ist beendet. Die Erlösung hat ihren Abschluß gefunden. Der Fall ist nur noch Erinnerung."[33]

Bis es – wann? – so weit sein wird, werden Reinkarnationen möglich und nötig sein. Daß die beiden christlichen Großkirchen, aber auch andere, sie ablehnen, darf nicht verwundern. Sie geraten damit zwar in Erklärungsnöte, wenn sie das viele Leid – speziell Neugeborener oder Kinder – begründen sollen, aber das nehmen sie, indem sie das „große Geheimnis Gott bemühen, in das niemand einzudringen vermag", gerne in Kauf. Nur gibt sich ein wirklich Suchender mit Hinweisen auf vage Bibelstellen oder unergründliche Geheimnisse nicht mehr zufrieden, zumal das, was als „Geheimnis" dargestellt wird – nämlich die Gott damit unterstellte scheinbare Ungerechtigkeit und Willkür – in Wirklichkeit gar keines ist.

Andernfalls müßten die Kirchen anerkennen, daß es vor diesem Leben schon einmal eines oder gar mehrere gegeben hat und eine erneute Inkarnation in erster Linie auf den Wunsch der Seele zurückzuführen ist, etwas zu lernen, um dem Licht, das sie drüben gesehen und das eine nie gekannte Anziehungskraft auf sie ausgeübt hat, näherzukommen. Was will sie lernen? Das, was ihr gemäß des Gebotes der Gottes- und Nächstenliebe noch fehlt, was in der vorigen Inkarnation nicht erlernt wurde oder erlernt werden konnte. Das „Karma“-Paket war möglicherweise zu groß, so daß es nicht in einem Leben abgearbeitet werden konnte.

Nach dem Aha-Erlebnis im Jenseits, doch nicht „gestorben“ zu sein und auch nicht „schlafen zu müssen“, um erst am Tage des Jüngsten Gerichtes auferweckt zu werden, wird sich die Seele entschlossen haben, aus Gründen, die nur sie und ihr Schutzengel kennen, erneut ins materielle Leben zu gehen. Ein Kind ist geboren! Die Freude ist verständlicherweise groß! Doch es kommt keine taufrische, gerade erst von Gott neu erschaffene Seele ins Leben, sondern eine, die in aller Regel sehr wohl weiß, was sie will, und wozu sie hier ist.

Während ihrer Inkarnationsvorbereitungen hat sie – normalerweise – mit ihrem Schutzgeist den „Fahrplan“ mit allen seinen Möglichkeiten für ihr neues Erdenleben festgelegt. Ihr wurde gezeigt, was sie noch an „unerledigten Geschäften“[a] in sich oder mit sich trägt, welche Ursachen noch nicht wieder aus der „Welt geschafft worden sind“, wo welche künftigen Lernaufgaben – in welcher Umgebung und mit welchen Menschen – liegen und vieles mehr. Grundlage für all dies ist das Gesetz von Ursache und Wirkung, das diese Seele veranlaßt, schonungslos ihre eigene Bilanz über ihr vergangenes Leben zu ziehen.

Wenn die Seele sich belehren läßt, weil sie in der Handreichung einer neuerlichen Inkarnation die große Liebe ihres himmlischen Vaters erkennt, der ihr damit eine weitere Möglichkeit des Lernens, Wachsens und Reifens anbietet, wird sie diese Hilfe gerne annehmen; besonders dann, wenn die Alternative – nämlich in ihrem momentanen Zustand zu verbleiben – ihr nicht sehr hoffnungsvoll oder vielversprechend erscheint.

---

a ein Lieblingsausdruck von Elisabeth Kübler-Ross (1926 – 2004)

Lassen Sie mich das Kapitel abschließen mit dem Auszug aus einem Gedicht[34]. Und für den Fall, daß Sie immer noch unentschlossen sind, welcher Auffassung Sie sich anschließen sollen, entscheiden Sie, wenn Sie es gelesen haben, selbst. In seiner ganzen Länge finden Sie es am Ende des Buches.

Die Trauerreden sind gehalten

Die Trauerreden sind gehalten,
die kleine Totenglocke schweigt.
Nun soll ein milder Richter walten.
Du bist gespannt, wie er sich zeigt?

Im Lichte deines eig'nen Sichtens
erkennst du dich, und es bedarf
nicht eines and'ren, fremden Richtens,
nicht eines Steins, den jemand warf.

Was will dir denn gerecht erscheinen?
Was soll denn nun mit dir gescheh'n?
Verliert ein Schöpfergott die Seinen?
Kannst du darin die Liebe seh'n?

Der Himmel kann nur Liebe geben.
Er öffnet seine Tore weit,
bis nach erneuten Erdenleben
du für den Himmel bist bereit.

7. Die Feinde der Inneren Arbeit

Was ich nicht weiß, macht mich nicht heiß.
Alte Volksweisheit

Wenn doch nur alles so einfach wäre, wie es die vorstehende Volksweisheit verkündet!

Die Tatsache des Nichtwissens um ihre Existenz und um ihr Wirken aus den unsichtbaren – weil feinstofflichen – Bereichen heraus in unsere materielle Welt hinein machten sich die Gegenspieler Gottes zunutze und gingen unmittelbar, nachdem auf Golgatha die zusätzliche Erlösungsenergie in jeden Menschen und in jede Seele eingeflossen war, an ihr Werk.

Manchmal kann es hilfreich sein und gut,
sich hineinzudenken in des Teufels Lage,

heißt es in einem Gedicht[a]. Dann tun wir's mal. Wir finden folgende Situation vor:

> Mit der 33 Jahre dauernden Inkarnation Gottes wurde ein Element – gelehrt und vorgelebt – ins Spiel gebracht, das uns gefährlich werden könnte. Bis zu diesem Zeitpunkt hatten wir die Sache relativ fest in der Hand; jetzt erfolgte ein Schachzug, der uns – vielleicht, nur vielleicht! – Schwierigkeiten machen könnte. Deshalb gehen wir auf Nummer sicher.

---

a aus *Verlasse dich auf deines Herzens leisen Klang.*

> Unser Versuch, die Sache dadurch zu unseren Gunsten zu entscheiden, daß wir den Menschen Jesus am Kreuz sterben ließen, zeigte nicht den gewünschten Erfolg. Im Gegenteil: Er verlagerte die geplante Erlösung nur auf einen früheren Zeitpunkt und brachte sogar jede Menge Sympathien und Anhänger ein. Außerdem hatten wir die geistige Komponente nicht bedacht. (Richtiger: Wir wußten nicht darum.) Das ist, ungern zugegeben, einer der Nachteile, wenn man nicht den Überblick hat. Aber wir haben andere Möglichkeiten. Noch ist nichts verloren.
> Wir werden folgendermaßen vorgehen: Der Weg zu Gott und damit zurück in den Himmel kann zwar wieder gegangen werden (das konnten wir leider nicht verhindern), aber er bringt der Gegenseite natürlich nur dann den gewünschten Erfolg, w e n n i h n a u c h j e m a n d g e h t. Wenn ihn die große Masse nicht geht, weil wir die Wegbeschreibung verändern, so können die Tore zum Himmel so weit offenstehen, wie sie wollen: Kaum einer findet sie mehr.
> Das also ist die Lösung: Wir verdrehen, bildhaft gesprochen, den Wegweiser ein wenig. Nur ein ganz klein wenig, damit es nicht auffällt. Ein paar Grad Abweichung reichen völlig aus. Im Klartext: Wir verändern den Kernpunkt der Lehre! Und wenn wir die Möglichkeit dazu haben, natürlich auch hier und da was anderes. Das war's. Wenigstens vorerst.[35]

Was sich in diesen wenigen Zeilen so locker liest, hat den ernstesten Hintergrund in der Geschichte der Menschheit.

Die für alle gültige, einfache, dogmenfreie, mutmachende, aufbauende und freudige Lehre der Liebe und Freiheit war der Gegenseite ein Riesendorn im Auge. Diese alles überstrahlenden Lebensanweisungen durch ein Befolgen oder auch nur ehrliches Bemühen – das ich die Innere Arbeit nenne – umzusetzen, hätte in relativ kurzer Zeit den Verlust der von ihr bisher beeinflußten Abhängigen und damit ihres Herrschaftsbereiches bedeutet. Hier, an diesem für die Finsternis gefährlichsten Punkt, galt es also anzusetzen. Denn hatte die

Frohbotschaft der Liebe erst einmal ein anderes Gesicht bekommen, ein oftmals angst- und abhängigmachendes, Schuldgefühle erzeugendes, mit tausend Fragezeichen versehenes, dann war schon viel erreicht. Und war sie erst einmal zu einer eigenen Religion – was sie ja zu Zeiten Jesu nicht war, Jesus war Jude! – umgestaltet worden, dann bestand für ihren Urheber und Seine Nachfolger kaum noch Aussicht, daß die ansteckende Begeisterung, das ursprüngliche, geistige Feuer auf weite Teile der Menschheit übergriff.

Es sei jetzt schon das Ziel anzustreben, heißt es bei Anita Wolf in ihrer *Vortragsmappe,* die „heilige Gemeinde" in unseren Herzen aufzubauen. Zwar würde so mancher sagen, und dem stimmt sie zu, das könne irdisch nie erreicht werden „... aber nur aus jenem Grund, weil die gesamte Christenheit die schreckliche Gefahr, die sie bedroht, sehr mangelhaft erkennt. Man sucht beim Nächsten, und vergißt, sich selber zu betrachten. Aber wäre sie s o eines Sinnes, wie die Urgemeinde in der alten Zeit, wie die Pfingstgemeinde in Jerusalem, so sagte ich, ohne je Prophet zu sein: **Am Christentum zerbräche alle Welt!"**[36] (Hervorhebung durch mich.)

Das mußten die destruktiven Kräfte im eigenen Interesse verhindern, um jeden Preis. Sie begannen unverzüglich mit dem Aufbau einer irreführenden, an Facetten reichen Ideologie – und wurden so zu Feinden der Inneren Arbeit.

*

Die Irreführung war (und ist nach wie vor) möglich, weil die wahren Hintergründe über den Fall nicht bekannt waren, und weil auch kaum jemand darum wußte (und es natürlich auch nicht lehrte), daß die Feinde Jesu Christi – die gefallenen Engel mit ihren Dämonenfürsten an der Spitze – weiterhin um ein eigenes, von Gott unabhängiges Reich kämpften und auch heute noch kämpfen[a]. Auch die eingesetz-

---

a Sadhana selbst hat ihr Unrecht eingesehen und ist umgekehrt. Es würde zu weit führen, näher auf diese beispiellose Auseinandersetzung einzugehen, die nach der Kreuzigung Jesu im geistigen Bereich stattfand. Gott trat ihr dabei als die Barmherzigkeit und verzeihende Liebe entgegen. (Ausführliches dazu in *UR-Ewigkeit in Raum und Zeit* von Anita Wolf.) In einer Christusoffenbarung vom 22.2.2003 heißt es dazu: „Als Luzifer nach Meinem Tod auf Golgatha sich zu

ten Mittel und angewandten Vorgehensweisen blieben im Dunkeln, und mit allgemein gehaltenen Warnungen vor einem Teufel, den sich niemand vorstellen konnte, war es nicht getan.

In unserer heutigen Zeit hat die „Aufklärung" ihren Teil dazu beigetragen, daß man dem Bösen keinen realen, geistigen Hintergrund mehr zuschreibt. Man begegnet ihm zwar auf Schritt und Tritt, aber es steht irgendwie „isoliert im luftleeren Raum" da. Persönliche Schwierigkeiten und Probleme, an denen Einflüsterungen, Verführungen und Willenslenkung durch Astralkräfte einen hohen Anteil haben, sind – so vermutet die Psychologie in Unkenntnis – in frühkindlichen Erfahrungen verwurzelt. An Wissen um die Seele und ihr mitgebrachtes Karma-Päckchen mangelt es den Seelenärzten in der Regel, an Wissen um die massiven Beeinflussungen, die von den niederschwingenden Seelenbereichen ausgehen, erst recht.

Die Welt müsse unbedingt einzusehen beginnen, meint Eva Herrmann (1902 – 1978) in *Von Drüben,* daß das Böse eine Realität sei, die sich auf vielerlei Weise manifestiere: „Wie kann man dem Bösen widerstehen, wenn man es nicht in seiner Wirklichkeit erkennt? ... Man wird für aufgeklärt gehalten, wenn man sich in Fragen über Gut und Böse, Recht und Unrecht, jedes Urteils enthält ... Die moderne Psychologie weiß nichts von früheren Leben, nichts von der allmählichen Ballung schlechter Charakterzüge über Inkarnationen hin und während darauf folgender nicht-inkarnierter Seinszustände."[37]

Zuzugeben, daß man Fehler gemacht hat, fällt keinem von uns leicht; bei gravierenden Fehlern, die von anderen in Unkenntnis weitergeführt und noch ausgebaut worden sind und ein ganzes Menschenbild verfälscht haben, fällt es wohl sogar sehr schwer.

Deshalb gilt mein ganzer Respekt einem Mann, der den Mut hatte einzugestehen, einer irrigen Auffassung aufgesessen zu sein und diese weitergegeben zu haben: dem Psychoanalytiker Sigmund Freud, von dem schon die Rede war. Eva Herrmann, die in hohem Maße medial veranlagt war, hat aus den jenseitigen Sphären sowohl von ihm als auch von anderen bekannten Personen der Zeitgeschichte

---

Seinem Namen *Sadhana* bekannte und vor Mir niederfiel, Mich um Vergebung bittend, begann ihr Weg, der wieder heimwärts führt. An ihre Stelle traten die Mächte, die sie verhöhnten, die auch Mich am Kreuz verspotteten, und die auch jetzt noch glauben, den Sieg davontragen zu können." (LLKJC, Nürnberg)

Durchsagen erhalten (zusammengestellt in *Von Drüben II*), die sowohl das Weltbild unserer etablierten Religionen als auch das vieler Wissenschaftler und Atheisten völlig auf den Kopf stellen.

Sigmund Freud:

„Was mich aber heute am tiefsten dauert, ist die Tatsache, daß ich meine Zeit und Kraft hätte verwenden können ... um die wahren Hintergründe dessen zu entdecken, was den Menschen zu dem macht, was er ist. Diese sind: das Wiedergeborenwerden der menschlichen Seele und ihre sich im Dunkel verlierende Vergangenheit – anstelle der in die Kindheit verwiesenen schicksalsbildenden Ereignisse. Zu diesem Hintergrund oder Bestimmenden gehört ferner die Tatsache der Beeinflussung durch jenseitige Kräfte, von deren Existenz ich nichts wußte. **Erst seit meinem Übergang verstehe ich die enorme Rolle, die diese guten oder bösen Wesenheiten im Leben des einzelnen – ebenso wie in dem Leben der Massen – spielen. Diese Tatsache ist von so überragender Wichtigkeit, daß mir beinahe die Worte mangeln, sie in ihrer vollen Bedeutung wiederzugeben.** (Hervorhebung durch mich.) Erst seit ich der tägliche Zeuge jenes Schauspiels geworden bin, das die Menschheit ausnahmslos als das Werkzeug der für sie unsichtbaren Wesenheiten zeigt – einer so radikalen Abweichung dessen, wie sich die meisten den Gang der Dinge vorstellen –, beginne ich zu begreifen, daß alle heute kursierenden Vorstellungen davon, wie eigentlich das menschliche Wesen funktioniert, auch nicht im entferntesten der Wahrheit nahekommen. Daß diese Beeinflussung keine arbiträre[a], sondern eine wohlverdiente ist, also sozusagen einer Wahlverwandtschaft entspricht, bewirkte in mir die überwältigende Erkenntnis, daß das Universum von etwas wie einer übermenschlichen Gerechtigkeit gelenkt wird.“[38]

Um das abzurunden, sei auch noch der engl. Schriftsteller Aldous Huxley (1894 – 1963) zitiert, der folgendes durchgegeben hat, ebenfalls in *Von Drüben II* festgehalten:

„Aber der Teufel ist nichts weniger als eine Fiktion. Und sein Einfluß auf die Lebenden ist genauso stark, wenn nicht stärker als auf die Toten. Denn er hat eine bessere Handhabe, solange ihr des Fleisches Erben seid, Besitz sammelt, den Nachbarn betrügt und seine

---

a arbiträr = nach Ermessen, willkürlich

Frau verführt und so hinunter bzw. hinauf zum Diktator, Kriegshetzer, Großunternehmer ... und der Teufel läßt keine Gelegenheit aus, noch einen Toren zu erwischen ... Zumal er auf Erden ja unsichtbar und daher um so mächtiger ist: **wer vermutet ihn schon hinter den Vorstellungen, die in uns aufsteigen und angeblich unserem Unterbewußtsein entstammen, die aber er heraufbeschworen?**"[39] (Hervorhebung durch mich.)

Die satanische Handlungsweise, aus dem Hinterhalt heraus weitgehend unerkannt zu agieren, hat bisher ihre Erfolge gezeigt. Hätte man sie durchschauen können? Kann man sie heute durchschauen? An Intelligenz mangelt es den meisten nicht. Aber Intelligenz alleine reicht nicht aus, wenn einer „in die Tiefe" schauen will. Mit der Intelligenz ist es so ähnlich wie mit einem Messer, das man zum Guten und zum Schlechten gebrauchen kann: zum Brot schneiden und um einen Menschen damit zu verletzen. Intelligenz, eine göttliche Gabe, kann ebenso mißbraucht werden; dann wird sie zum selbstdarstellenden Intellekt (und läßt die Großen dieser Welt noch größer erscheinen). Oder sie wird eingesetzt, um mit dem Herzen tiefer in göttliche Weisheiten und Wahrheiten einzudringen; dann ist sie der spirituelle Motor, der zur Weitung des Bewußtseins beiträgt.

Solange dies nicht – zumindest – angestrebt wird, behält Aldous Huxley mit seiner Aussage recht: „Selbstverständlich ist es die Hölle, deren Anziehungskraft man am leichtesten zum Opfer fällt, der man nachgibt und von der man am schwersten loskommt. Es ist ja so einfach – man hat weiter nichts zu tun, als sich gehen zu lassen, und schon stürzt man kopfüber hinein."[40] Er schrieb dies nicht etwa zu Lebzeiten, sondern übermittelte es der schon erwähnten Eva Herrmann aus dem Jenseits, nachdem er dort einen größeren Überblick gewonnen hatte.

Wir kennen alle die wunderbare Weisheit „Man sieht nur mit dem Herzen gut. Das Wesentliche ist für die Augen unsichtbar."[a] (Der Fuchs in *Der Kleine Prinz* von Antoine de Saint-Exupery, 1900 – 1944). In ihr liegt die Antwort: Nur das Herz – das die Liebe symbo-

---

a Mit einem Seufzer verbundener Kommentar von mir: Es gibt so viele schöne Sprüche! Würde die Welt doch nur einen Bruchteil davon verstehen und umsetzen ...

lisiert – ist in der Lage, tiefer und mehr zu sehen, ohne dabei zu urteilen oder zu verurteilen. Wer das noch nicht kann, ist auf seinen Verstand angewiesen. Damit aber erkennt er nur das, was sich an der Oberfläche darstellt.

(Die Innere Arbeit verhilft im übrigen dazu, hinter Tricks, Schliche und Täuschungen zu kommen, Feinheiten, Nuancen und Fluchtwege zu durchschauen, bei sich selbst und bei anderen – ein erfreulicher „Nebeneffekt", der dann dazu eingesetzt werden kann, einem Ratsuchenden Hilfe zu geben, die aus der eigenen Erfahrung stammt und aus dem Herzen kommt.)

Man hat das Vorgehen der Gegenseite nicht durchschaut, man durchschaut es auch heute noch nicht. Da hilft es leider auch nicht, daß der Fuchs mit dem, was er zum *kleinen Prinzen* sagt, tausendmal recht hat ...

Dennoch gibt es ein paar Kriterien, die hilfreich sein können, um die Spreu vom Weizen zu unterscheiden. Für mich gibt es ein wichtiges inneres Kriterium, und ein paar äußere. Zuerst das innere, unter Anwendung der uns innewohnenden Herzenslogik.

> Angenommen, Ihr Vater wohnt ein paar Straßen von Ihnen entfernt. Sie lieben ihn, sie sehen sich regelmäßig, sie helfen sich natürlich gegenseitig. Das Verhältnis ist so, wie man es sich nur wünschen kann. Da bekommen Sie eines Tages aus dem Ausland einen Brief – angeblich von einem Testamentsvollstrecker –, in dem Ihnen mitgeteilt wird, daß Ihr Vater fern der Heimat gestorben sei, ein Vermögen hinterlassen und u. a. auch Sie als Erbe eingesetzt hat, und in dem darum gebeten wird, zwecks Abklärung diverser Einzelheiten Kontakt aufzunehmen.
> Was machen Sie?
> a) Kann es überhaupt zur Debatte stehen, auch nur in Erwägung zu ziehen, in irgendeiner Form einen Kontakt herzustellen (es sei denn über einen Rechtsanwalt, weil Sie einen Betrugsversuch dahinter vermuten)? Wenn Sie Ihren Vater kennen, mit dem Sie noch heute morgen gesprochen haben, dann w i s s e n Sie sofort, daß da etwas faul ist.

b) Wenn Sie nun den gleichen Vater schon lange nicht mehr besucht haben, eigentlich gar kein großes Interesse mehr an dieser Verbindung haben, wenn Sie gar (Gott behüte!) nicht sicher sind, ob der angebliche Vater überhaupt Ihr Vater ist – dann stellt der Brief schon eine gewisse Versuchung dar, sich doch zumindest einmal anzuhören, was der Testamentsvollstrecker zu sagen oder anzubieten hat.

Es wird kaum jemandem schwerfallen, dieses Bild auf das eigene Verhältnis zu Gott zu übertragen. Vielleicht aber ist die Antwort darauf, ob wir uns denn wirklich immer und spontan für a) entscheiden, nicht mehr ganz so einfach. Ansonsten gäbe es nicht so viele „Testamentsvollstrecker“, die speziell in den letzten Jahren und Jahrzehnten auf den Markt drängen und sich die Unwissenheit hinsichtlich des „ein paar Straßen weiter wohnenden Vaters“ oder die Unzufriedenheit mit ihm zunutze machen.

Neben dieser von mir favorisierten und geliebten Herzenslogik kann man natürlich auch ein paar andere, äußere Kriterien anlegen, und sehr wachsam bis vorsichtig sein,

- wenn behauptet wird, wir seien keine Geschöpfe Gottes, sondern selbst Gott,
- wenn die Erlösung durch Jesus Christus bestritten wird, was oftmals sehr raffiniert indirekt dadurch geschieht, daß man Ihn zu einem aufgestiegenen Meister macht,
- wenn nicht das Bemühen um die selbstlose Liebe im Vordergrund steht, die Innere Arbeit,
- wenn davon gesprochen wird, daß wir keine Schuld auf uns laden können,
- wenn die „Heilsbotschaften“ gechannelt[a] werden; Gott kann man nicht channeln, Er lebt im Menschen selbst und kann nicht über einen „Kanal“, der irgendwo in die Astralwelten hinein geöffnet wird, empfangen werden[b],

---

a „Channeln“ kommt aus dem Englischen (Channeling) und bedeutet wörtlich, etwas durch einen Kanal zu empfangen.

b Was aber n i c h t bedeutet, daß die Offenbarungen oder Durchgaben, die nicht unmittelbar auf Gott oder Jesus Christus zurückgehen, deshalb a l l e falsch

- wenn gesagt wird, es ginge ja auch gar nicht darum, Belehrungen von Gott direkt zu bekommen, weil das ohnehin nicht möglich sei; es hätten aber „Diener der Menschheit“ die Aufgabe übernommen, die unwissende Menschheit (da haben sie ausnahmsweise mal recht) aufzuklären,
- wenn man auf eine elitäre Sprache trifft bzw. auf die Begriffe „Transformation, Lichtarbeit, Christusbewußtsein, Christusprinzip, spirituelle Hierarchie, Große weiße Bruderschaft, Magnetgitternetz“ und andere mehr.

Es gibt gewiß noch weitere Kriterien; es würde aber nicht viel nützen, sie hier alle aufzuzählen. Die Gefahr besteht darüber hinaus, daß man jemandem unrecht tut; deshalb habe ich auch lediglich geschrieben „sehr wachsam bis vorsichtig sein“, auch wenn unter den aufgeführten Punkten einige sind, bei denen eigentlich gleich die Alarmglocken schrillen sollten. Deshalb plädiere ich auch für die Herzenslogik – unter Einbeziehung des gesunden Menschenverstandes.

Halten wir fest: Die Einflußnahme auf die Nachfolger Jesu durch die Finsternis brachte den gewünschten Erfolg. Die Anhänger zerstritten und teilten sich, die ursprüngliche Lehre der Liebe bekam viele Anhängsel in Form von Auslegungen,Verboten und Dogmen. Die Widersprüche wurden immer vielfältiger, die Notwendigkeit, die inzwischen verzerrte und entstellte Lehre mit Unterdrückung und Gewalt doch noch irgendwie „rein“ zu halten, machte viele zu Halb- oder Ungläubigen. Das Chaos war perfekt, die Versuche vieler Geistwesen, die in göttlichem Auftrag freiwillig zur Inkarnation gingen, um das aus dem Ruder gelaufene „Kirchen-Schiff“ wieder auf Kurs zu bringen, brachten keine Veränderung.

Die Dunkelheit hatte ein vorläufiges Ziel erreicht: Der überwiegende Teil der Menschheit – aufgeteilt in ein paar große und viele kleine Religionsgemeinschaften – war von einem aktiven Leben mit Gott, von einer tiefen Liebe zu Ihm, einem wissenden Sich-Führen-Lassen weit entfernt.

---

sind oder Unwahrheiten enthalten. Um hier zu einer Unterscheidung der Geister zu kommen, bleibt keine andere Möglichkeit als die der Herzenslogik.

Ein Blick in unsere Welt zeigt uns das Chaos, das größer ist als je zuvor. Das aber reichte den Kräften des Falls nicht.

- Eine Sache ist es, die Menschen von einer Annäherung an Gott abzuhalten. Das wurde durch eine veränderte Lehre und die Behauptung erreicht, daß Gott zu den Menschen nicht mehr spricht, wie Er das vor Jesu Zeiten und durch Jesus noch getan hat[a]. Durch die den freien Geist fesselnde Glaubensaussage, daß über die Bibel hinaus nichts grundsätzlich Neues mehr zu verkünden ist, trat eine Stagnation der Christenheit auf geistigem Gebiet ein, die seit vielen Jahrhunderten andauert. Gleichzeitig wurde der Schwerpunkt auf die Einhaltung von Vorschriften, Beachtung von Richtlinien, Erfüllung von Geboten und Bewahrung der Tradition gelegt. Mangelnder Einblick in eine widersprüchliche Lehre, ein gewollter Autoritätsglaube, fehlendes Wissen und fehlende Möglichkeiten etwas zu verändern, taten ein übriges. (Dieses Prinzip wurde und wird übrigens bei allen Religionen mit Erfolg angewendet.)
- Eine andere Sache ist es, die Menschen von einem Weg zu Gott abzuhalten, indem man ihnen sagt: „Es gibt gar keinen Gott.“ Das hat bei so manchem funktioniert, in vielen aber ist eine unbestimmte Unruhe und ein unbewußter Wunsch vorhanden, doch gerne einen Wegweiser zu haben; zwar keinen kirchlich-unlogischen, aber doch einen, an dem man sich ein bißchen ausrichten kann. Und das führte zu einer neuen Strategie.
- Die weitere Sache, die zur Zeit die meisten Aussichten verspricht, ist folgende: Den interessierten Unwissenden oder nach wie vor suchenden Kirchen- oder Sektengeschädigten wird erklärt, daß man den Weg zu Gott kennt oder besser: zu einem irgendwie unpersönlichen, göttlichen Prinzip, das den Vorteil hat, daß alles beim

---

a Es sei denn, Er wiederholte dasselbe, was schon in der Bibel steht (daß Gott aber kein „Wiederkäuer“ ist, hatten wir schon zu Anfang.) Das – und sogar eine andere Wortwahl – gesteht man Ihm zu.

> alten bleiben kann, und keiner über sich nachdenken, geschweige denn etwas ändern muß. Die vielen Details allerdings, mit denen der Eingefangene überschüttet wird, und die oft unverständlichen, weit ausholenden Erklärungen sind nicht selten noch komplizierter als so manche Theologie-Auslegung. Die zu Verführenden gleichen Wanderern, die sich auf einer Lichtung ausruhen, weil sie die Orientierung verloren haben. Da kommt dann plötzlich einer, der Verständnis für sie zeigt, der ihnen Mut macht, doch weiterzugehen, der sich anbietet, ihnen den Weg voranzugehen – und der sie in die Irre führt. Ein solches Vorgehen ist viel wirkungsvoller (weil nicht so plump: „Es gibt keinen Gott") und viel effektiver (weil die Verführten auf lange Zeit als Energielieferanten dienen) als alle bisher angewandten Methoden. Und deshalb sind sie auch die zur Zeit gefährlichsten, zumal ihre Angebote den Bedürfnissen ihrer Opfer entsprechend ansprechend gestylt sind[a].

Weil diese neue Variante, die die Feinde der Inneren Arbeit ins Spiel gebracht haben – und deren Aufbau durch Helena Petrovna Blavatsky (1831 – 1891) vor rund 150 Jahren begann –, immer mehr Menschen attraktiv erscheint, beleuchten wir sie im nächsten Kapitel etwas näher.

---

a Man muß sich nur die bunten Internetseiten mit den vielen Engeldurchsagen, Bildchen, Herzchen und schönen Sprüchen anschauen, um zu erkennen,wie „zuckersüß" hier vorgegangen wird.

8. Maitreya, Kryon & Co.

Auch die Frage: Kommt der Antichrist oder nicht?, braucht euch nicht zu bewegen. Wenn ihr – so wie Ich euch belehre – eure Brüder und Schwestern, die noch durch die Dunkelheit gehen, in ein inniges Gebet der Liebe einschließt, so wird das Licht weiterhin bewirken, daß jener, der gegen Mich auftreten will, dies noch immer und weiterhin nicht tun kann.

Aus einer Christusoffenbarung vom Juni 2007

Vielleicht erscheint Ihnen das Beispiel mit dem Vater, den sie gut kennen und lieben, und dem Testamentsvollstrecker, der Ihnen Ihren „richtigen" Vater präsentieren möchte, zu weit hergeholt. Wenn Sie sich ein bißchen mit Benjamin Creme (schott. Maler und Autor, geb. 1922) befassen, glauben Sie das nicht mehr. 1972 begann für Creme eine Periode intensiven Trainings unter Anleitung seines Meisters Maitreya, der ihn auf die Aufgabe vorbereitete, einer skeptischen Welt die Wiederkehr des Weltlehrers anzukündigen. Dies tut Creme mit Unterstützung von Wayne S. Peterson (einem ehemaligen US-Diplomaten) und Buddy Piper (Journalist, Autor, Schauspieler, Produzent, Moderator) und vielen, vielen anderen seit 1974.

Wer ist Maitreya? „In allen Religionen", so die Botschaft Cremes, „findet sich der Glaube an einen zukünftigen Lehrer: die Christen hoffen auf die Wiederkehr des Christus, die Juden erwarten den Messias, einige Gruppen der Moslems den Imam Madhi, die Hindus eine Reinkarnation Krishnas und die Buddhisten den Maitreya-Buddha. In der esoterischen Tradition stehen alle diese Namen für ein und dieselbe Persönlichkeit, für Maitreya, den Weltlehrer, das Haupt der Geistigen Hierarchie der Meister. Seit Jahrmillionen stehen diese erleuchteten Menschen hinter der menschlichen Evolution."[41]

Wayne S. Peterson erfuhr, wie er in seinem Buch *Hinter den Kulissen wird die Welt verändert* berichtet, „... von der Existenz der Geistigen Hierarchie als eine Gruppe von Meistern [den sogenannten aufgestiegenen Meistern] mit Christus an der Spitze"[42]. Im Vorwort zu diesem Buch heißt es: „Maitreya – der Weltlehrer und Leiter dieser Gruppe – und seine Mitarbeiter strecken ... jetzt die Hand aus, um uns den Weg aus unserem selbstgeschaffenen Dilemma zu weisen. Es ist an uns, diese Hand zu ergreifen und eine neue Epoche in der Geschichte der Menschheit einzuleiten.“[43] Sie haben sich den richtigen Zeitpunkt ausgesucht: eine Epoche, in der viele Menschen nur allzu bereit sind, einem neuen „Erlöser“ zu folgen, der ihnen eine Verbesserung der Zustände verspricht, die er selbst herbeigeführt hat, was – siehe voriges Kapitel – aber keiner weiß.

Indem Maitreya den Menschen aller Glaubensrichtungen vertraute heilige Bilder, Gegenstände und Symbole zeige, habe er einen Weg gefunden, „... sie für sein unmittelbar bevorstehendes Erscheinen vorzubereiten“, schreibt Peterson. Und weiter: „In zahlreichen Botschaften ... drückt er [Maitreya] seine Zuversicht aus, daß wir seine Führung akzeptieren werden ... Dieses Mal wird der Christus [Maitreya] das gesamte Wassermann-Zeitalter, das sind etwa 2.150 Jahre, als Freund und Lehrer bei uns bleiben und offen unter uns wirken. Er wird uns zeigen, wie wir als Brüder und Schwestern zusammenleben können, indem wir die Ressourcen der Erde teilen.“[44]

Allein in diesen paar Zeilen ist so viel an versuchter Verführung enthalten, daß es sich lohnt, das kurz zu untersuchen:

- *sie für sein ... Erscheinen vorzubereiten* = hier wird eine leibliche Wiederkunft (keine im Geiste!) angekündigt, auf die Maitreya auch bereits durch zahlreiche Materialisationen einen kleinen Vorgeschmack gegeben hat. Christus wird aber nicht noch einmal auf die Erde kommen. Es gibt keinen Grund, dies anzunehmen oder zu verkünden, es sei denn, man lehnt die Erlösung ab (Es ist vollbracht!), die das Ziel der Inkarnation des Gottesgeistes war und von Ihm vollzogen wurde.
- *dieses Mal wird der Christus* = Maitreya gibt sich als Christus aus, Jesus sei nur einer der Meister im Himalaya, der – nach seinem Scheitern am Kreuz und der Nichterfüllung seiner Aufgabe – inzwischen allerdings den 4. Grad auf der Stufe zur Vollkommenheit erreicht

hätte. Maitreya hingegen, der „Christus des Neuen Zeitalters“, hätte die 7. Stufe erreicht. Maitreya trennt *Jesus* von *Christus* und bezeichnet sich selbst als „Christus“.

- *etwa 2.150 Jahre ... bei uns bleiben und offen unter uns wirken* = was für eine herrliche Aussicht! Darauf haben wir doch schon immer gehofft: Den Herrn mitten unter uns haben – und nicht irgendwo in einem fernen Himmel, in den Er sich seit Seiner Himmelfahrt zurückgezogen hat ... Dabei lebt und lehrt Er schon längst mitten unter uns; noch mehr geht nicht, denn Er lebt i n jedem. Nur wissen dies die wenigsten.
- *... zeigen, wie wir als Brüder und Schwestern zusammenleben können* = haben wir das nicht schon gezeigt bekommen? Hat Jesus etwas vergessen zu lehren? Was gibt es über das Gebot der Gottes- und Nächstenliebe hinaus noch? Dieses Gebot steht für Maitreya nicht an erster Stelle. Er will etwas anderes. Die nächsten Worte verraten es:
- *indem wir die Ressourcen der Erde teilen* = der christliche Gedanke des geschwisterlichen Miteinanders und Teilens wird hier ad absurdum geführt, weil nicht ein Miteinander und Teilen gemeint ist, das die Not des anderen erkennt und freiwillig erfolgt, sondern durch Maitreya und seine Helfershelfer angeordnet werden soll, womit er sich begeisterte Anhänger in den ärmeren Ländern schaffen wird (und jetzt schon schafft). Das Gerechtigkeitsprinzip von Ursache und Wirkung, das auch für die Notleidenden und Schwachen gilt, wird dabei völlig außer acht gelassen, eine Veränderung des Charakters also auch nicht für notwendig angesehen; im Gegenteil, sie würde ein blindes Nachfolgen nur behindern.

Es ist nicht meine Absicht, Maitreya – dem Antichristen – zuviel Gewicht zu geben. Doch ein wenig muß noch sein; zum einen, um das Bild abzurunden, zum anderen, um aufzuzeigen, daß es sich hierbei nicht nur um Störversuche einer kleinen, unbedeutenden Sekte mit verschrobenen Ideen handelt. Die Gefährlichkeit der Ideologie und ihr bereits vorhandener, weltweiter Einfluß sollte uns aber auch nicht dazu verleiten, nun ängstlich „wie das Kaninchen auf die Schlange zu starren". Die größte und mächtigste Kraft der Schöpfung ist und bleibt die Liebekraft Christi. In ihr sind alle die geborgen, die sich ihr anvertrauen.

Peterson schildert in seinem Buch glaubhaft, daß die Lehren Maitreyas und seiner Meister Eingang in die höchsten Kreise von Wirtschaft und Politik gefunden haben. „Sie inspirieren zu großen wissenschaftlichen Leistungen genauso wie zu überragenden Werken in den kreativen Künsten. Ihre Jünger, die auf allen Lebensgebieten einschließlich Politik, Medizin, Religion, Erziehung und Kunst tätig sind, werden von ihnen geistig inspiriert. Diese Männer und Frauen wissen möglicherweise gar nicht, daß sie Jünger der Meister sind."[45]

Das mag wohl so sein, doch wie drückte Sigmund Freud es aus: „... daß diese Beeinflussung keine arbiträre, sondern eine wohlverdiente ist, also sozusagen einer Wahlverwandtschaft entspricht." Wir würden sagen: Gleiches zieht Gleiches an.

Weil Maitreya es verstanden hat, seine Lehre so raffiniert aufzubauen, daß sie in (fast) jedes Religionskonzept paßt, werden seinen Einflüsterungen auch Mitglieder christlicher Kirchen und Gruppierungen zuhören und Glauben schenken, wie es bereits der Fall ist. Es steht zu befürchten, daß er als der kommende Schein-Christus gerade dort auf offene Ohren trifft, weil sein Lügengebäude – gespickt mit wenigen gestohlenen Wahrheiten und noch mehr eigenen Halbwahrheiten – nicht durchschaut wird[a]. Peterson schreibt selbst, daß er überrascht feststellen mußte, „... daß es mir als traditionellem Christen keinesfalls schwerfiel, die Idee eines übermenschlichen Wesens mit Namen Maitreya als den wiederkehrenden Christus oder Weltlehrer anzunehmen. Ebenso sprach mich der Gedanke vom Teilen der Weltressourcen an."[46]

---

a Ein hervorragendes Buch zu diesem Thema, eine Art „Standardwerk zur Unterscheidung der Geister", ist *Maitreya – Christus oder Antichrist?* von Coralf (s. Literaturverzeichnis)

Maitreya kommt uns ja *so* entgegen! „Wenn Sie dem christlichen Glauben angehören", so liest es sich bei Peterson, „und Maitreya lieber Jesus Christus nennen, ist das vollkommen in Ordnung. Maitreya gibt uns jedoch deutlich zu verstehen, daß er nicht der Gleiche ist wie zu römischer Zeit. ‚Früher kam ich als ein Mensch, der von vielen mißverstanden und abgelehnt wurde. Heute kehre ich zurück, nicht um zu erobern, sondern um zu führen, um den Menschen ihr wahres Gesicht als Söhne Gottes zu zeigen'."[47]

Unterschätzen wir ihn nicht!

Ein Beispiel dafür, wie man mit der Wahrheit spielen kann: „Selbsterkenntnis ist der erste Schritt zur Besserung", sagt ein Sprichwort, gegen dessen Richtigkeit wohl kaum jemand Einspruch erheben wird. Was ist Selbsterkenntnis? Das Erkennen eines Fehlverhaltens, einer Charakterschwäche, eines negativen Wesenszugs – also die Erkenntnis über etwas, das der Veränderung bedarf, wenn ich mich um ein Leben im Sinne der Liebelehre Christi bemühe.

Was versteht der Antichrist darunter? Dasselbe? Weit gefehlt. Er bietet eine andere Definition an. Unter den Tisch fallen lassen kann er Selbsterkenntnis nicht; dafür ist der Begriff viel zu wertvoll, erweckt er doch den Eindruck ernsthafter, Innerer Arbeit. Das Wort „Transformation" kommt ins Spiel – und wird mit Selbsterkenntnis gleichgesetzt:

„Transformation ist die Erkenntnis, daß wir Tag und Nacht im Angesicht Gottes leben", zitiert Peterson eine Seherin[48], und schreibt dann weiter: „Wenn wir erkennen, daß Gott in uns ist, werden wir transformiert."[49] Das erinnert kolossal an Neale Donald Walsch und seine *Gespräche mit Gott*, in dem „Gott" ihm gesagt hat: „Du lernst hier nichts. Du hast hier nichts zu lernen. Du brauchst dich nur zu erinnern ..." und an anderer Stelle: „... ‚in den Himmel kommen' gibt es nicht. Es gibt nur ein Wissen, daß du schon dort bist. Es gibt ein Akzeptieren, ein Verstehen, es gibt kein dafür Arbeiten, kein Hinstreben."[50]

Und auch René Egli (*Das LOL²A-Prinzip*) verrät am Ende seines Buches, zu welcher Richtung er gehört: „Wenn Sie denken, ‚Ich bin Gott', dann ist das Ihre Wahrheit – und Sie werden nicht mehr an sich arbeiten müssen. Sie haben Ihr Ziel erreicht!"[51]

Oh, wie möchten (und werden?) solchen Gedanken so viele zustimmen – und so bleiben, wie sie sind. Spüren Sie die Süße der Versuchung?

Und wenn Sie jetzt immer noch skeptisch sind, ob die Vergiftung durch solche und ähnliche Lehren wirklich schon ein großes Ausmaß angenommen hat, dann erinnere ich daran, daß *Gespräche mit Gott* (Band 1) für mehr als zweieinhalb Jahr auf der New York Times Bestseller-Liste in Amerika ganz oben stand. Die ‚*mit Gott*'-Serie der Bücher von Walsch wurde in 27 Sprachen übersetzt und inspirierte Millionen von Menschen weltweit zu bedeutenden Veränderungen im täglichen Leben, ist auf der entsprechenden Internetseite zu lesen.[52] Was immer man unter diesen „Veränderungen" verstehen mag.

*

Wenn Ihnen Maitreya bisher noch nicht so geläufig war, haben Sie aber vielleicht schon von Saint Germain, Jesus Sananda (nicht zu verwechseln mit Jesus Christus, was allerdings beabsichtigt ist), Erzengel Michael, Mutter Maria (nicht zu verwechseln mit der Mutter Jesu, ebenfalls beabsichtigt) oder El Morya gehört. Sie alle, und noch andere, zählen zu den „Meistern" (so nennen sie sich), die Teil der „Geistigen Hierarchie" sind – mit Maitreya an der Spitze. Was hat es mit den Meistern auf sich, von denen ursprünglich sieben, dann zwölf als die „aufgestiegenen Meister" bezeichnet wurden (inzwischen sind noch einige hinzu gekommen)?

Zuerst einmal eine von vielen Erklärungen, wie man sie in der entsprechenden Literatur überall findet, dann zu Helena Petrovna Blavatsky.

„Die aufgestiegenen Meister sind menschliche Wesen, die uns vorausgegangen sind. Sie haben auf der Erde gelebt und nach einer Reihe von Inkarnationen, die auf einer spirituellen Ebene sehr erleuchtend waren, eine Stufe erreicht, von der sie aufsteigen konnten. Sie wurden erleuchtet, gottgleich und somit fähig, ihre Bewußtheit auszudehnen und sich von der materiellen Welt zu befreien." Sie seien nur noch reine Gedanken und reines Licht, und durch „Fenster", vergleichbar mit den Facetten eines Diamanten, „... empfangen die

Meister Erfahrung und Wissen und senden ihr kollektives Bewußtsein auf die Erde, damit es von Channel-Medien empfangen werden und die Menschen auf ihrem Evolutionsweg anleiten kann."[53]

Die Wahrheit ist, daß es sich hierbei um Wesen aus dem Fall handelt, die immer noch über ein immenses Wissen und über Fähigkeiten verfügen, die unser Vorstellungsvermögen übersteigen. Sie treten – getarnt als Helfer und Diener der Menschen – im Gefolge des Antichristen auf.

Jetzt zu H. P. Blavatsky. Sie war die maßgebliche Begründerin der Theosophischen Gesellschaft (T. G.), der übrigens 1902 auch Rudolf Steiner beitrat, sich später aber wieder davon löste und dann die Deutsche Anthroposophische Gesellschaft gründete.

Blavatsky, auf deren Hauptwerke *Die Geheimlehre* und *Isis entschleiert* sich eine neue Ideologie gründete, kam telepathisch in Kontakt mit der Geistigen Hierarchie. Sie wurde hauptsächlich von den Meistern Kuthumi, El Morya, und Djwhal Khul belehrt. Nach dem Tod von H. P. Blavatsky führte Alice A. Bailey (Begründerin von Lucis Trust und der Arkanschule) die T. G. weiter. Ihr Meister war ebenfalls Djwhal Khul. Es war Bailey, die 1948 in ihrer Veröffentlichung *Die Wiederkunft Christi* ausführliche Angaben über das voraussichtliche Erscheinen des erwarteten Weltlehrers Maitreya machte.[54]

Es ist nicht einfach und für unser Verständnis auch völlig unmaßgeblich, die Entwicklung chronologisch nachzuzeichnen, weil es ständig Zwistigkeiten und Abspaltungen gab. Im Moment scheint es so zu sein, daß die „Universale Kirche" (Nachfolgerin der „ICH-BIN-BEWEGUNG") unter Peter William Leach-Lewis das Sagen hat bzw. es für sich in Anspruch nimmt. „Leach-Lewis bekräftigte fortan seinen Anspruch, nun das ‚Große Orakel' und damit das einzige Sprachrohr der ‚Meister' auf Erden zu sein; gleichzeitig erklärte er deren Wirken in allen anderen Theosophen-Gruppen, die er meist ‚Aktivitäten' nennt, für beendet."[55] Das hindert aber die aufgestiegenen Meister nicht daran, sich überall dort auf der Welt Sprachrohre zu suchen, wo Interesse für ihre Ideen bekundet wird.

Interessant wären lediglich noch ein paar Namen, auf die man – außer den bereits genannten – immer wieder stößt: Rowena, Serapis

Bey, Hilarion, Nada, Maha Cohan, Kuthumi und Sanat Kumara. Seien Sie vorsichtig, wenn man Ihnen empfiehlt, sich mit deren Lehren näher zu befassen. (Mehr dazu zu sagen oder gar Ratschläge zu erteilen, verbietet die Achtung vor dem freien Willen, den wir alle haben. Aufklärung jedoch ist jederzeit erlaubt.)

Vielleicht fragen Sie sich, was denn daran so gefährlich sein soll, das solche Warnungen rechtfertigt. Dazu zitiere ich Coralf, ein Autorenpaar, das sich in *Maitreya – Christus oder Antichrist?* umfassend diesem Thema gewidmet hat:

„Sobald aber diese Lehren dazu eingesetzt werden, die Menschen willentlich durch Meister-Einweihungen, Mantrams, Gedankenmanipulationen, Seelenbeeinflussungen, Überschattungen und Um- oder Besessenheiten in Richtung Shamballa[a] zu lenken, kann von einer freien spirituellen Entfaltung und Unterscheidungsmöglichkeit keine Rede mehr sein. Kritiklosigkeit, blinder Glaube an die ‚erleuchteten' Gurus und Meister, mangelndes Hintergrundwissen und die ständige Sucht nach Neuem sind die Hauptursachen solcher Fehlleitungen ... So kritisch und penibel die Menschen im Westen das Christentum und die Kirche unter die Lupe nehmen, so leichtgläubig und naiv sind sie östlichen Lehren gegenüber."[56]

Ich füge hinzu: Von den Energien, die u. a. durch Meditationen wie „Die Große Invokation" von den Anhängern freigesetzt werden, leben die aufgestiegenen Meister, und über diese Energiebahnen lenken sie ihre Schäfchen und machen sie von sich abhängig.

*

Eine Sonderstellung nimmt ein Meister namens *Kryon* ein, dem man in letzter Zeit auf Schritt und Tritt begegnet, wenn man sich in der Szene umschaut. Die offizielle Lesart zu Kryon lautet:

„Die Wesenheit des Kryon kann als Lichtwesen oder als Engel bezeichnet werden. Kryon wurde gebeten, in unserem Universum zu bleiben, um dem Planeten Erde zu dem kommenden Aufstieg zu ver-

---

a Shamballa = der Name eines legendenumwobenen mythischen Königreichs nicht-materieller Natur im Himalaya, wo Maitreya und die aufgestiegenen Meister ihren Sitz haben.

helfen. So richtet Kryon die Magnetgitternetze der Erde aus und sendet vermehrt magnetische Liebesenergie auf unseren Planeten, um den Aufstieg zu beschleunigen und ermöglicht so den Menschen, den Aufstieg der Erde leichter mitzuerleben. Zugleich gibt Kryon die neuesten Botschaften durch verschiedene Medien weiter.“[57]

Unter anderem diese: „Liebe ist die machtvollste Kraft im ganzen Universum. Sie ist die Verbindung, die unseren Glauben trägt und zusammenhält – anstelle der Doktrinen, die in anderen Systemen dafür Sorge tragen.“[58] Da will doch keiner nein sagen!

Es gibt (nicht nur in Deutschland) eine „Kryonschule – Die Bewußtseinsschule der Neuen Zeit“. Sie umfaßt 48 Schritte, die von Kryon und den 36 Hohen Räten des Lichtes durchgegeben wurden. Dabei reichen die Themen von Heilen über Manifestieren, Materialisieren und Telekinese bis hin zur vollständigen Ausbildung des Lichtkörpers, wodurch ein Reisen mit dem physischen Körper in andere Dimensionen möglich wird oder werden soll.

Das Erlernen der Lichtsprache der Elohim mit den hochenergetischen Kristallen (Symbolen) ist ebenfalls ein wichtiger Bestandteil der Kryonschule. „In den Schritten“, so heißt es in dem Werbetext, „werden Wissen und Techniken vermittelt und wichtige Einweihungen durchgeführt, die dich zum Erwachen führen.“[59]

Wenn es denn kein böses Erwachen ist, wie es eine ehemalige Kryon-Schülerin erlebt hat:

„ Hallo, seit gestern gehöre ich nicht mehr zu den ‚Lichtarbeitern‘. Gott hat mich befreit ... Seid 2004 interessierte ich mich intensiv für die Kryonschule, lernte auch nette Menschen kennen, die selber Lichtarbeiter waren. Was einem da ja alles erzählt wird, man hat kosmische Eltern, man hat Kontakt zu einem höheren Meister, selbst zu Jesus, er wird Sananda genannt ...

Ich machte u. a. die Kryonschule bis zu einem Schritt, wo ich merkte, da stimmt was nicht. Es kam mir vor wie Gehirnwäsche, mir ging es körperlich schlecht und seelisch auch ... war jeden Tag schwächer, man sagte, es sind Lichtkörpersymptome, das gehört so zum Aufstiegsprozess.“[60] – Sie, die Ehemalige, hat den Absprung geschafft; geholfen hat ihr die Hinwendung zum Herrn.

Auch er wollte in einer Kryonschule Lichtarbeiter werden. Spät, aber nicht zu spät, hat er festgestellt:

„Ich möchte deutlich darauf hinweisen, daß ich fest davon überzeugt bin, daß diese ‚Energien', oder wie auch immer man das nennen möchte, eine Realität sind. Auch die Wesenheiten (Geister), die viele von uns oft zu Rate zogen, sind zweifellos keine Einbildung, sondern eine Tatsache ...

Mir kommt es aber darauf an, aufzuzeigen, daß es sich bei der Lichtarbeit um nichts anderes als Okkultismus handelt, und daß die Beschäftigung mit Dingen wie Channeling oder anderer Praktiken ... ein Spiel mit dem Feuer ist. Gerade Lichtarbeiter bilden durch die Techniken, die sie anwenden, ein ideales Einfallstor für okkulte Kräfte ... Somit erreichen Lichtarbeiter mit ihrem Tun genau das Gegenteil von dem, was sie eigentlich beabsichtigen. Und ich persönlich finde das sehr schade. Denn die meisten Lichtarbeiter sind sehr nette, liebevolle Menschen. **Sie wissen nur nicht, was sie tun. Sie öffnen Türen, bei denen sie nicht wissen, was dahinter ist.** (Hervorhebung durch mich.)

Doch die gute Nachricht ist, daß es einen Stärkeren und Größeren gibt, nämlich Jesus Christus."[61]

*

Ausschließlich alles läuft darauf hinaus, die Unzufriedenen und Neugierigen zu ködern und sie zu abhängigen Energielieferanten zu machen, denn göttliche Energie, von der normalerweise jedes Geschöpf lebt, steht den Gegensatzkräften für ihr Tun nicht zur Verfügung[a]. So ist ein System aufgebaut worden, das eine breite Masse anzusprechen in der Lage ist, in dem es für jede Mentalität und deren Bedürfnisse etwas Geeignetes gibt. „Das Wirken der Meister in ihrer feinstofflichen, ätherischen Sphäre", heißt es auf der Internetseite von *religio,* „und die Beziehungen zwischen dieser und der irdischen Welt werden sehr bunt und phantasievoll ausgemalt. Jeder Meister hat demnach eine festgelegte Position in der geistigen Hierarchie und ist für

a außer einem Minimum an Erhaltungsenergie, ohne die sie schon längst nicht mehr existierten.

bestimmte Bereiche ‚im Himmel und auf Erden' zuständig."[62] Jedes Bewußtsein darf sicher sein, in diesem Sammelsurium auf irgend jemanden oder irgend etwas zu stoßen, der oder das seiner Empfindungs- und Gefühlswelt entspricht.

Ein gutes Beispiel dafür sind die Durchgaben eines gewissen „Tobias"[a], der sich oft auf Kryon bezieht und sich weltweit einer immer größeren Fan-Gemeinde erfreut. Bei den Zusammenkünften, bei denen Tobias gechannelt wird, fallen nicht selten Kraftausdrücke und immer wieder ist in den Protokollen von „Gelächter im Publikum" zu lesen. In einer lockeren Sprache wird altes wiederholt:

„Die Zusage in der Neuen Energie ist recht einfach: Auch Du bist Gott. Auch Du bist Gott. Du bist es. Es gibt da keinen ‚Vater im Himmel' oder sonst irgend etwas. Du bist der Schöpfer! Du bist auch Gott. So einfach ist es."[63]

Und an anderer Stelle:

„Ich möchte euch jetzt gerne etwas mitteilen. ‚Spirit', ‚Gott' – schmeißt zuallererst einmal diese Worte 'raus, Jesus Christus! *(Tobias und Publikum lachen)* Und auch das – schmeißt es 'raus! Das, was ihr als Spirit, Gott oder was auch immer bezeichnen würdet, ist in keinster Weise Energie. Gott ist kein energetisches Wesen."[64]

Die Bereitschaft, in den Zug der aufgestiegenen Meister einzusteigen, wird bei vielen auch dadurch gefördert, daß die „Liebe" ins Spiel kommt. Wenn ihr dann noch in einem Aha-Erlebnis die Erkenntnis folgt, „selbst Gott zu sein", dann fallen bei so manchem die letzten Schranken der Zurückhaltung. Dann steigt er womöglich begeistert in den Zug ein, auf dem ein großes Transparent des Meisters Saint Germain verkündet:

> „Es kommt nun die Zeit, da die Wahrheit über Gottes Platz in eurem Leben offenbart werden wird. Wie euch schon so oft gesagt wurde, ist Gott die Energie und die Macht in eurem Universum, ohne die dieses nicht existieren würde. **Gott ist Ihr und Ihr seid Gott – untrennbar miteinan-**

---

a Die Tobias-Materialien werden seit August 1999 – dem Zeitpunkt, von dem er sagte, daß ab da die Menschheit das Potential der Zerstörung hinter sich gelassen hat und nun dabei ist, in die neue Energie hineinzugehen – Lichtarbeitern ... auf der ganzen Welt frei angeboten.

der durch Liebe und Licht verbunden.“[65] (Hervorhebung durch mich.)

Der Zug, um in dem Bild zu bleiben, hätte schon längst viel mehr Fahrt aufnehmen müssen. Maitreya und sein Gefolge sind stark im Verzug. Schon im Juli 1977 verließ Maitreya laut Benjamin Creme sein Zentrum im Himalaya und kam völlig unerwartet „wie ein Dieb in der Nacht“ nach England. Seitdem lebe er in London als ganz normaler Mensch, sagt Creme. Allerdings ist er bei diversen Anlässen gesehen und fotografiert worden, so daß auch Skeptiker davon ausgehen sollten, daß irgend etwas an der Sache dran ist; auch Peterson berichtet von einigen Begegnungen, die er mit Maitreya hatte – der sich jeweils in anderer Gestalt zeigte.

Das Erscheinen Maitreyas ist schon wiederholt angekündigt und auch wieder verschoben worden. Er selbst sagt ja, daß er erst dann kommt, wenn genügend Menschen ihn als den Retter herbeibeten. Das ist demnach noch nicht geschehen; dafür sind viele Durchsagen voll von Vorwürfen an die „Chelas“ (Schüler), die nicht genügend getan hätten, um die Ankunft des Weltenlehrers vorzubereiten. Unter anderem beschweren sich in den Durchgaben Saint Germain und Djwhal Khul über das Desinteresse am „Göttlichen Plan für den Menschen“, über ihr Dilemma, daß so wenige mit ihnen gehen und ihnen dienen, und daß so viele Chelas die gegebenen Versprechen und ihren feierlichen Schwur brechen. Sie beklagen die Schwierigkeiten, die Morya und Kuthumi schon damals hatten, die T. G. voranzubringen und gebrauchen Formulierungen wie *„wir konnten kaum ahnen ... wir hatten so viele Fehlschläge ... wie nahe wir der Niederlage waren* usw.[66]

Das alles hört sich nicht so an, als wären Maitreya und sein Tross schon auf der großen Gewinnerstraße – doch daran, daß sie d i e Gefahr sind und bleiben, ändert das absolut nichts. Ich bleibe dabei: Es ist die größte Bedrohung mit dem ernstesten Hintergrund in der Geschichte der Menschheit. Doch auch diese Wesen werden geliebt, und wenn sie etwas aufhalten kann, dann ist es einzig und allein die Liebe – unsere Liebe, die wir ihnen in rechter Weise, aber auch in aller Klarheit, entgegenbringen. Es gibt kein anderes Mittel, keine andere Alternative, keine anderen geistigen Maßnahmen (die ohnehin keine Wirkung zeigen würden).

- Der schon erwähnte Omraam Mikhaël Aïvanhov hat es so formuliert: „Man muß ein für alle Mal die Gesetzmäßigkeit verstehen, daß nur das Gute imstande ist, das Böse zu bekämpfen. Denn das Gute ist stark und unsterblich, während das Böse schwach ist. Man kann das Böse mit einem in die Luft geworfenen Stein vergleichen: Je mehr Zeit vergeht, desto weniger Kraft hat er, in die Höhe zu steigen. Das Gute dagegen gleicht einem von einem Turm heruntergeworfenen Stein: Seine Geschwindigkeit nimmt mit der Zeit zu. Das Geheimnis des Guten liegt darin, daß es am Anfang schwach ist, am Ende jedoch allmächtig. Das Böse dagegen ist anfangs allmächtig, wird aber mit der Zeit immer schwächer. Genau das muß man wissen."[67]

- Albert Einstein sagt mit anderen Worten das gleiche: **Kein Problem kann durch dasselbe Bewußtsein gelöst werden, das es geschaffen hat.**

- Kurz und treffend: **Man kann den Teufel nicht mit dem Beelzebub austreiben.**

9. Umzugsvorbereitungen

Was wird dir neue Heimat sein dort drüben?
Wer wird Gerechtigkeit an dir verüben?
Wer holt dich ab? Wer lädt dich ein? Wo gehst du hin?
Auf was du immer triffst: Es ist dein Leben,
dein Ja, dein Nein, dein Nehmen und dein Geben.
Und du bist – ungewollt? – auf einmal mittendrin.

aus „Verlasse dich auf deines Herzens leisen Klang"

Wenn wir auch nicht Schöpfer und nicht Gott sind, so haben wir doch schöpferische und göttliche Fähigkeiten, und zwar in einem weitaus größeren Maße, als wir dies ahnen. Dazu gehört auch die Tatsache, daß wir als freie Kinder Gottes in aller Regel[a] Entscheidungen treffen können. Zwar mag es sein, daß wir in einer Situation stecken, in der wir nicht so können, wie wir es eigentlich wollen oder wünschen (wir haben unseren Spielraum durch Ursachen, die wir selbst gesetzt haben, eingeengt) – aber eine *innere* Entscheidung zu treffen, unserem Leben eine andere Richtung zu geben, dazu sind wir immer in der Lage. Auch im Gefängnis, auch auf dem Krankenbett, auch in einer unglücklichen Beziehung, auch an einem ungeliebten Arbeitsplatz.

Und damit nähern wir uns lichten Weiten, nachdem wir zuvor notwendigerweise ein dunkles Tal durchschreiten mußten. Wie ein Kind, das das Licht der Welt erblickt, haben wir die Enge hinter uns gelassen und können bald beginnen, frei zu atmen. Nur ein paar wenige Vorbereitungen müssen noch getroffen werden. Aber dann ...

Nirgendwo in meinen Büchern werden Sie auch nur einen Hauch von Angstmacherei finden. Das paßt nicht zu einer bedingungslosen Liebe, für die ich eintrete; die mit offenen Armen darauf wartet, daß Sie und ich und alle heimfinden. Aber es kann nie schaden – einfach

---

a abgesehen von den Extremsituationen, daß jemand nicht mehr „Herr im eigenen Haus" ist (z. B. bei schweren Krankheiten, Süchten u. ä.)

nur, um achtsam zu bleiben –, sich darüber zu informieren, wie es weitergeht, wenn wir einmal die irdischen Augen schließen[a]. Einerseits kann das Wissen darüber Ansporn sein, möglichst bald ins Vaterhaus zurückzukehren, andererseits kann es uns zum Nachdenken anregen, ob wir nicht vielleicht einen Tick mehr tun sollten oder könnten, um unser Desinteresse und Minderwertigkeitsgefühl, unsere Trägheit und Wankelmütigkeit, unsere Unordnung und Oberflächlichkeit und manch andere Schwächen intensiver und effektiver anzugehen.

Auch hier bietet *Von Drüben II* viele interessante Einblicke, von denen ich zwei herausgreife.

- Nochmals Aldous Huxley: „Hier gewahrt dann dieser selbe Mensch [er spricht von sich selbst und seinen Empfehlungen, Rauschgift zu nehmen] mit einem einzigen Blick, wer und was er ist. Von sich selbst gerichtet, ist er eins mit einer niederen oder höheren Existenzebene, im Abgrund der Hölle oder auf beseligenden Höhen, Bestie unter fauchenden Bestien, plötzlich seiner Lage bewußt und in einer Falle gefangen – oder in einem Lichtreich von unvorstellbarem Glanz erwacht. Oder er mag sich in einer Welt befinden, der gerade verlassenen recht ähnlich, mit Gärten und freundlichen Menschen, Bächen und grünenden Hügeln oder aber in einer weniger freundlichen."
  Er beschreibt dann den Ort, der ihn angezogen hat, weil er seinem Seelenzustand[b] entsprach und erklärt dazu: „Ihr nennt es ‚Unterbewußtsein' anstatt ‚Tiefe der Seele', weil ihr sie als ganzes abgeschafft habt, moderne und superkluge Menschen, die ihr seid. Auch ich hatte

---

a Literatur darüber, gute und weniger gute, gibt es wie Sand am Meer; deshalb baue ich das hier nicht aus.

b „In der hiesigen Welt sind Illusionen über den eigenen Seelenzustand ein Ding der Unmöglichkeit, da ihnen eine unerbittlich-objektive Gegebenheit gegenübersteht, nämlich die Tatsache, daß eine Seele ausschließlich in einer ihr gemäßen Sphäre existieren kann, und daß diese Sphäre aus tausendundeinem Grund unverkennbar ist." (Sigmund Freud in *Von Drüben II*, S. 81)

mich meiner Seele entledigt, aber sie sich nicht meiner. Sie war da, von mir geleugnet, leidend und wissend. Weltmännisch und aufgeklärt, wie ich war, wußte ich es besser und wünschte, nicht von ihr behelligt zu werden. Und so verschloß ich mein Ohr der Stimme, die aus meiner Seele Tiefe zu mir sprach und mich flehentlich warnte, bis sie endlich verstummte."[68]

- Ein wenig anders erging es dem kath. Theologen Pierre Teilhard de Chardin (1881 – 1955), wenn er auch überrascht war, nicht den Himmel vorzufinden, den er gelehrt hatte: „... wunderte es mich, daß ich jenes göttliche Wesen, das Herrscher dieser Welt war, nicht von Angesicht sah." Stattdessen traf Teilhard de Chardin viele Menschen an, die sich über das Wiedersehen freuten, und doch war er nicht zufrieden: „Jesus war nirgends zu sehen, auch keine Engel ... und von einem Jüngsten Gericht schien keine Rede zu sein."
  Er verging, wie er sagte, vor Sehnsucht, Jesus von Angesicht zu Angesicht zu sehen. „Eines schönen Tages aber sah ich ihn von fern. Er kam mir mit weit ausgebreiteten Armen entgegen, aber ich begriff sofort – wie man hier die Dinge erfaßt, spontan, mit dem Herzen und nicht mit den Sinnen oder dem Verstand –, daß ich es war, der sich ihm nähern mußte. Auch wurde mir klar, daß diese Annäherung nicht sofort zu verwirklichen war, sondern ein ungeheueres Bemühen voraussetzte, das viele Jahre dauern würde." Der leibliche Tod, so heißt es in seiner Durchgabe noch, sei ein Nichts verglichen mit der Pein eines liebenden Herzens – und erst recht eines Herzens, das sich nach Christus sehnt, Ihm aber nicht gleich nahe sein kann.[69]

Wer sich nur ein wenig mit der Frage eines Lebens nach dem Tod befaßt, der wird über kurz oder lang zu der Überzeugung kommen, daß etwas dran sein muß an den vielen Jenseits-Berichten, wobei hier ebenfalls gilt, die Spreu vom Weizen zu trennen. Und wenn Sie sich nicht haben irritieren lassen von uneinheitlichen Theologen-Aussagen, sondern sich eine Herzenslogik und vor allem die Liebe zu Gott bewahrt haben, dann wird Sie das Hinübergehen in eine andere Welt nicht ängstigen.

Dann aber könnte es uns doch dazu motivieren, darüber nachzudenken, was wir denn dazu beitragen können, nach Möglichkeit auf eine liebevolle Begrüßung und ein freundliches Zuhause im Jenseits zu treffen. Dann müssen wir nicht mehr untätig und abwartend die Jahre unserer Kirchenmitgliedschaft verstreichen lassen in der Annahme oder Hoffnung, daß Glaube und Gnade, Überlieferung, Tradition und gute Werke die Grundpfeiler für den späteren Eintritt in den Himmel seien. Wenn nicht die Kirchen den Schwerpunkt auf das *einzige* Kriterium für die Heimkehr zu Gott – auf unsere wieder zu erschließende Liebefähigkeit – legen, dann tun wir's doch. Wir müssen nicht zuwarten, bis wir (wenn wir Pech haben: völlig überraschend und viel zu früh) unseren letzten Atemzug tun!

Halten wir uns folgendes Bild vor Augen: Wir wissen mit absoluter Sicherheit, daß uns der nächste (letzte?) Umzug bevorsteht. Wann? Großes Fragezeichen; aber je älter wir werden, um so näher rückt der Umzugstermin. An dem neuen Haus, in das wir einziehen, wird schon gebaut. Wir, die neuen Besitzer, sind aufgefordert, jetzt schon daran mitzuwirken, es auszuschmücken, es unseren Bedürfnissen entsprechend zu gestalten. Es ist unser künftiges Daheim! So, wie wir es uns einrichten, so werden wir es antreffen – und wir werden uns darin entweder wohlfühlen oder nicht.

Wie sieht die Wirklichkeit aus? Wenn wir uns umschauen, sehen wir sehr wenige Menschen, die so handeln. Die meisten benehmen sich, als würden sie ihr jetziges Zuhause auf Ewigkeiten behalten. Sie bringen es ständig auf Vordermann, kehren und putzen um die Wette, renovieren es dauernd, investieren bis zum letzten Augenblick viel Geld – weil sie die Tatsache verdrängen, daß sie eines Tages, vielleicht schon bald, ausziehen m ü s s e n . Die Zeit und Energie, die sie in die krampfhafte Aufrechterhaltung einer vergänglichen Sache hineingesteckt haben, fehlen ihnen bei ihrem „Neubau". Wundert es da, wenn ihr neues Haus so überhaupt nicht den Vorstellungen entspricht, die sie aufgrund der Belehrungen, die sie erhalten haben, erwartet hätten? Dabei haben sie doch sonntags immer gesungen „Wir sind nur Gast auf Erden“ ...

Ein Elternpaar, das sich im Wissen um die baldige Niederkunft der Mutter so verhält, würden wir als verantwortungslos bezeichnen. Wie würden wir ein ähnliches Verhalten einordnen, bei dem es um eine Geburt *hinein ins Jenseits* geht? Und dann auch noch um unsere eigene?

*

Sollten Sie vielleicht immer noch Restzweifel hegen, ob an den unzähligen Berichten Wiederbelebter und Jenseits-Kundgaben wirklich etwas dran ist, so mag zur eigenen Urteilsfindung ein Gedanke hilfreich sein, den ich bei Christoph Gotthilf Salzmann gefunden habe. Er vermutet, daß ihn so mancher tadeln werde, weil er in seinem Buch *Der Himmel auf Erden* so wenig über die Unsterblichkeit geschrieben und dadurch den Verdacht erregt hätte, er würde an keinen Himmel jenseits des Grabes glauben.

„Hierauf will ich antworten“, schreibt er. „Es gibt nach meiner Überzeugung keinen sichereren Beweis für die Unsterblichkeit als Erfüllung der Pflichten, Umgang mit Gott und Nachdenken über seine Werke. Wer durch alles dies sich den Himmel auf Erden verschafft, der bedarf keines Beweises für den künftigen Himmel; er fühlt, er weiß es, daß das Schicksal, welches wir Tod nennen, weiter gar nichts als die Geburt zu einem neuen Leben ist.“

Und dann fügt er noch einen Satz an für die Theoretiker und wissenschaftlichen Beweisführer, mit meinen Worten für die „Nichtumsetzer und Wissens-Liebhaber“: „Wer aber seine Pflichten nicht erfüllt, nicht mit Gott wie mit dem Vater umgeht, über seine Werke nicht nachdenkt, der kann vielleicht die Unsterblichkeit aus vielen Gründen beweisen, über dieselbe schreiben, sich des Glaubens an dieselbe rühmen, und doch, wie mir dünkt, **den Glauben nicht haben, der zum Guten stärkt, in Gefahr Mut, in Trübsal Freudigkeit einflößt**.“[70] (Hervorhebung durch mich.) Weil dies aber das Entscheidende ist, das jedoch nur durch eine Veränderung bisheriger Verhaltensmuster und Charaktereigenschaften – durch *Innere* Arbeit –

erreicht werden kann, werden solche Bücher wie *Das absolute Rezept* geschrieben ...

Ausschlaggebend dafür, ob unsere Innere Arbeit ihre Früchte tragen wird, sind unsere Beweggründe. Mit ihrer Redlichkeit steht und fällt alles. Jemand mag sich streng an die Empfehlungen halten, sein Verhalten jedem Gesetzesbuchstaben gegenüber auf die Ordnungsmäßigkeit hin „abklopfen", jedes Gebet „richtig" formulieren, stundenlang meditieren, schöne Gedichte schreiben oder Lieder komponieren – mit einer falschen Motivation wird er noch nach Jahren der alte sein. Und er wird den mangelnden Erfolg dann Gott zuschreiben, an den er den Glauben langsam verlieren wird.

Zuerst einmal: Für die meisten Menschen stellt eine Veränderung immer eine gewisse „Bedrohung" dar, zumindest dann, wenn sie nicht wirklich freiwillig angestrebt wird. Etwas oder jemand versucht, einem das Gewohnte und Vertraute wegzunehmen, es durch Neues, anderes zu ersetzen. Aber an das Althergebrachte hat man sich im Laufe vieler Jahre gewöhnt, wie an ein Korsett, das eine Art Sicherheit gibt, auch wenn diese nur vorgetäuscht ist. Mit einer Veränderung müßte man sich neu orientieren, eine Greuelvorstellung für viele, die schon lange in gewohnten Gleisen fahren. Ob die momentane Umgebung oder Situation wirklich optimal ist, spielt keine große Rolle. Wichtiger ist, daß man sich eingerichtet und arrangiert hat. Dabei stellen die jetzigen Umstände tatsächlich das Optimum für den Betreffenden dar – gemessen an seinem Bewußtsein, an den Forderungen, die er an sich selbst stellt und an den Prioritäten, die er in seinem Leben setzt. Einer Veränderung, die Erfolg verspricht, müßte zuerst eine Änderung im Bewußtsein vorausgehen. Ein Anstoß muß her ...

Gebe ich einem entsprechenden Drängen lieber Freunde („wir meinen es ja nur gut mit dir") schließlich nach, dann werde ich todunglücklich sein, wenn es nicht mein ureigener Wunsch ist, aus meiner zu kleinen Altbauwohnung auszuziehen, den 20 Jahre alten, klapprigen VW herzugeben, die unterbezahlte Arbeit und einen viel zu weiten Anfahrtsweg dorthin gegen einen neuen Job einzutauschen. Die Vorteile einer neuen Wohnung usw. mögen objektiv gesehen auf der Hand liegen: Sie werden nur dann eine nachhaltige Verbesserung für mich (und für meinen Gemütszustand und mein Seelenheil) bringen, wenn ich die nötigen Schritte aus vollem Herzen bejahe und auch vollziehe.

Einen – seinen – „Status quo“[a] gibt keiner gerne auf. Wird er zu sehr bedrängt, reagiert er bei genügendem Selbstbewußtsein mit Ablehnung, bei weniger Selbstvertrauen mit einer nachgiebigen, unehrlichen, einwilligenden Bereitschaft. Ordnen wir unter diesem Gesichtspunkt einmal ein, was Überredungsversuche, Überzeugen-Wollen, Missionierungseifer und anderes mehr auf Dauer bewirken können, egal, ob *wir* damit zu etwas bewegt werden sollen, oder ob wir *andere* mit unseren Ideen beglücken wollen. Die Achtung vor dem freien Willen unseres Nächsten gebietet es, daß alle gut gemeinten Hinweise und Ratschläge ein Angebot sind und bleiben, mehr nicht. Gott macht es mit uns auch nicht anders.

Er fügte Seinem Angebot in Gestalt Seines Lebens als Jesus von Nazareth allerdings noch eine zeitlos gültige „Kleinigkeit“ hinzu, was auch uns erlaubt, ja was erwünscht ist: die Vorbildfunktion. Ein Sprichwort drückt das in seiner zweiten, zumeist allerdings weniger bekannten Zeile treffend aus:

> „Rede nur, wenn du gefragt wirst,
> aber lebe so, daß man dich fragt.“

Weil aber das in aller Regel nicht so einfach ist, greifen wir (wiederum ehrlich sein!) lieber auf das eingeübte, wenn auch aus gemachter Erfahrung heraus fruchtlose Verhalten zurück, zu reden, ohne gefragt zu sein. Und wie.

Zu der Freiwilligkeit, seinen Status quo aufzugeben, muß die schon erwähnte Redlichkeit hinzukommen – ein altmodisches Wort, mag sein (cool und clever muß man heute sein!), aber es trifft.

Zunächst: Was sind unredliche Beweggründe, um sich dem Himmel nähern zu wollen? Sie sind im übrigen nicht nur unredlich, sondern auch völlig wertlos, weil sie den erhofften Erfolg nie bringen werden: Auf alles, was mit einer freiwilligen Entscheidung nichts zu tun hat bzw. bei dem diese in den Hintergrund gedrängt wird, kann

---

a Status quo = gegenwärtiger Zustand

von vornherein verzichtet werden, weil sich damit eine Eintrittskarte in den Himmel nicht erwerben läßt.

Wenn man hauptsächlich aus Angst vor einer Bestrafung durch Gott oder auch, um sich einen guten Platz im Himmel zu sichern,

- die Gebote einhält, sie nach Möglichkeit buchstabengetreu erfüllt,
- einer befehlsmäßigen Anweisung gehorsam nachkommt (der verlorene Sohn kam aus *freien Stücken* zum Vater zurück!),
- Riten und Zeremonien pflegt,
- Tradition und Überlieferung eine große Bedeutung beimißt,
- sich kasteit und ein ganz normales Gefühlsleben abwürgt, anstatt es in Liebe zu leben,
- in die Abgeschiedenheit geht (damit ist nicht ein kurzzeitiger Rückzug zur Besinnung gemeint),
- sich dem Studium der Bibel oder sonstiger heiliger Schriften verschreibt,
- alle erreichbaren Menschen, ob die es wollen oder nicht, durch die bekannten Missionierungstätigkeiten zu bekehren versucht,[a]
- sein Vermögen hergibt bzw. gute Werke mit den entsprechenden Hintergedanken verrichtet, vom Ablaß ganz zu schweigen,
- es als notwendig erachtet, einer Religionsgemeinschaft anzugehören[b],

---

a Was steckt dahinter? Fanatismus, Macht, eigene, noch verschleierte Ziele, eine größere Mitgliederzahl, mehr Einfluß? Die recht verstandene Liebe kann es kaum sein, denn diese läßt dem Nächsten die Freiheit.

b Zu einer solchen Auffassung tragen u. a. Glaubenssätze wie der folgende bei, festgeschrieben auf dem „2. Vatikanisches Konzil" (1962 – 1965) und glaubensverpflichtend für alle Katholiken (am liebsten natürlich für alle Menschen, denn so ist der Text angelegt): „... Darum könnten jene Menschen nicht gerettet werden, die um die katholische Kirche und ihre von Gott durch Christus gestiftete Heilsnotwendigkeit wissen, in sie aber nicht eintreten oder in ihr nicht ausharren

dann kann man – ohne Prophet zu sein – voraussagen, daß das angestrebte Ergebnis der späteren Gottnähe nicht eintreten wird.

Ich weiß, daß an dieser Stelle Mißverständnisse auftreten können. Um dem vorzubeugen, stelle ich klar, daß ich n i c h t dafür plädiere, das zuvor Aufgezählte zu unterlassen. Die Frage ist, ob es als Motiv taugt. Dazu gibt es eine klare Antwort: Nein, dazu taugt es nicht.

Es mag sich als Folge dann ergeben, wenn der an allererster Stelle stehende Beweggrund für eine Nachfolge Christi die Liebe zu Gott ist (was z. B. nach sich ziehen kann, daß man mehr und mehr auf tierische Nahrung verzichtet). Aus diesem Beweggrund heraus wird dann möglicherweise auch so manches in den Hintergrund treten (z. B. Riten und Zeremonien zu pflegen), was zuvor noch als heilsnotwendig angesehen wurde.

Wer anders handelt, der gleicht einem Übergewichtigen, der „von außen“ an sein Problem herangeht: Er schnallt seinen Gürtel um 2 – 3 Löcher enger in der Annahme, dadurch irgendwann einmal schlanker zu werden. Oder er vollzieht, wie die aktiven Mitglieder des „Opus Dei“[a], seine Bußübungen und Geiselungen in dem Glauben, dadurch eine tieferliegende Schwierigkeit – z. B. den richtigen Umgang mit der Sexualität – in den Griff zu bekommen. Oder er kasteit sich, weil er meint, sich auf diese Weise – als zur Zeit noch sündiger Unwürdiger – Gott gegenüber als würdig erweisen zu können.

Vielleicht ist für diese und ähnliche Seelenreinigungsversuche eine fehlinterpretierte (?) Bibelstelle verantwortlich, die einer derartigen Problemlösung den Vorzug gibt vor einer Überwindung und Umwandlung mit dem Herrn: „Und so dich dein Auge ärgert, reiß es aus und wirf's von dir. Es ist dir besser, daß du einäugig zum Leben eingehest, denn daß du zwei Augen habest und wirst in das höllische

---

wollten.“ (Lehrsatz Nr. 373). Mir fallen dazu, abgesehen von noch nicht entdeckten Naturvölkern, keine Menschen ein. (Neuner, Josef und Roos, Heinrich: *Der Glaube der Kirche in den Urkunden der Lehrverkündigung,* Verlag Friedrich Pustet, Regensburg 1983)

a Opus Dei = eine Personalprälatur der röm.-kath. Kirche, die sich zum Ziel gesetzt hat, bei Laien durch religiöse Bildung und seelsorgerliche Hilfestellung ein gottgefälliges Leben in Beruf und Familie zu fördern.

Feuer geworfen.“ (Mt 18, 9) Die große Überraschung gibt es „drüben“, wenn die Seele, sobald sie sich vom Körper befreit hat, sich mit all den Leidenschaften und Wünschen konfrontiert sieht, die sie noch in sich trägt. Daß der Mensch etwas erfolgreich unterdrückt und sich selbst und seinen Mitmenschen den Eindruck der Überwindung vorgetäuscht hat, anstatt seine Schwächen anzuschauen und zu bearbeiten, wird an dem bösen Erwachen nichts ändern.

Nach so viel „Gänsehaut“ und „Haare-Sträuben“ etwas zum Schmunzeln:

In dem Film „Der Flug des Phoenix“ (1965) wird die Notlandung eines Flugzeugs in der Wüste geschildert mit all den Problemen und Schwierigkeiten, die sowohl Besatzung als auch Passagiere in den darauffolgenden Tagen zu bewältigen hatten. Nachdem schon nach kurzer Zeit die Zigaretten ausgegangen waren, löste einer der Männer das Problem auf seine Weise, indem er den anderen verkündete: *„Ich hab' ne prima Story für den ‚Daily Mirror‘, wenn ich wieder zu Hause bin: Wie ich mir in 3 Tagen das Rauchen abgewöhnte.“*

Auch eine weitere kleine Anekdote wird ebensowenig als Lösung herhalten können, so bestechend sie auf den ersten Blick auch scheint:

Meier hat einen Lieblingsfeind, den Müller. Über den hat er sich wieder einmal so richtig geärgert. Als er ihn beim nächsten Mal trifft, fragt er ihn: „Herr Müller, wenn ich jetzt sagen würde, daß Sie ein ... sind (hier kann jeder den Begriff einsetzen, den er für den gröbsten hält), würden Sie mich dann anzeigen?“ Müller überlegt einen Augenblick und antwortet dann: „Ja.“ Daraufhin Meier: „Dann sage ich es nicht.“

Nach unserem kleinen Ausflug in die heitere Wirklichkeit kehren wir zurück in die rauhe Realität des Lebens ...

Da wir uns alle gegenseitig ein Handeln in Freiheit zugestehen, darf jeder – ohne verurteilt zu werden – *seinen* Weg der Annäherung an die Quelle seines Lebens suchen und gehen. Da aber diese Quelle des Lebens ausschließlich Liebe ist, und weil, wie wir wissen, Gleiches auch nur Gleiches anzieht, ist die Motivation, die uns am schnellsten an unser Ziel bringt, unsere Liebe zu Gott. Es ist letztlich nicht nur die schnellste, sondern die einzige. Es ist unsere *gelebte*

Liebe und nicht nur eine, die sich auf Gefühle beschränkt; es ist auch nicht allein der so im Vordergrund stehende Glaube[a]. Für mich besteht eine Ungereimtheit des kirchlichen Christentums darin, daß es zwar ein *Glaubensbekenntnis,* aber kein *Liebebekenntnis* kennt, obwohl doch verkündet wird, daß von „Glaube, Hoffnung und Liebe“ die *Liebe* das Größte ist.

Wer nicht glauben kann, daß sich aus dem Bemühen um Gottes- und Nächstenliebe jegliches Verhalten der Menschen untereinander (und natürlich auch zwischen Mensch und Natur) quasi „von alleine“ auf dem höchsten moralischen Niveau regelt[71], der sei nur an folgende Überlegungen, die beliebig ausbaubar sind, erinnert: Wer seinen Nächsten liebt, der nimmt ihm nicht die Vorfahrt, der stiehlt ihm keine Kartoffeln, der stellt eine penible Gesetzeseinhaltung nicht über den Menschen, der läßt sich nicht um eines Vorteils wegen bestechen, der kreidet seinen Eltern nicht ihre Erziehungsfehler an, der meldet seinen Fernseher ordnungsgemäß an usw.

Und wer sich selbst liebt, der hat weder Minderwertigkeits- noch Schuldgefühle, der kann sich selbst verzeihen, der akzeptiert seine noch vorhandenen Fehler, der weiß um seine innere Stärke und muß nicht mehr der Größte sein, der kann über sich selbst lachen und vieles andere mehr.

Wer wissen will, wo er noch/schon steht, kann die Gegenprobe machen. Aber nicht erschrecken. Es gibt keinen Grund zum Erschrecken, sondern höchstens zum Innehalten, Nachdenken und Entscheiden.

Ich schiebe an dieser Stelle eine Geschichte ein von Christoph von Schmid, die ich in einem alten Lesebuch von 1908[72] gefunden habe, und die mich zum Nachdenken gebracht hat. Sie paßt genau zu unseren Überlegungen:

> Es geht um einen Knecht, der bei einem frommen Bauersmann namens Fridolin seinen Dienst tat. Dieser Knecht, Matthias mit Namen, war sehr jähzornig und gebrauchte, wenn er aufgebracht war, die rohesten Worte. Des öfteren wurde er von seinem Dienstherrn ermahnt, er solle doch

a Die Problematik „Glaube oder Liebe“? ist ausführlich in *Das letzte Wort hat die Liebe* und *Die Spielregeln ...* behandelt worden.

> aus Liebe zu Gott seinen Zorn überwinden. Allein der Knecht sprach, das sei ihm nicht möglich; Menschen und Tiere machten ihm zuviel Verdruß.
> „Eines Tages sagte Fridolin zu ihm: ‚Matthias, siehe da einen schönen, neuen Taler. Diesen will ich dir schenken, wenn du diesen Tag hindurch geduldig bleibst und kein zorniges Wort von dir hören lässest.‘ Der Knecht ging den Handel mit Freuden ein. Die übrigen Dienstboten aber redeten es heimlich miteinander ab, ihn um den Taler zu bringen. Alles, was sie den ganzen Tag sagten und taten, zielte nur darauf ab, ihn zornig zu machen. Allein der Knecht hielt sich so tapfer, daß ihm nicht ein einziges zorniges Wort entwischte. Am Abend gab Fridolin ihm den Taler und sagte: ‚Schäme dich, daß du einem elenden Stück Geld zuliebe deinen Zorn so gut überwinden kannst, allein aus Liebe zu Gott es aber nicht tun magst!‘
> Der Knecht besserte sich [nicht vergessen, es ist ein Märchen!] und wurde ein sanftmütiger Mensch.“

Wer seinen Status quo freiwillig aufgeben soll, der wird dies nur tun, wenn ihm das, was er im Tausch gegen das Bisherige bekommt, attraktiv genug erscheint. Wie recht hatte Antoine de Saint-Exupéry (*Der kleine Prinz*) mit seiner Erkenntnis: „Wenn du ein Schiff bauen willst, dann trommle nicht Männer zusammen, um Holz zu beschaffen, Aufgaben zu vergeben und die Arbeit einzuteilen, sondern lehre sie die Sehnsucht nach dem weiten, endlosen Meer.“

Wohin zieht uns unsere Sehnsucht?[a] Was kann es hinter dem Horizont unseres kleinen, begrenzten, menschlichen Bewußtseins geben, das so attraktiv ist, daß wir eine Veränderung wagen? Was verspürt unsere Seele, daß sie unseren Blick dorthin lenkt? Ist es einfach der Wunsch, ein besserer Mensch zu werden? Ist es das Ergebnis eines dicken Strichs, den wir unter unser bisheriges Leben gezogen haben? Sind es die unbefriedigenden Antworten auf unsere Fragen, warum es das Leben bisher nicht so gut mit uns gemeint hat? Oder

a Wenn wir es positiv meinen, kann sogar eine Spur Neugierde dabei sein (nur keine, die uns – weil unkontrolliert – ins Lager der Meister treibt).

sind wir an einem Punkt unseres Lebens angekommen, an dem wir erkennen: so mache ich nicht weiter? ...

Was immer es ist – zugrunde liegt der Ruf Gottes, den unsere Seele vernommen hat, die nun versucht, sich dem Menschen bemerkbar zu machen. Da klopft etwas in uns an, und eine tief vergrabene, aber nicht gänzlich verschüttete Erinnerung ist geweckt an frühere, glückselige Zeiten, an eine Heimat, in der es all diese Schwere und Bitternis nicht gab, die uns jetzt so oft begleitet und umgibt.

Was unser wahres Zuhause – ein Leben im Lichte der Unendlichkeit und Liebe – für uns wirklich bedeutet, können wir noch nicht erfassen. Aber wir können uns einen Eindruck von denen vermitteln lassen, die dieser Herrlichkeit begegnen durften, und sei es nur von Ferne oder nur für kurze Augenblicke. So berichtete der britische Naturwissenschaftler Henry Cavendish (1731 – 1810):

„Für mich kam dieser Augenblick [bei dem unser Inneres uns zur Vervollkommnung antreibt], als mich zum ersten Mal etwas berührte, das – soweit ich zurückdenken kann – mir unbewußt immer gefehlt hat ... Der plötzliche neue Eindruck war so stark“, daß er ihn „augenblicklich den Entschluß fassen ließ, so schnell wie möglich eine Sphäre zu erreichen, wo solcherart Einfühlung herrscht. Und so bezahlte ich mein Lehrgeld und wurde nolens volens[a] ein besserer Mensch, was zu werden ich noch vor diesem Augenblick auch nicht die geringste Absicht hatte.“ Und er ergänzt: „Die Entwicklung meiner Seele, die ich meiner Forschung wegen hinausgezögert hatte, forderte nämlich endlich und nachdrücklich ihr Recht.“[73]

Sigmund Freud machte eine ganz ähnliche Erfahrung: „Ich habe das große Licht wahrgenommen, das außer der von mir bereits erwähnten Gerechtigkeit, Liebe und geistigen Erhellung noch eine Reihe anderer Elemente enthält, so eine ungeheuere Anziehungskraft, die nicht nur ein An-sich-Ziehen ist, sondern ein Liebeswerben sondergleichen.“[74]

Zum Schluß noch Christian Morgenstern (1871 – 1914). Kann man unsere Situation treffender beschreiben, als er es getan hat? Entscheiden Sie selbst:

---

a nolens volens = notgedrungen, wohl oder übel

„Ich bin wie eine Brieftaube, die man vom Urquell der Dinge in ein fernes, fremdes Land getragen und dort freigelassen hat. Sie trachtet ihr ganzes Leben nach der einstigen Heimat, ruhlos durchmißt sie das Land nach allen Seiten. Und oft fällt sie zu Boden in ihrer großen Müdigkeit, und man kommt, hebt sie auf, pflegt sie und will sie ans Haus gewöhnen. Aber sobald sie die Flügel nur wieder fühlt, fliegt sie von neuem fort, auf die einzige Fahrt, die ihrer Sehnsucht genügt, die unvermeidliche Suche nach dem Ort ihres Ursprungs.“

Erkennen Sie sich wieder in dieser Brieftaube mit dem unbändigen Drang, ihre Heimat aufzusuchen? Mir fällt das nicht mehr schwer, und auch Ihnen wird es bald gelingen, Ihre Flügel auszubreiten – falls Sie nicht schon längst erfüllt sind von dieser Sehnsucht. Auch wenn sie noch nicht das Ausmaß erreicht hat, das Sie sich erträumen: Lassen Sie sich nicht davon abhalten, weiterhin Ihre Flugversuche zu machen. Es bringt überhaupt nichts, mit der Inneren Arbeit abzuwarten, bis Sie vollkommener geworden sind. Dieser Prozeß wird nur in Gang gesetzt, wenn Sie sich bewegen, wenn Sie Ihre Schritte voll Vertrauen tun. Auf den „richtigen“ Zeitpunkt zu warten, bringt nichts. J e t z t ist der richtige Augenblick.

Und wenn Sie glauben, daß Ihre Liebe noch klein ist, dann bringen Sie Ihm halt Ihre kleine Liebe. Außerdem kann man um das Wachstum der Liebe bitten. Wenn Ihre Bitte aus tiefstem Herzen kommt, dann ist es u n m ö g l i c h , daß sie nicht erhört wird. Das ist nicht nur ein Versprechen, das ist Sein Gesetz.

Oder glauben Sie, daß Er – nur weil Sie mit Ihm nichts zu tun haben wollten – jetzt das gleiche mit Ihnen macht? Dann lassen Sie sich mal von dem überraschen, was Michele Longo O‘Donnell in *Der Himmel in Dir* geschrieben, was sie einer Patienten, die sich Gott gegenüber als unwürdig empfand, gesagt hat:

„Wenn du dein ganzes Leben damit verbringst, nie den Gesang der Vögel wahrzunehmen, obwohl sie Tag für Tag für dich singen, meinst du, sie würden ihre Flügel zuammenfalten, ihre kleinen Köpfe in den Himmel erheben und sich in Ärger und Protest weigern, für dich zu singen, weil du sie all die Jahre ignoriert hast?“[75]

Sie sind flügge – wenn Sie es wollen. Zögern Sie nicht; erinnern Sie sich an die Kraft Ihrer Gedanken; fangen Sie an, ein neues Bild von sich selbst zu malen. Wandeln Sie den folgenden Satz eines weisen Narren ein wenig ab, schmunzeln Sie ein bißchen, und wenn es sein muß, lesen Sie ihn ruhig auch mehrmals:

„Wenn ich es nicht geglaubt hätte, hätte ich es nicht mit meinen eigenen Augen gesehen.“[76]

10. Tausche alt gegen neu

> Wende dein Gesicht der Sonne zu,
> dann fallen die Schatten hinter dich.
>
> *Afrikanisches Sprichwort*

Es war gewiß kein ganz leichter Weg, der Sie bis an diesen Punkt des Buches geführt hat. Natürlich wäre es schöner, ausschließlich von der Liebe Gottes zu lesen. Im Prinzip ist es natürlich auch so, daß Sie außer dieser Liebe nichts brauchen. Es gibt nichts Größeres, nichts Stärkeres.

Wenn wir aber – ehrlich und realistisch, wie wir sein wollen – den Ist-Zustand betrachten (nach Möglichkeit bitte nur den eigenen), dann müssen wir wohl oder übel zugeben, daß trotz dieser unübertrefflichen Liebe in uns noch nicht alles so ist, wie es wünschenswert wäre. Wo liegen die Gründe dafür? Drei Möglichkeiten bieten sich an:

1. Es liegt an der Liebe Gottes; Er macht etwas falsch. Da dies aber nicht sein kann, bleibt nur der einzige Schluß (denn wir wollen nicht nur ehrlich und realistisch sein, sondern auch logisch):
2. Es muß an uns liegen. Aber bedeutet dies zwangsläufig, daß wir die Liebe noch nicht in dem ersehnten Maße entwickelt haben? Mag sein, muß aber nicht sein; denn das würde ja heißen, daß sich alle, die an ihre Liebe zu Gott glauben und diese auch nach ihren Möglichkeiten im Alltag leben, irren – nur weil sie in ihrem Leben an einem bestimmten Punkt „hängengeblieben“, über ein Hindernis nicht hinweggekommen sind. Ist dafür nun

immer eine noch nicht entsprechend entwickelte Liebe zu Gott verantwortlich? Besteht nicht auch eine weitere Möglichkeit?

3. Wir machen unwissendlich etwas falsch, weil uns einfach das nötige „Handwerkszeug“ fehlt, um die eigenen Blockaden – trotz aller Liebe – erkennen zu können. Manchmal bedarf es intensiver Erläuterungen (die Gott im übrigen denen, die sie hören wollen, ununterbrochen auf verschiedenen Wegen zukommen läßt), um Sackgassen, Verführungen, raffiniert gestellte Fallen und vieles mehr rechtzeitig zu erkennen. Wir müssen nicht so lange warten oder unaufgeklärt in die Irre gehen, bis unsere Liebefähigkeit einen so hohen Grad erreicht hat, daß wir alles und alle – auch uns selbst einschließlich all unserer Tricks und Schliche! – durchschauen.

Wäre es anders, dann gäbe es nicht die unzähligen Hinweise und Warnungen über die Vorgehensweise der Dunkelheit[a]. Wir wären dumm, wenn wir sie ignorieren würden. Deshalb sind wir auch ein bißchen tiefer eingestiegen in dieses, zugegeben nicht unbedingt erfreulich-aufbauende Thema und haben es nicht bei allgemeinen Bemerkungen belassen. Jetzt aber liegt freieres Land vor uns, die Enge eines dunklen Tales haben wir hinter uns gelassen.

Wer bis hierher mitgewandert ist, der hat sich längst als einen Sohn oder eine Tochter Gottes erkannt, und damit auch die geistige Verwandtschaft anerkannt, die nicht nur alle Mitwanderer, sondern alle Menschen, Seelen und Engel verbindet. Alle sind wir Kinder Gottes, zu dem wir von Herzen *Du* sagen. Das sollten wir fortan auch unter uns so halten, und deshalb lasse ich das *Sie* jetzt weg.

*

Kennst Du die Geschichte von den drei Kindern und dem Testament? Also: Drei Kinder erbten nach dem Tod des letzten Elternteils ein beachtliches Vermögen. Bei der Testamentseröffnung erfuhren sie Ein-

---

a und die noch weitaus umfangreicheren, die uns selbst betreffen und uns – so wir wollen – zur Selbsterkenntnis führen werden.

zelheiten. Sie waren überaus glücklich, denn künftig würde es keine materiellen Sorgen mehr geben. Im Testament waren zwar auch bestimmte Auflagen erwähnt, die es von den Erben einzuhalten bzw. zu erfüllen galt, aber die Freude über den zu erwartenden Reichtum war so groß, daß über die Auflagen ganz schnell hinweggegangen wurde. Es reichte den Kindern, sich wöchentlich zusammenzusetzen, das schöne Testament – in dem die Geld- und Sachwerte einzeln aufgeführt waren – immer wieder zu lesen, den Eltern jedesmal erneut zu danken und sich die künftige Sorglosigkeit in den schönsten Bildern auszumalen. Die gemachten Auflagen traten mehr und mehr in den Hintergrund, auch wenn sie von dem einen oder anderen schon mal kurz erwähnt wurden. Das ging so lange, bis sie alle tot waren ...

Und dann gibt es da noch die andere Story von dem Do-it-yourself-Möbel-Aufbauer, der so einen Spaß an der leicht verständlichen, reichbebilderten, bunten Aufbauanleitung[a] für sein Bett hatte – die er gar nicht oft genug lesen konnte –, daß er darüber vergaß, das Bett aufzubauen. Gott sei Dank erinnerte ihn ein lieber Bekannter nach Jahren daran, sonst würde er vielleicht heute noch auf dem Boden schlafen.

Wir alle könnten solche und ähnliche Geschichten erfinden und darüber schmunzeln; wenn wir sie ins Geistige übertragen, ist das mit dem Schmunzeln so eine Sache. Denn dann wird es ernst – nicht im Sinne von traurig oder betrüblich, aber doch mit einer gehörigen Portion Entschiedenheit versehen, die es braucht, um mit Erfolg unsere Innere Arbeit anzugehen und zu Ende zu bringen; wobei der Humor aber nicht auf der Strecke bleiben muß.

Daß dabei unser Bemühen reicht, habe ich schon mehrmals betont. Es muß allerdings ein Bemühen sein, das unseren Möglichkeiten auch entspricht. Ein 2-jähriges Kind, das der lieben Mama ein Bild malt, hat seine Aufgabe auch dann gut erledigt, wenn nur ein Strichmännchen dabei herauskommt. Schmiert es mit 10 Jahren auf die Schnelle, obwohl es inzwischen ganz gut malen kann, ein paar Striche aufs Papier („Hier, Mama, das bist Du"), dann kann von einem Bemühen nicht mehr die Rede sein.

a Es handelt sich nur um eine Geschichte!!

Halten wir es auch so wie das Kleinkind: Das, was möglich ist, tun wir – von Herzen. Mehr als das, was wir tun können, vermögen wir sowieso nicht zu tun.

Ist eine Entscheidung, etwas an sich zu verbessern, eine Frage des Alters? Wieder mal ein *J-ein.*

Ja, weil der Mensch mit zunehmendem Alter weniger Möglichkeiten hat und Notwendigkeiten sieht, eine Neuorientierung vorzunehmen. Denken wir an das „Korsett", das ihm eine relative Sicherheit bietet. Auch mag ihm von einem gewissen Alter an die Kraft für eine Veränderung fehlen. Und dann ist da natürlich noch die Schwierigkeit, sich von alten und liebgewordenen Glaubenssätzen zu trennen. Sie besteht in dem Maße, in dem man Lehren und Ge- und Verbote geprüft oder ungeprüft übernommen und zum Dogma gemacht hat. Aber das trifft man nicht nur im Alter an.

Nein, weil die Voraussetzung für Veränderungen immer eine von Herzen, mit Freude und aus Liebe gefällte Entscheidung voraussetzt. Eine solche Entscheidung zu treffen ist nicht vom Alter abhängig. Und das bekannte „Was Hänschen nicht lernt, lernt Hans nimmermehr" trifft auch nicht zu[a]. (Daß ich in *Das letzte Wort hat die Liebe* T. N. Wiesel und D. H. Hubel zitiert habe, die das Gegenteil herausgefunden haben, stellt keinen Widerspruch dar. Dort geht es um ein anderes Lernen.) Verena Stollnberger schreibt in *BSFF – Das Antivirenprogramm für die Psyche* von den Erkenntnissen des Neurobiologen Gerald Hüther: „Im Gegensatz zu den meisten Säugetieren, die grundlegende Lernerfahrungen nur auf dem Weg über Prägungen in bestimmten Zeitfenstern machen können, sind wir Menschen während unseres ganzen Lebens in der Lage, falsche Verhaltensprogramme zu ändern und damit ständig zu lernen."[77]

Und Dawson Church meint, daß entgegen landläufiger Vorstellungen unser Gehirn das ganze Leben lang den bestehenden Nervenverbindungen neue hinzufügt – solange es dazu angeregt würde. Diesen Prozeß bezeichne man als Neurogenese. Lernerfahrungen und andere Bewußtseinszustände von höchster Aufmerksamkeit schalteten die

---

a Das kann ich übrigens aus eigener Erfahrung bestätigen; schließlich heiße ich *Hans.*

Genexprimierung[a] ein, die die Bildung von Neuronen anrege. „Während die meisten unserer Organe in unseren späten Teenagerjahren zu wachsen aufhören, ist unser Gehirn eine Struktur, die unser ganzes Leben lang immerfort erschafft und kreiert – wenn es durch neue Verhaltensweisen, Entdeckungen, körperliche Betätigung, neuartige Umgebungen und frische, neue Erinnerungen stimuliert wird.“[78] Und da unsere Seele ohnehin keinem Alterungsprozeß unterliegt, sind die beiden bis ins hohe Alter ein ganz gutes Gespann, wenn wir das wollen.

Da freut mich natürlich eine Postkarte, die ich von einem Leser aus dem Norden bekam: „*Das letzte Wort hat die Liebe* und *Die Spielregeln* ... schätze mich glücklich, daß beide Bücher zu mir fanden. Starke Motivation für den jetzigen Endspurt meines Erdendaseins. Geboren am 03. 06. 1929 – herzlichen Dank.“

Daß uns heute immer mehr wissenschaftliche Erkenntnisse zur Verfügung stehen, mag dem einen oder anderen helfen, geistige Wahrheiten leichter anzunehmen, als wenn er sie lediglich *glauben* müßte. Bedienen wir uns ruhig der Einblicke, die die Wissenschaft bisher gewonnen hat. Sehen wir sie aber nicht als Beweis dafür an, daß göttliche Weisheiten wohl doch stimmen mögen; diese bedürfen keines Beweises, sondern nur der Mensch, der ihnen noch skeptisch gegenübersteht.

Wenn es nachgewiesenermaßen möglich ist, schon allein durch Veränderungen im Denken und in unserem Umfeld körperliche Reaktionen bis in die Tiefen unserer *Gene* hinein hervorzurufen, um wieviel mehr kann die Christuskraft – die göttliche Energie, die bis in die Tiefen unserer *Seele* strahlt – in uns etwas bewegen!

Wenn Du Deine ersten oder nächsten Schritte machst, dann denke daran, daß das, was Du vorhast, in Einklang mit dem stehen sollte, was Du auch tatsächlich empfindest. Möchtest Du etwas noch nicht wirklich (z. B. jetzt schon mit dem Rauchen aufhören), dann gib dem im Moment auch keine Priorität. Du fällst ansonsten unweigerlich aus Deinem inneren Gleichgewicht, weil Du etwas nur deshalb – und dann auch noch halbherzig – angefangen hast, „weil man das nicht

---

a Genexprimierung = das Realisieren der Information, die in der DNA gespeichert ist. Alles klar?

darf“ oder „weil man es mir gesagt hat“ oder „weil es gesünder ist“ usw. Nichts, was nicht wirklich Dein ureigener Wunsch ist, sollte von Dir angegangen oder umgesetzt werden. (Zur Erinnerung: Du bist ein freies Kind Gottes.) Wenn Du etwas als änderungswürdig oder -bedürftig erkennst und dies auch ändern möchtest, dann mach’ ein neues Denken und Handeln zu *Deinem* Wunsch.

Suche Dir ein nicht ganz so großes Ziel, suche Dir eines, das Du auch erreichen kannst. Und dann freue Dich an den ersten kleinen Erfolgen, und nimm die Kraft aus Deiner Freude als Grundlage für den nächsten, größeren Schritt. Ein „gesundes“ Fortschreiten auf eine nächste Bewußtseins- oder Entwicklungsstufe wird sich nur dann erreichen lassen, wenn von innen etwas Neues wächst, das den Platz dessen einnimmt, was Du freiwillig losgelassen und mit der Kraft der Liebe in Dir umgewandelt hast. So entsteht kein „seelisches Vakuum“, in das die Gegenseite nur allzugerne einstrahlt, wenn Du ihr Gelegenheit dazu gibst[a].

Es geht allerdings auch anders, das will ich nicht verschweigen. Dafür aber braucht man mehr als nur ein bißchen Vertrauen, und es kommt auf das Problem und die Situation an. „Die Wahrheit ist“, schreibt Michele Longo O‘Donnell, „daß wir keinen Neuanfang machen können, unabhängig um welche Phase der Lebenserfahrung es sich handeln mag, bevor wir nicht das Alte übergeben. Hier stehen wir leer und nackt und vertrauen darauf, daß der bleibende Raum mit dem gefüllt wird, was wir uns am meisten wünschen.“[79]

Wenn Deine Liebe zu Gott schon erwacht und gewachsen ist, kann auch dies ein Weg sein; schneller ist er in jedem Fall. Und er ist auch manchmal unumgänglich, z. B. dann, wenn eine schwere Krankheit den Menschen dazu „zwingt“, die bereits erkannte Ursache dafür schnellstmöglichst aus der Welt zu schaffen, indem er beispielsweise die eigene Hand zur Versöhnung reicht oder eine ausgestreckte Hand ergreift. Da sind kleine Schritte nicht am Platze, sie könnten – im wörtlichen Sinne – sogar tödlich sein.

---

a Den Genuß einer Bratwurst zu unterdrücken, obwohl „von unten her noch alles danach ruft“, kann fatale Folgen haben. So etwas endet nicht selten in Fanatismus und Kasteiung. Besser ist es, auch diese angestrebte Veränderung (wie alle) kontrolliert anzugehen, aus Liebe zu Gott und den Tieren.

Der Wunsch nach Wachstum ist in der Seele eines jeden Menschen angelegt, auch dann, wenn dieser Wunsch über viele Inkarnationen nicht durchbricht. Ihn vorsichtig und im Sinne der Liebe gesetzmäßig zu fördern, bedeutet, sich selbst einen guten, den richtigen Dienst zu erweisen. Das gilt ebenso für den Fall, daß wir einem anderen helfen, insbesondere dann, wenn dessen Wachstum viel länger dauert, als wir – sein Helfer und Begleiter – uns das vorstellen oder wünschen. Auch die Geduld ist eine Tugend Gottes und somit in uns angelegt. Vielleicht müssen wir sie noch ein bißchen entwickeln?

Das zuvor Gesagte ist etwas Grundsätzliches, was gleichzeitig bedeutet, es nicht wortwörtlich, sondern im übertragenen Sinne zu verstehen. Es gibt ganz sicher Situationen, in denen es nicht angebracht ist, kleine Schritte zu machen: Anstatt sich – wie in der letzten Woche siebenmal – in dieser Woche nur noch sechsmal zu betrinken, wäre nicht der empfehlenswerte Weg. Deshalb bitte ich auch darum, in die Worte hineinzuspüren, den Sinn darin zu finden und das, was gemeint ist, darin zu lesen. Es bedeutet auch nicht, daß Gott nicht an dem ein „Wunder“ bewirken kann, der – weil er vielleicht mit dem Rücken zur Wand steht und nicht mehr ein noch aus weiß – aus tiefster Not einen Hilfeschrei zu Ihm schickt. Die Liebe hat unendlich viele Möglichkeiten, ihren Kindern zu helfen.

Nur: *Ich bin halt so, wie ich bin* – ein gern gebrauchter Satz mit großer Bremswirkung in bezug auf die eigene Entwicklung –, wird nie als Grundlage dafür dienen können, dem Leben den notwendigen Anstoß für einen Richtungswechsel zu geben. *Ich bin* *n o c h* *so*, das hört sich besser an. Man sieht geradezu, wie der Blick nach vorne und nach oben geht ...

Auf Dauer kommt man sowieso nicht mit einer Ich-bin-halt-so-Haltung durch. Das mag viele, viele Jahre gutgehen, jedoch das Schicksal, das Leben, in Wirklichkeit aber Gott wird Mittel und Wege finden, Sein Kind zum Nachdenken zu bringen – im Interesse der Entwicklung Seines Kindes und nicht, weil Sein Geduldsfaden gerissen ist. Gerade dann, wenn man sich davor drückt, seine Lernaufgaben in der Schule des Lebens zu machen, verstärkt sich die Notwendigkeit, daß diese Aufgaben in Erscheinung treten. Geht man dann mit Erkenntnis, Entscheidung und der Bitte um Hilfe (die nicht verweigert wird) die Aufgabe an und löst sie, läßt der Druck nach, er schwindet und weicht einer bis dahin vielleicht noch nicht gekannten, inneren Sicherheit und Freiheit.

Dieser Weg, den Gott immer und grundsätzlich für jeden vorgesehen hat, ist in Seiner Liebe zu uns begründet[a]. So wird jeder, seinem Ja und seiner Hingabe oder seinem Zögern und seinem Zaudern entsprechend geführt und schließlich wieder nach Hause kommen. Die Innere Arbeit dient lediglich dazu, die ausgestreckte Begleiterhand auf diesem Weg zu ergreifen und sich führen zu lassen. Dann wird der Weg deutlich leichter. Ehrlich.

Mit anderen Worten ausgedrückt: Wenn wir den LOTSEN an Bord lassen, wird die Fahrt ruhiger und weniger gefahrvoll, als wenn wir uns den Weg durch uns unbekanntes Gewässer selbst suchen. Der LOTSE ist der einzige, der um alle aufziehenden Unwetter, lauernden Feinde, Sandbänke und Risiken weiß.

Christus selbst hat es in einer Offenbarung vom Oktober 2006 so ausgedrückt:

„Diese Liebe möchte der Lotse eures Lebensschiffes sein, und sie wird es sein, wenn ihr diesen Lotsen an Bord bittet. Ich gebe euch dazu ein Bild: In dem Moment, wo ihr als Seele diese Erde betratet, habt ihr den sicheren Hafen verlassen. Und ihr seid nun auf dem Meer und steuert euer Ziel an. Bei dieser Fahrt erwarten euch viele Gefahren, die ihr nicht kennen könnt, die Ich aber, da Ich die Übersicht habe, kenne. Ich weiß, welche Stürme sich zusammenbrauen. Ich kenne die Untiefen, und Ich kenne die Klippen, und Ich Bin der einzige, Der den Weg mit allem, was er darstellt, überschaut.“[80]

---

a Daß wir das nicht immer so sehen, dafür wird Er – vermute ich mal – Verständnis haben. Aber Sein Gesetz ändert Er deshalb trotzdem nicht.

11. Eine ungeliebte Wahrheit: innen prägt außen

Wenn Ordnung und Frieden im Göttlichen normal sind, dann ist die Abwesenheit dieser Ordnung Leid. Daraus folgt, daß die zu Frieden führende Wiederherstellung der Ordnung verursacht, daß jegliche Krankheit verschwindet. Dies ist vergleichbar mit Dunkelheit, die verschwindet, wenn wir das Licht anmachen.

Michele Longo O'Donnell in „Der Himmel in Dir"

Das, was Michele Longo O'Donnell in dem Wort, das diesem Kapitel vorangestellt ist, kurz und knapp ausdrückt, ist von z e n t r a l e r Bedeutung. Treffender kann man in drei Sätzen nicht sagen, „wie die Welt funktioniert", und wie Fehlfunktionen wieder auf die Reihe gebracht werden können. Sie, eine ehemalige Krankenschwester und heute Leiterin eines alternativen Gesundheitszentrums in Amerika, hat in der zitierten Aussage den gesundheitlichen Aspekt in den Vordergrund gestellt. Wenn wir das Wort „Krankheit" ersetzen bzw. es unter den Begriff „Disharmonie" stellen, dann liegt damit eine universelle Lösung für alle Probleme persönlicher und zwischenmenschlicher Art vor uns. Das Wort „Ordnung" sollte uns nicht stören[a], denn die Ordnung ist eine göttliche Eigenschaft, die auch in uns liegt und – falls dieser Schatz nicht schon an die Oberfläche gehoben worden ist – darauf wartet, daß wir es tun.

Im Gefolge der Ordnung finden sich ihre Brüder (Wille und Ernst) und Schwestern (Weisheit, Geduld, Liebe und Barmherzigkeit). Sie alle zusammen machen unser göttliches Erbe aus, das, was den verlorenen Sohn oder die verlorene Tochter erwartet, wenn der Vater ihn oder sie wieder in die Arme schließt.

Einen kleinen Teil dieses Erbes dürfen wir hier auf Erden schon genießen. Es sind die Früchte unserer Inneren Arbeit, die sich auf

a Zu vermuten ist jedoch, daß „Ordnung" gerade bei denen Einwand und Widerspruch hervorrufen wird, die sie bitter nötig hätten.

vielerlei Weise zeigen und uns als Folge unseres Bemühens und unserer Liebe geschenkt werden. „Nachdem so viele Wegweiser zum Himmel jenseits des Grabes geschrieben worden sind, schreibe ich eine Anweisung, den Himmel auf Erden zu finden“, so heißt es bei dem schon oft und gerne erwähnten Christian Gotthilf Salzmann; und mit dem ihm eigenen Humor fährt er fort: „Dies Unternehmen kann, wie ich hoffe, niemandem mißfallen.“ Auch seinem Vorschlag: „Man mache den Versuch, nach der Anweisung, die hier gegeben wird, den Himmel auf Erden zu suchen, und urteile dann!“ schließe ich mich an.[81]

Entscheidungen, die wir treffen, und Handlungen, die wir ausführen, hinterlassen – wie wir schon wissen – auf den verschiedenen Ebenen unseres Seins ihre Spuren, positive ebenso wie negative. Da wir uns ja zum Guten hin verändern wollen, interessieren uns an dieser Stelle nur die positiven. Mit den Daseinsebenen ist zum einen unsere spätere seelisch-geistige gemeint, zum anderen unsere jetzige menschliche. Das, was nachkommt, haben wir schon betrachtet; jetzt schauen wir darauf, was sich im Hier und Jetzt verändern kann und wird, wenn wir es nur einigermaßen richtig anstellen.

Unser menschliches Dasein stellt sich zwar hauptsächlich im Äußeren dar, spielt sich aber maßgeblich im Inneren ab. Mit „Inneren“ meine ich zuerst einmal unsere Gefühlswelt, unser Empfinden und Denken, unsere Vorstellungen, Ängste, Wünsche und sehr viel mehr, all das, was allgemein mit Psyche bezeichnet – und sehr ungenau – mit Seele übersetzt wird. Auch unsere „richtige“ Seele ordnen wir jetzt einmal – ebenfalls ungenau – dem Bereich des Inneren zu.

„Die Umgebung“, schreibt Dawson Church in *Die neue Medizin des Bewußtseins*, „die Gene aktiviert, umfaßt sowohl die *innere* Umgebung – die emotionale, biochemische, mentale, energetische und spirituelle Landschaft eines Menschen – als auch die *äußere* Umgebung“, womit er das soziale Netz und die ökologischen Systeme meint, in denen ein Mensch lebt.[82]

Die Auswirkungen dessen, was im Inneren vor sich geht, spiegeln sich im Äußeren. Treffend bemerkt Paul Schmitt dazu, daß sich unsere Lebensumstände vollständig nach unserer Gesinnung formen:

„Wenn sich also Strukturen gebildet haben, die krankmachend, lebensfeindlich, ungerecht und zerstörerisch wirken, so konnten diese nur entstehen, weil wir Menschen sie mehrheitlich in unserer Gesinnung tragen, sie also gedanklich und durch unsere Einstellung in die Welt gesetzt haben, nicht umgekehrt!“[83] Diese klare Direktheit wird nicht jedermanns Sache sein, aber Schmitt trifft damit ins Schwarze.

Michele Longo O‘Donnell drückt dies aus persönlicher Sicht so aus: „Aus meiner eigenen Erfahrung kann ich sagen, daß ich weiß, daß die Geburt meiner Tochter, die von so vielen physischen Problemen überschattet war, ein direktes Ergebnis des absoluten Chaos und der Verwirrung meiner eigenen Gedanken und meines Lebens zu jener Zeit war. Als ich begann, Ordnung und Frieden in meinem Geist und in meinem Herzen wahrzunehmen, wandelte sich auch das äußere Bild.“[84] Beifall für diese Offenheit.

Wenn wir von Auswirkungen im Äußeren sprechen und dabei nicht gleich die große Welt, sondern erst einmal unsere kleine Person im Auge haben, so denken wir zuerst an Gesundheit oder Krankheit; doch es zählt auch dazu, ob wir Freunde haben, uns in unserem sozialen Umfeld wohlfühlen, in einer glücklichen Ehe oder Partnerschaft leben, ob andere gerne den Umgang mit uns pflegen, ob man uns achtet und anerkennt, ob wir uns unseren Nächsten gegenüber ebenso verhalten und vieles mehr.

- Fühlen wir uns bei dem, was wir tun, wohl?
- Sind wir einig und im reinen mit uns selbst?
- Ruhen wir in uns selbst?
- Sind wir auf dem laufenden, oder haben wir noch „Leichen im Keller“?
- Lieben wir uns?
- Strahlen wir schon die Ruhe und Gelassenheit aus, die wir uns wünschen?
- Haben wir uns innerlich freigeschwommen von anerzogenen, aufgesetzten Meinungen und Glaubenssätzen, die wir – vielleicht schon längst – als falsch erkannt haben?

- Hat unser Bemühen uns schon so viel an Geborgenheit und Vertrauen eingebracht, daß wir freudig und angstfrei durch den Tag gehen können?
- Beherrschen wir „den aufrechten Gang“ schon?
- Kennen wir uns selbst so gut, daß wir uns nichts mehr vormachen können?
- Wissen wir nach relativ kurzer Zeit, wo das Problem unseres Nächsten wirklich liegt, der uns um Rat und Hilfe bittet?

Um diese Fragen und weitere, die man gar nicht alle aufzählen kann, einmal mit ja beantworten zu können, brauchst Du keine teuren Psycho-Seminare zu besuchen[a]. Das ist die gute Nachricht. Noch eine gute: Der Erfolg stellt sich mit Sicherheit ein, wenn Du es von Herzen möchtest. Und das ist auch gleichzeitig „der Haken an der Sache“: Die Entscheidung mußt nämlich *Du* fällen, keiner kann sie Dir abnehmen, auf keinen kannst Du sie abwälzen – und daher auch später keinem, außer Dir selbst, eine irgendwie geartete Schuld geben.

Die Veränderungen spürst nicht nur Du in Deinem Inneren, sie machen sich natürlich auch im Äußeren bemerkbar und bleiben auch Deinen Mitmenschen nicht verborgen. Sie *können* (vorsichtig ausgedrückt, weil ich kein Heilversprechen abgebe) auch körperliche Auswirkungen haben, auf die wir gleich zu sprechen kommen, und es ist mehr als wahrscheinlich, daß sich in Deinem Umfeld einiges bis vieles zum Besseren hin entwickeln wird. Es ist eigentlich unvorstellbar, daß so etwas nicht geschehen wird, weil immer nur durch uns selbst die Lebensumstände verhindert werden, die der Himmel – eigentlich – für uns vorgesehen hat. Räumen wir die Hindernisse an die Seite, beginnt die Liebeenergie in verstärktem Maße zu fließen und berührt unser ganzes Leben. Wann und in welchem Umfang das geschehen wird, das können wir getrost Ihm überlassen.

Würde es bei Dir ausnahmsweise anders sein, als ich es gerade aufgezeigt habe, dann hätte Er Seinen ersten Fehler gemacht ...

---

a Vielleicht hast Du das meiste oder alles schon geschafft und liest das Buch einfach so aus Freude. Dann reiche ich Dir meine Hand und freue mich mit Dir.

Wie oft schon haben wir gehört oder gelesen, was für eine immense Kraft unseren Gedanken und Vorstellungen innewohnt. Gehört, gelesen, bejaht, abgelegt, zur Tagesordnung übergegangen. Kann man das nach der folgenden, wahren Geschichte immer noch?

Es handelt sich dabei um ein Erlebnis, dessen Zeuge Hans Werner Woltersdorf als Rekrut während des 2. Weltkriegs war, und das er in seinem Buch *Aufbruch in neue PSI-Dimensionen* wiedergibt. Einer seiner Kameraden (D.), dem die Grundzüge der Hypnose vertraut waren, führte während verschiedener Hypnosesitzungen bei einem anderen (T.), der sich gut als Medium eignete, Experimente durch. Nach einigen harmlosen Kunststückchen steigerte sich die Sache mehr und mehr:

„D. nahm tatsächlich eine Exerzierpatrone, hielt sie T. vor die Augen und sagte: ‚Eine Eckstein, siehst du sie?' Das war eine damals vielgerauchte Zigarettenmarke. T. nahm sogleich, nichts Gutes ahnend, eine Abwehrstellung ein, wich zurück, aber da hatte D. ihm bereits die Exerzierpatrone gegen den Oberarm gedrückt. Höchstens eine halbe Sekunde dauerte die Berührung. T. schrie auf, drohte über D. herzufallen, war dann aber doch zu sehr mit seiner Verbrennung beschäftigt und zeigte uns, was D. mit ihm gemacht hatte. Verbrannt. Aus dem Fleck entwickelte sich rasch eine Brandblase, **eine echte Verbrennung von der Berührung mit einer kühlen Patronenhülse** (Hervorhebung durch mich.) Hiernach wurde uns recht mulmig zumute. Auch D. ... gab weitere Experimente auf."[85]

Soviel zur Kraft von Gedanken und Vorstellungen! Ähnliche Versuche wurden schon oft gemacht, immer mit dem gleichen Ergebnis; nachzulesen in der entsprechenden Literatur.

Der Schritt hin zur Epigenetik, von der vorhin bei Dawson Church schon kurz die Rede war, ist nur ein ganz kleiner, auch wenn ein paar Jahrzehnte dazwischen liegen. Die Epigenetik ist eine neue Disziplin, ein Spezialgebiet der Biologie. Sie räumt mit der alten und falschen Vorstellung auf, die Gene seien starr, unveränderbar und würden weitgehend unser Wesen bestimmen und im schlimmsten Fall unseren Lebensweg, im allerschlimmsten Fall sogar unser Schicksal.

„Die Erkenntnis, daß unsere Genaktivitäten großenteils von Faktoren außerhalb unserer Zellen beeinflußt werden, kehrt das Dogma des genetischen Determinismus[a] radikal um, das ein halbes Jahrhundert lang behauptete, unsere Gene steuerten unser Sein und unser Handeln. Die Forschung zeigt nun, ... daß unser Bewußtsein eine entscheidende Rolle spielt.“[86]

Die Beweise für den Irrtum der Genwissenschaft liegen seit Jahren vor, sie wurden durch die Epigenetik erbracht. Aber viele hängen der alten, überholten Sichtweise noch an. Daher käme es auch, schreibt Bruce Lipton[b] im Vorwort zu Robert M. Williams *Psych-K*, daß wir uns – immer noch – nicht nur als Opfer der Vererbung empfinden, „sondern auch ohnmächtig, das uns auferlegte Schicksal zu wenden. Wenn wir die Rolle des hilflosen Opfers einnehmen, könnten wir uns dazu berechtigt fühlen, die Verantwortung für unsere körperlichen und geistigen Beschwerden abzugeben. Unglücklicherweise führt dieser Akt der Verdrängung zu ungeheurem menschlichen Leid.“[87]

Als Begründung für die Ausrede: „Ich bin halt so, weil Vater, Mutter, Großvater, Großmutter ...“, sind die Gene nicht mehr zu gebrauchen – auch wenn das viele noch nicht wahrhaben wollen. Die Erkenntnisse geben aber denen, die etwas verändern möchten, handfeste und unwiderlegbare Argumente dafür an die Hand[c], daß sich eine „innere Bewegung“ doch lohnt.

Vielleicht fragst Du Dich gerade, ob wir vom Thema unserer Inneren Arbeit abgekommen sind. Sind wir nicht. Aber dieser kleine Gen-Umweg scheint mir nötig zu sein, um etwas zu untermauern, das nicht jedem sofort ins Auge sticht. Wenn nämlich schon allein eine Änderung des Denkens ausreicht, um eine Änderung im Materiellen zu veranlassen – **ohne daß dabei auch nur im Entferntesten Glaube, Religion, Gott oder eine unendliche Liebekraft ins Spiel gebracht wird** –, um wieviel mehr muß möglich sein und ist möglich, wenn ein weiteres Element hinzukommt: die allmächtige Kraft der selbstlosen und bedingungslosen Liebe.

---

a Determinismus = Lehre von der kausalen (Vor)bestimmtheit alles Geschehens

b Bruce Lipton, Biologe und Autor des Buches *Intelligente Zellen*, der im letzten Jahr für sein Werk in Amerika den „National Book Award“ erhielt.

c ... und das auf der Basis anerkannter, seriöser Forschung!

„Wenn ich Patienten bitten würde, die Werte ihrer Immunglobuline oder Killer-T-Zellen zu erhöhen, dann wüßten sie nicht, wie. Doch wenn ich ihnen beibringen kann, sich selbst und andere ganz zu lieben, dann ändern sich die Werte automatisch. Die Wahrheit ist: Liebe heilt“, schreibt Dr. Bernie Siegel in *Prognose Hoffnung. Liebe, Medizin und Wunder.*[88]

Es muß nicht immer gleich das Non plus ultra[a] sein, das wir glauben, anstreben oder erfüllen zu müssen; alleine schon die ersten Versuche, die mehr als eine Absichtserklärung sind, sich in diesem oder jenem Punkt anders zu verhalten als bisher, bringen positive Veränderungen. „Aber wieso?“ wirst Du vielleicht fragen. „Ich habe doch von Christus nichts gewußt bzw. Ihn in meinen Prozeß überhaupt nicht mit einbezogen.“ Die Antwort ist so einfach:

Alles Tun, dem eine gute Absicht zugrunde liegt, trägt die Schwingung der Liebe in sich und wird, ob wir das wissen oder nicht, von der Liebe unterstützt. Diese Gesetzmäßigkeit gilt in der gesamten Schöpfung und auf unserer Erde für jeden Menschen, gleich welcher Rasse, Kultur oder welchem Glauben er angehört.

Kann man als Atheist oder Angehöriger einer nicht-christlichen Religionsrichtung Christ sein? Aber natürlich, wenn man darunter versteht, ein Leben in Liebe zu Gott und seinem Nächsten anzustreben. Vor jedem, der diesen Weg ehrlich und aufrichtig geht, wird Christus einmal stehen. Und der Wanderer wird in Ihm d e n erkennen, dem er – vielleicht ohne es zu wissen – ein Leben lang gefolgt ist.

Das verstehe ich unter einer Liebe, die für a l l e da ist und die keinen bindet. Ich wandle „meinen“ Salzmann ein wenig ab und sage: „Dies ... kann, wie ich hoffe, niemandem mißfallen.“

Je bewußter, ehrlicher und ernstgemeinter wir uns dieser Liebe zuwenden mit dem Wunsch, sie zu leben, mit ihr zu leben, um so mehr wird sie uns helfen und tragen. So ist, unter Einbeziehung unserer Willensfreiheit, das Wort zu verstehen: „Wer dem Gesetz dient, dem dient das Gesetz.“

*

---

a Non plus ultra = Nicht darüber hinaus

Doch zurück zur Genforschung, der wir uns noch ein wenig widmen sollten, um unser Fundament für den Rest des Buches unerschütterlich-stabil zu bauen. Während verschiedener Bewußtseinszustände (dazu gehören Wachen oder Schlafen, starke emotionale Erregung, Distreß oder Eustreß[a]) werden verschiedene Genmuster exprimiert[b]. „Sie stellen eine Verbindung zwischen unseren Gedanken und unserem Körper her", ist bei Dawson Church zu lesen, „zwischen der Biologie und der Psyche, und sind ein wichtiges Teilchen in dem Puzzle, wie psychische Zustände unseren Körper beeinflussen können und umgekehrt. Sie erklären auch, warum Psychotherapie, Gebete, Gottesdienstbesuche und gesellschaftliche Rituale sich positiv auf unser körperliches Wohlbefinden auswirken können."[89]

Die Wissenschaft hat lange gebraucht, bis sie zu der Erkenntnis gelangte, daß etwas so Immaterielles wie eine Überzeugung sich körperlich manifestieren kann als positive oder negative Veränderung in unseren Zellen. Nun hat sich herausgestellt, daß diese nicht-materiellen Faktoren Gesundheit und Lebensdauer drastisch beeinflussen können.

Eine Studie von Dr. Gail Ironson, Forscherin und Professorin für Psychologie und Psychiatrie in der *University of Miami*, zeigte ein bemerkenswertes Ergebnis. Sie ermittelte vier Jahre lang verschiedene Gesundheitsindikatoren bei HIV-Patienten. In ihren Untersuchungen stellte sie fest, daß es zwei besonders interessante Charakteristika gab, die Voraussagen darüber ermöglichten, wie rasch die AIDS-Erkrankung bei den Versuchspersonen fortschreiten würde. Das erste dieser Merkmale war, wie die Patienten das Wesen Gottes sahen: Glaubten sie an einen strafenden oder an einen gütigen Gott? Das andere Merkmal war, ob die Teilnehmer eine persönliche Beziehung zu Gott hatten oder nicht. Dr. Ironson faßte ihre Untersuchungsergebnisse so zusammen:

„Wenn Sie glauben, daß Gott Sie liebt, so ist das ein Faktor, der enormen Schutz bietet, einen noch stärkeren Schutz als eine niedrige Punktzahl bei Depression oder eine hohe bei Optimismus. Der Glau-

---

a Distreß = negativer, krankmachender Streß, Eustreß = positiver, aufbauender Streß

b ausgedrückt, hervorgerufen

be an einen wohlwollenden Gott schützt Sie bereits, doch eine hohe Punktzahl bei der *personifizierten* Aussage: ‚Gott liebt mich' ist noch stärker."[90]

Church schreibt dazu, daß unglücklicherweise weit mehr Amerikaner an einen strafenden und rächenden Gott glauben als an einen gütigen, und gibt dann den Rat: „Weil unsere Sichtweise von Gott sich so massiv auf unsere Gesundheit auswirkt, lohnt es sich, unsere eigenen Überzeugungen zu überprüfen und sie, wenn unsere religiöse oder spirituelle Orientierung eine solche Neueinstellung gestattet, in die liebevollste Sichtweise zu verwandeln, zu der wir imstande sind."[91]

Und an anderer Stelle seines hochinteressanten Buches redet er dem Leser ein bißchen ins Gewissen: „Wenn Sie verstehen, daß Sie *mit jedem Gefühl und Gedanken in jedem Moment Ihre eigenen Zellen epigenetisch steuern*, dann können Sie sofort den „Taktstock" in die Hand nehmen – für mehr Gesundheit und Glücksgefühl, und dies bewirkt einen himmelweiten Unterschied in Ihrem Leben. Wie Sie dieses Wissen umsetzen, das kann darüber entscheiden, ob Ihre ureigene Symphonie früh und dissonant endet, oder ob Sie bis zu einem langen Finale wunderbare Musik machen."[92] Herrlich!

Was Church und Lipton nicht bedacht oder vermittelt haben, ist ein überaus wichtiger und interessanter Gesichtspunkt, der mit der Weitergabe unserer Gene an unsere Kinder zusammenhängt. Wenn wir als Neugeborenes in die Welt kommen, tragen wir die Gene unserer Eltern in uns, kombiniert mit unseren Seeleneigenschaften. Dieser Mix ist das, auf dem wir aufbauen, es sind unsere Startbedingungen für dieses Leben. Je schwieriger sie sind, um so mehr Arbeit haben wir vor uns – eine Arbeit, um die wir wußten, und zu der wir ja gesagt haben.

Alles ist Evolution, im großen wie im kleinen. Was Deine/meine Eltern sich „erarbeitet" haben, hat ihre Gene beeinflußt, die sie an uns, *ihre* Kinder weitergegeben haben. Was wir wiederum, aufbauend auf dieser Grundlage, an *unsere* Kinder weitergeben, erleichtert oder erschwert deren seelische Reife. Unser Vorbild, unsere liebevolle, konsequente Erziehung kann und wird ihnen Hilfe sein, ihr Potential zu entdecken und „mit ihren Pfunden zu wuchern". Auch auf diese Weise wird Entwicklung kontinuierlich gefördert und voranschreiten, oder sie wird – gestört und behindert durch die Gegensatzkräfte – zum Stillstand kommen, oder es tritt gar ein Rückschritt ein.

*

Wenn wir nach diesem kleinen Ausflug in die Epigenetik verstanden haben, daß jeder einzelne von uns sein eigenes mentales Umfeld hat und daran ständig arbeitet, und daß sich Veränderungen darin innerhalb von Sekunden auf die Gene auswirken, dann verhilft uns das zu einem aufregenden, neuen Gewahrsein, wie sehr wir unser Wohlbefinden steuern können – und über unser momentanes Befinden hinaus unser Leben mit seinen zahlreichen Aspekten, unser Schicksal schlechthin und schließlich unser weitaus intensiveres Leben in einer anderen Dimension.

Die Beweisaufnahme ist abgeschlossen. Daß unsere Empfindungen, Gefühle und Gedanken die immaterielle Quelle sind, aus der heraus das Verhalten unserer Gene und ihre Veränderungen gesteuert werden, darüber kann es keinen Zweifel mehr geben; auch nicht darüber, wer für das, was aus der Quelle sprudelt, verantwortlich ist. Wir haben, so könnten wir es ausdrücken, die Schnittstelle gefunden, durch die etwas Unsichtbares, nicht Greifbares hindurchgeht, um auf der anderen Seite als Sichtbares, Körperliches ins materielle Leben zu treten. Seit einiger Zeit weiß die Wissenschaft auch, wie das vor sich geht. Sie kann die einzelnen Schritte nachvollziehen. Richtiger wäre: fast nachvollziehen –, denn von den Sphären, die wiederum auf unsere Gefühlswelt energetisch einwirken und von den Kräften, die daran ihren Anteil haben, weiß sie (so gut wie) nichts.

Runden und schließen wir dieses Thema mit dem ab, was wir über die Schnittstelle wissen, und was beim Durchgang durch sie geschieht.

„Während wir unsere Gedanken denken und unsere Gefühle empfinden, reagiert unser Körper mit einem komplexen Spektrum von Änderungen. Jeder einzelne Gedanke oder jedes einzelne Gefühl setzt eine bestimmte Kaskade von biochemischen Stoffen in unseren Organen frei.“[93]

„Zwei Systeme hat die Natur herausgebildet, um der Wichtigkeit dieser Aufgabe gerecht zu werden: das *endokrine*[a] System (als Einbahnstraße mit Rückkopplung) und das *Nerven*system (mit Hin- und Rückverkehr). Die Kommunikationsweise über das endokrine System basiert auf chemischen Botenstoffen, den Hormonen, die an den Blutkreislauf abgegeben werden.

Das Nervensystem ist die zweite Schiene, der sich das Gehirn zum Nachrichtenaustausch bedient. Während sich Hormone prinzipiell über die Blutbahn im ganzen Körper verteilen und ihre Wirkung oft weit entfernt von dem Ort entfalten, an dem sie hergestellt wurden, werden die Signale im Nervensystem von Nervenzelle zu Nervenzelle weitergegeben.

Ein komplettes Netzwerk aus Nervenzellen sorgt dafür, daß Signale bis in den letzten Winkel des Körpers gelangen. Da jedoch die wenigsten Nervenzellen über die gesamte Strecke vom Gehirn bis zur Zielzelle reichen, gibt es unterwegs immer wieder Schaltstationen, die den elektrischen Kontakt zwischen den Zellen herstellen. Im Nervensystem viel verbreiteter aber sind Kontaktstellen, an denen die Informationsübertragung über ein chemisches Signal abläuft. Diese Aufgabe übernehmen die Neurotransmitter[b].

Candace Pert, Beinahe-Nobelpreisträgerin der Chemie, meint dazu in ihrem Buch *Moleküle der Gefühle*: ‚Jeder Mensch hat seine eigene natürliche Pharmakopöe [amtl. Arzneibuch] – ein erlesenes Angebot an Arzneimitteln zum Nulltarif. Er kann alle Wirkstoffe herstellen, die erforderlich sind, um den Körpergeist in genau der Weise zu steuern, wie seine Funktionen in endlosen Zeiträumen der Evolution konzipiert wurden.‘ Über die feinsten Kanäle werden die Hormone, körpereigenen Drogen, Neurotransmitter, Interleukine, Cytokine und wie sie alle heißen, an die entsprechenden Stellen geschickt. Dort beginnen sie mit ihrer Arbeit, die vielerlei Gesichter haben kann – auch die Gesichter von Krankheit und Heilung.“[94]

---

a endokrin = Hormone absondernd

b Neurotransmitter = heterogene, biochemische Stoffe

Für den, der es noch ein bißchen detaillierter haben möchte: Jede unserer etwa 100 Billionen Zellen hat eine Zellmembran, auf deren beider Seiten sich Eiweißmoleküle (Proteine) befinden. Die auf der äußeren Zelloberfläche „sprechen auf äußere Einflüsse an, darunter auch auf biochemische Veränderungen im Körper, ausgelöst durch verschiedenartige Gedanken und Emotionen.“[95] Diese äußeren Proteine (Rezeptoren), wiederum beeinflussen die inneren Proteine, indem sie die räumliche Ausrichtung der Moleküle verändern. Über einen weiteren komplexen Mechanismus kann dies schließlich dazu führen, daß die Zelle Signale aufnimmt, die dafür sorgen, daß sich die Eiweißhülle um die DNS[a] (auch DNA) löst. Eine Krankheit (*„völlig unerklärlich, kam wie aus dem heiteren Himmel auf mich zu, ich bin doch so ein positiver Mensch, und an Gott glaube ich auch“*) ist die Folge bzw. kann die Folge sein.

„Zwei Menschen“, schreibt Dawson Church, „können eine identische Gensequenz für eine bestimmte Krankheit in ihren Zellen kodiert haben. Die Überzeugungen des einen liefern die Signale, daß sich die Proteinhülle löst und das Gen aktiviert wird – die Ansichten der anderen Person nicht.“[96] Auf gut Deutsch: der eine wird krank, der andere nicht. Gen-Ausrede ade.

Vor vielen Jahren habe ich einmal einen phantastischen Satz gelesen – weiß leider nicht mehr, wo –, der lautete sinngemäß: **Einmal wird die Zeit kommen, da die seelischen Ursachen unserer Krankheiten allgemein bekannt und anerkannt sind. Und dann wird keiner mehr gerne über seine Krankheiten sprechen wollen, wie das heute noch gang und gäbe ist: Er wäre wie ein offenes Buch.**

*

Wer aber gibt die Impulse an das Steuerungsorgan Gehirn, den richtigen „Chemiemix“ auf die Reise durch unseren Körper zu schicken? Wenn wir jetzt glauben, es uns leicht machen zu können, indem wir antworten: „Es ist das Bewußtsein“, dann müssen wir die Frage ab-

---

a DNS = Desoxyribo-Nuklein-Säure, im Zellkern befindliches Erbmaterial der Zellen gewandelt neu stellen: Und wem untersteht unser Bewußtsein? Wem gehört es? Wer prägt es? Prägen wir es selbst, oder lassen wir es prägen?

Wenn unsere Wahrnehmungen, unsere Gefühle und Gedanken von Botenstoffen getragen werden, die erst durch unsere Wahrnehmungen, Gefühle und Gedanken ins Leben gerufen werden, kann man es doch auch so formulieren: Diese Botenstoffe sind das materielle Produkt eines rein geistigen Vorgangs. Etwas Immaterielles, geboren aus unserem Bewußtsein, veranlaßt durch das Gehirn, ausgeschüttet durch eine Drüse, ist zu Materie geworden. Die Botenstoffe funktionieren dabei gewissermaßen als Wörter und Sätze, aus denen Zellen, Gewebe und Organ entnehmen können, was sie zu tun haben. Und es dann auch tun.

Ziehen wir ein Resümee aus diesen Überlegungen: Sowohl unser endokrines als auch unser Nervensystem wird nicht nur nach den Erfordernissen der Natur in Gang gesetzt, sondern ununterbrochen durch uns selbst. Wir sind es, die uns steuern. Auch dann, wenn andere Kräfte unsere Richtung vorgeben, sind es im Grunde genommen doch wir selbst. Denn wir haben dies zugelassen.

Wenn das kein Stoff für weitere Betrachtungen ist ...!

12. Schatzgräber

Man würde ihm gerne zurufen: „Du Esel! Schau doch, was dich festhält!“
Wenn er wenigstens auf die Idee käme, sich umzudrehen,
wäre es ein Leichtes für ihn freizukommen. Aber er ist wie vernagelt.
Er wird weiter und immer weiter ziehen mit blinder Sturheit.“

Mirsikarim Norbekov in „Eselsweisheit“

Michelangelo, dem berühmten ital. Bildhauer, Maler und Dichter (1475 – 1564), wird folgende Geschichte zugeschrieben:

> Michelangelo wurde eines Tages von einer reichen Familie beauftragt, eine Statue zu schaffen, die sie später einmal an ihren Sohn David erinnern sollte. Daraufhin suchte Michelangelo nach einem geeigneten Marmorblock, den er schließlich in einer Seitenstraße in Florenz fand. Anscheinend lag er schon lange da und war vergessen worden, denn er war vollkommen von Unkraut überwuchert und als Marmor beinahe nicht mehr zu erkennen.
> Nachdem er den Block in sein Atelier hatte bringen lassen, begann er damit, die Statue des David aus dem Stein zu hauen. Dafür brauchte er zwei Jahre; und zwei weitere Jahre dauerte es, bis er sie durch Schleifen und Polieren so weit fertiggestellt hatte, daß sie seinen Vorstellungen genügte.
> Zur feierlichen Enthüllung der Statue waren viele Menschen gekommen. Sie bewunderten die unvergleichliche Schönheit des David und fragten den Meister, wie es ihm denn möglich gewesen sei, aus einem schmutzigen, unansehnlichen Stein eine so wunderschöne Statue herauszumeiseln.

> Michelangelo antwortete ihnen: „Der David ist immer schon da gewesen. Aber es war vieles um ihn herum, das ihn daran hinderte, hervorzutreten und sichtbar zu werden. Ich habe lediglich alles Überflüssige, alles, was den David verdeckte, entfernt."

Diese kleine Parabel bzw. ihren Sinngehalt auf uns zu übertragen, fällt nicht schwer. Jeder von uns gleicht einem Marmorblock, der – schon mehr oder weniger behauen – einen wunderschönen David in seinem Inneren verbirgt. Alles, was wir uns wünschen, einmal zu werden, ist schon vorhanden. Alles, was uns später einmal an Kraft, Schönheit, Weisheit und Liebe auszeichnet, ist schon da. Alle versunkenen Schätze in allen Meeren der Welt sind nichts gegen den Schatz, der in uns verborgen ist.

Ich könnte mir denken, daß die Vorstellung, nichts Neues schaffen zu müssen, sondern das vorhandene Juwel nur von dem darüberliegenden Unrat befreien zu müssen, so manchen erleichtert aufatmen läßt. Und es entfällt auch eine aufwendige Suche, um erst einmal die Stelle ausfindig zu machen, an der gegraben werden muß. Wir brauchen uns noch nicht einmal zu bewegen, um an diesen Ort zu gelangen. Wir schließen nur die Augen, werden für einen Moment stille, richten unsere Empfindungen und Gedanken nach innen – und schon sind wir da.

Im Prinzip ist es wirklich so einfach, nur daß wir selbst jetzt – nachdem wir wissen, wo sich der Schatz befindet – ihn nicht sogleich freilegen können. Vielleicht schimmert schon ein bißchen von seiner Schönheit durch, weil wir bereits angefangen haben, Geröll und Unrat zu beseitigen; dann freuen wir uns, denn wir müssen nicht mehr nur glauben, daß wir ein Kleinod in uns tragen, wir *wissen* es bereits. Und wir müssen anderen nicht mehr nur darüber erzählen, wir können schon ein wenig davon vorzeigen.

Doch es bleibt zweifellos noch einiges zu tun, um noch näher an den Schatz – unser göttliches Erbe – heranzukommen. Das wird dann nicht schwerfallen, wenn und weil wir uns zum einen der Liebekraft in uns bedienen, die uns den größten Teil unserer Arbeit abnimmt, und wenn wir zum anderen wissen, wo wir auf Schwierigkeiten stoßen können oder werden, wie diese Hindernisse aussehen, und wie man sie an die Seite räumen kann.

Was dem ungehinderten Blick auf unsere Kostbarkeit noch im Wege steht und den Zugang zu ihr erschwert oder verwehrt, sind Barrieren und Behinderungen, die wir selbst dort hingelegt haben. Sicher nicht absichtlich, meistens unwissend und ohne daß wir das wollten, doch ohne unser Dazutun oder unser Einverständnis lägen sie nicht dort. Das hat auch damit zu tun, daß wir auf der Materie leben und damit zwangsläufig Beschränkungen und Einengungen unterworfen sind, die sich allein durch unser Hiersein ergeben, und zu denen wir oftmals, ohne daß wir lange gefragt wurden, einfach ja sagen mußten.

Nehmen wir aber die Tatsache, daß wir selbst es waren, die den Schatz versteckten (zumindest haben wir einen gehörigen Anteil daran), nicht allzu tragisch. Das würde uns nur 'runterziehen. Richten wir den Blick lieber nach vorne, schauen wir uns die Blockaden an und entscheiden dann, wie wir sie an die Seite räumen können – und werden!

*

Unsere Dreiteilung in „Körper – Seele – Geist", die wir zu Anfang vorgenommen haben, verfeinern wir ein wenig, indem wir beim Körper eine weitere Untergliederung vornehmen: Es kommen das Gehirn, das Bewußtsein und das Unterbewußtsein hinzu, und dann werden wir schon bald erkennen, wo die größten Schwierigkeiten bei der Freilegung unseres Schatzes liegen.

Das Gehirn ist das große Steuerorgan, in dem alle Fäden zusammenlaufen. Aber so wichtig es auch ist, es ist doch nicht der Chef. Gibt es denn überhaupt einen? Hat das Gehirn jemanden, von dem es Anweisungen erhält? Natürlich hat es einen Chef, auch wenn wir selten darüber nachdenken: Unser Bewußtsein hat ganz eindeutig das Sagen gegenüber dem Organ Gehirn. Und wer bestimmt, welches Bewußtsein wir haben? Der liebe Gott, der mir und Dir und darüber hinaus Milliarden von Menschen ein jeweils unterschiedliches Bewußtsein gegeben hat? (Herzenslogik einschalten!) *Mein* Bewußtsein ist das Resultat *meines* Lebens, *meiner* Entscheidungen. Das ist bei jedem Menschen so.

Dann ist da noch das Unterbewußtsein, das uns die Natur mitgegeben hat, damit wir überhaupt leben können. Denn ohne dieses Unterbewußtsein können unzählige Prozesse in unserem Körper gar nicht mit der nötigen Schnelligkeit und Koordination ablaufen. Doch das Unterbewußtsein steuert nicht nur Herzschlag, Atmung, Schlaf, Verdauung und viele andere körperliche Abläufe, es veranlaßt uns auch in hohem Maße so zu handeln, wie wir das tun. Damit nimmt es dem Bewußtsein Arbeit ab, weil wir sonst bei jeder Kleinigkeit eine bewußte Entscheidung fällen müßten, so oder so zu denken, zu reden oder zu handeln.

Die Kriterien, nach denen das Unterbewußtsein eine Aktion einleitet oder unterbindet, findet es in sich selbst, bildlich gesprochen als eine lange Liste, anhand derer – falls erforderlich in Bruchteilen von Sekunden – überprüft und entschieden wird, was als nächstes zu tun oder zu lassen ist.

Das Unterbewußtsein nimmt dabei keine Bewertung vor, ob etwas im Sinne der Moral oder des gesunden Menschenverstandes richtig oder falsch, gut oder böse ist, sondern es richtet sich ausschließlich nach der ihm vorgegebenen Programmierung, die hauptsächlich „auf unser Konto" geht. Es erfüllt damit wunderbar seine Aufgabe, uns in den von uns gewünschten Bahnen zu lenken – und jetzt kommt das Problem: *auch zu halten*; denn dem Unterbewußtsein einfach zu sagen: „Ab morgen mache ich dieses oder jenes nicht mehr oder anders", wird nicht so ohne weiteres möglich sein. Wir haben schließlich, vielleicht über Jahre oder Jahrzehnte hinweg, eine bestehende Gewohnheit, eine Weltanschauung, eine Glaubensvorstellung und anderes gepflegt und diese im Laufe der Zeit fest in unserem Unterbewußtsein verankert.

Oder, um ein anderes Bild zu gebrauchen: Die Spur des Karrens, den wir viele Jahre hindurch über einen Waldweg zogen, hat sich tief in den Boden eingegraben. Und jetzt soll der Karren, auf unser Verlangen hin, plötzlich heraus aus der Spur! Kannst Du Dir vorstellen, daß das möglicherweise ein Hindernis darstellt? Zwar kein unüberwindbares, aber eines, das man kennen muß, will man nicht irgendwann frustriert aufgeben, weil der Karren immer wieder in seine alte, ausgefahrene, vertraute Spur zurückkehrt, die ihm schließlich über Jahre hinweg geholfen hat, einigermaßen sicher und unbeschadet Meile für Meile zurückzulegen.

Vielleicht spricht Dich die wissenschaftliche Variante dieser Tatsache mehr an, deshalb dasselbe ein wenig seriöser von Mirsakarim Norbekov:

„Was den Einfluß auf den Menschen betrifft, auf sein ganzes Wesen, hat das Unterbewußte ein enormes Übergewicht gegenüber dem Bewußtsein. Es ist ein gigantisches Archiv, wo absolut jede Information über unser Leben gespeichert ist. Das Unbewußte ist Genie und Wahnsinn, Kraft und Schwäche, Erfolg und Niederlage, Gesundheit und Krankheit in einer Person. Die alltäglichen Handlungen, die Gewohnheiten, die ins Unbewußte Eingang finden, gelangen in den Speicher der sogenannten unbewußten, das heißt automatischen Handlungen.“[97]

Oder vielleicht Bruce Lipton, der Zellbiologe, einer der Pioniere auf dem Gebiet der Epigenetik: „Das Unterbewußtsein ist nicht mehr und nicht weniger als eine emotionslose Datengrundlage, deren Aufgabe nur darin besteht, Umweltsignale wahrzunehmen und die entsprechenden programmierten Verhaltensweisen aufzurufen – ohne Fragen zu stellen, ohne zu urteilen.“[98]

Oder etwa Verena Stollnberger: „Je älter und grundlegender Glaubenssätze sind [damit sind nicht nur solche religiöser Art gemeint, sondern z. B. auch das Bild, das wir von uns selbst haben], um so wirksamer werden sie im Laufe der Zeit, da sie immer wieder Bestätigung erhalten. Neu Erlebtes vergleichen wir mit bestehenden Glaubenssätzen und ordnen es entsprechend zu oder sortieren es aus ... In ihrer Gesamtheit betrachtet funktionieren Glaubenssätze wie ein Computerprogramm, das unser Unbewußtes programmiert. Die Glaubenssätze setzen sich in unserem Unbewußten fest, erzeugen Streß und bewirken oft sogar körperliche Befindlichkeitsstörungen.“[99]

„Das Unterbewußtsein“, um noch einmal Bruce Lipton zu zitieren, „funktioniert gewohnheitsmäßig – es reagiert zu unserem Leidwesen auf die gleichen Lebenssignale immer mit dem gleichen Verhalten[a].“[100] Und hier liegt die Notwendigkeit für eine Veränderung! Allerdings muß man den Schlüssel dafür nicht nur kennen, man muß ihn auch anwenden.

Unser Unterbewußtsein stellt für uns auf der einen Seite eine unverzichtbare Hilfe dar – und ist auf der anderen Seite gleichzeitig der große Bremser, wenn es darum geht, sich neu zu orientieren, einen neuen Lebensweg einzuschlagen.

Wenn dies aber nötig wird, wenn es der Wunsch und Wille des Menschen ist, dann muß – bisherige Hilfe hin oder her – auch das Unterbewußtsein mitmachen, indem es künftig mit einer neuen Programmierung, die den neuen Zielen entspricht, dem Menschen dienstbar zur Seite steht.

Das ist möglich, sollte aber in dem, was an Entscheidung, Konsequenz und Liebe zu Gott hierfür erforderlich ist, nicht unterschätzt werden. Michele Longo O‘Donnell hat als Medizinerin natürlich in erster Linie unsere Gesundheit im Auge, wenn sie schreibt, daß wir, solange wir die Wurzeln alter Glaubensmuster und Überzeugungen nicht aus unserem Denken entfernt haben, „... ohne es zu wollen an unseren Krankheiten und Leiden festhalten. Kein Programm der Welt wird fähig sein, solch ein hartnäckiges Urteil [das Bild, das wir von uns selbst haben] umzukehren. Unsere eigenen, festgefahrenen Urteile blockieren unsere Fähigkeit, die Dinge, die wir uns wünschen und um die wir beten, zu empfangen.“[101]

Wenn sich ein vorprogrammiertes Verhalten zeige (Anm. von mir: Das tut es zigmal am Tag), meint Lipton, könne das bewußte Denken zwar einschreiten, das Verhalten unterbrechen und eine neue Reaktion entwickeln (weil wir nicht einfach nur Opfer unserer früheren Programmierungen wären), aber dazu müsse man sehr bewußt handeln, sonst übernähme einfach das Unterbewußtsein weiterhin die Regie.[102] Über das „Wie“ läßt er sich, zumindest an der betreffenden Stelle, nicht näher aus.

---

a Ohne daß wir es unter Kontrolle haben, lösen die gleichen Auslöser noch nach Jahren die gleichen Reaktionen aus. Wir mögen zwar den guten Willen haben, künftig anders zu handeln, aber kaum macht der oder die den Mund auf (nur als Beispiel), da kommen in uns schon entsprechende Emotionen hoch. Unser Unterbewußtsein hat aufgepaßt und uns so reagieren lassen, wie wir es ihm beigebracht haben.

Eines steht auf jeden Fall fest: Kein Ärger über uns selbst, kein Beschimpfen des Unterbewußtseins, kein Hadern mit Gott, nichts davon wird die alten Programme umschreiben. Auch ein Verdrängen, ein Ignorieren, ein Aufatmen, weil lange kein reaktions-auslösender Reiz auf uns zugekommen ist, nichts von dem wird auch nur das Geringste in unserem Unterbewußtsein verändern, erst recht nicht, wenn das Entsprechungs-Verhalten schon seit Jahren von uns praktiziert, um nicht zu sagen eingeübt worden ist. Dann nämlich kann es sogar so sein, daß es – wenn oder weil es sich eben nicht nur um eine kleine Störung, sondern um ein langanhaltendes, ungelöstes Problem handelt – in unserer Seele „Platz genommen hat", also in einem noch wesentlich „tieferen" Bereich, der für uns, unseren Psychiater oder Psycho-Technik-Trainer nicht zugänglich ist.

„[Unsere Methode] ... bringt Ihnen bei, schädliche Gedankenmuster und Verhaltensgewohnheiten zu verändern, die dem, wer Sie sind und wer Sie werden, nicht mehr gerecht werden."[103] Wenn dem wirklich so ist, wie es zahllose Angebote versprechen, werden viele erfreut aufatmen, weil sie später feststellen, daß sie von so manchen Belastungen frei geworden sind. Dennoch, ich bleibe dabei: Es kommt darauf an, ob ich *einige Verhaltensmuster verändern* oder in der *Tiefe meiner Seele* ein anderer Mensch werden möchte, der sich künftig anderen Zielen als den bisherigen, egoistischen verschrieben hat.

Vielleicht helfen manchmal auch sogenannte Affirmationen[a]. Wenn ja, dann sind die Wirkungen jedoch zumeist nur kurzzeitig und oberflächlich zu verspüren, es sei denn, der Mensch verändert sich gleichzeitig. Solcherart Bejahungen können zur Erinnerung an das, was man sich vorgenommen hat, zur Einstimmung auf das neue Ziel hilfreich sein – ausreichend sind sie in keinem Fall, denn sie erreichen wegen mangelnden Tiefgangs die Seele nicht. Auch ein beständiges Wiederholen neu gefaßter Vorsätze wird, wenn eine tiefgreifende Veränderung angestrebt wird, nicht den gewünschten Erfolg zeigen; wobei prinzipiell nichts dagegen spricht, sich ein neues Ziel immer wieder vor Augen zu halten.

---

a Affirmation = Bekräftigung, Bestätigung

Bruce Lipton dazu: „Sie können sich eine positive Affirmation wie die, daß Sie liebenswert sind, oder daß sich Ihr Tumor auflöst, tausendfach wiederholen – wenn Ihnen als Kind immer wieder gesagt wurde, daß Sie wertlos und schwächlich sind, wird Ihr Unterbewußtsein all Ihre Bemühungen untergraben.“[104] Vorausgesetzt, füge ich hinzu, Sie empfinden sich immer noch als wertlos und schwächlich. Dann aber haben Sie, hast Du, eigentlich ein ganz anderes Problem ...

Was die Psychologie uns zu diesem Thema anbietet, ist nicht grundsätzlich falsch. Doch es bleibt in aller Regel nur an der Oberfläche, mögen sich auch Erleichterungen für den Betroffenen zeigen oder mögen gar vorübergehende Lösungen erreicht werden, was freilich jedem zu wünschen ist.

Aber: Handelt es sich um Charaktereigenschaften oder Wesenszüge, die Teil der Persönlichkeit geworden sind, dann liegt ein seelisches Problem vor. Und hier stößt – Gott sei Dank – jedes Psycho-Programm an seine Grenzen; denn es wäre nicht auszudenken, welches Chaos entstehen würde, wäre es uns selbst möglich, am Urgrund unseres Wesens herumzudoktern. Hier hat nur einer das Sagen, nämlich derjenige, der auf Erden die Liebe verkörperte und dessen energetische Kraft in allem wirkt und – falls angestrebt oder erwünscht – alles verändert: Jesus Christus.

Zu Ihm muß man mit demselben Problem auch nicht immer wieder kommen und es immer wieder formulieren. Er ist ja nicht schwerhörig und auch nicht vergeßlich. Ein kindliches Vor-Ihn-Hintreten, eine vertrauensvolle Hingabe an diese höchste Macht, ein von Herzen kommendes Gespräch mit Ihm reichen bei entsprechender Ernsthaftigkeit völlig aus. Was uns nicht darin hindern sollte, uns unser neues Ziel, unseren neuen Menschen, unser neues Verhalten immer wieder vor Augen zu halten, uns so daran zu erfreuen, als wäre das Erbetene und Angestrebte nicht Zukunft, sondern bereits eingetreten. Es sollte uns Ansporn sein, bei unserem Bemühen nicht nachzulassen; aber das ist etwas anderes als z. B. ein gebetsmühlenartiges Wiederholen positiver Bekräftigungen.

Daß ich ein bißchen zurückhaltend in diesem Punkt bin, hängt damit zusammen, daß viele Techniken mit Methoden der Visualisierung und Wiederholung arbeiten. Richtig und falsch zugleich. Mit jedem Gedanken geben wir Energie in das „Projekt“: je mehr Gedanken und bildhafte Vorstellungen, desto mehr Energie, je mehr Energie, desto größere Erfolgsaussichten. Weil das auch die Methode ist, die sich die Gegenseite zu eigen gemacht hat, ist hier zumindest Vorsicht geboten, unter anderm auch deshalb, weil – so komisch sich das anhört – diese Methoden funktionieren. Von Risiken und Nebenwirkungen steht dagegen nichts in den Prospekten ...

Nun wissen wir, was unseren Schatz noch teilweise verdeckt: unsere Verhaltensweisen, unsere Glaubensmuster, die uns als Programmierungen – die wir bisher als solche nicht wahrgenommen haben – aus den Tiefen unseres Bewußtseins, vielleicht unserer Seele, steuern. Dort müssen wir also ansetzen, wenn wir uns, mit Aussicht auf Erfolg, verändern wollen.

„Das wird nicht einfach sein“, denkst Du? Schauen wir uns an, was Omraam Mikhaël Aïvanhov dazu schreibt:

„Hört auf, über Schwierigkeiten und Hindernisse zu klagen, denen ihr im Leben begegnet, denn sie geben euch die Möglichkeit voranzukommen. Warum können Schiffe im Wasser vorwärts kommen und Flugzeuge in der Luft fliegen? Weil Wasser und Luft Widerstände sind. Es ist unmöglich voranzukommen, wenn nicht eine Materie da ist, die einen gewissen Widerstand darstellt. Hindernisse und Schwierigkeiten spielen die gleiche Rolle wie Luft und Wasser. Sie sind Teil der natürlichen Ordnung, und wir müssen wissen, wie wir sie für unser Vorankommen nützen können.“[105]

Wo er recht hat, da hat er recht.

*

Und genauso recht hat Michele Longo O‘Donnell, wenn sie in *Der Himmel in Dir* uns daran erinnert, daß wir den Geist des Lebens einfach fließen und Sein Leben durch uns leben lassen sollten – wir hätten dann eine mühelose und freudvolle und auch gesunde Existenz:

> Werden Sie an dieser Stelle für einen Moment still und erfühlen Sie, wie es sich anfühlt zu wissen, daß Gott uns zulächelt, uns liebt und sich genau jetzt an uns erfreut. Las-

> sen Sie uns für eine Minute all die Urteile über uns selbst und die Gedanken über unsere Fehler im Leben vergessen. Selbstverständlich macht Er es selbst ebenso, wenn Er uns sagt, wir sollen „sieben mal siebzig mal“ vergeben. Selbstverständlich wird Er, wenn Er uns bittet, daß wir nicht nach äußeren Erscheinungsformen urteilen sollen, selbst auch nicht auf diese Weise urteilen. Stattdessen jedoch wird Er so handeln, wie Er es uns empfohlen hat: Jeden und alles in der Schöpfung wird Er mit Augen „sehen“, die durch den Schleier der Vergänglichkeit blicken, um die Wunder des „göttlichen Lebens“ und der „göttlichen Liebe“ wortlos festzuhalten.[106]

Laß uns, nach dieser wohltuenden Vorbereitung, an die Arbeit – an die Innere Arbeit – gehen.

13. Verhaltensmuster, Programmierungen, Steuerungsmechanismen

Sollen die Mühseligkeiten dieses Lebens aufhören,
so ist das erste, was wir dabei zu tun haben, dieses,
daß wir untersuchen, woher sie kommen.

Christian Gotthilf Salzmann in „Der Himmel auf Erden"

Wir können uns nun unmittelbar hinein in die Praxis der Inneren Arbeit begeben, indem wir uns mit den fünf Hauptfragen beschäftigen und sie beantworten:

a) **Wie erkenne ich meine Verhaltensmuster/Programmierungen/Steuerungsmechanismen?**
b) **Was zählt alles dazu bzw. zu dem, was ich verändern möchte?**
c) **Wie gehe ich dabei vor?**
d) **Wer oder was könnte mir welche Schwierigkeiten bereiten?**
e) **Wie sieht das Endergebnis aus?**

Tun wir auch, nachdem wir zuvor noch *einen* Gedanken vertieft haben, der unweigerlich bei denjenigen auftauchen wird, die sich bisher noch nicht so intensiv mit der Thematik befaßt haben. Es geht um die Frage:

> Was hat vieles von dem, was ich bislang gelesen habe, mit Gott zu tun? Der Gott, den man mir nahegebracht hat, und an den ich glaube, hat Seinen Sitz irgendwo im Himmel und ist für ein nicht näher erklärbares, späteres Dasein zuständig. Jetzt lese ich von Veränderungen in den Genen, Progammierungen meines Unterbewußtseins, der Steuerung meines Verhaltens durch meine Seele; erfahre von der

> Möglichkeit, Gott in die Heilung meines Körpers einzubeziehen, meine Minderwertigkeitskomplexe und Abhängigkeiten mit Ihm zu überwinden, von Harmonie in der Familie, besseren Lebensumständen (so daß ich keine „Bestellungen beim Universum“ mehr aufgeben muß) und vielem mehr. Wieso hat bei all dem der liebe Gott Seine Hand im Spiel?

Erinnern wir uns daran, daß alles Energie ist. Es gibt nur eine einzige Quelle dieser Energie, die sich – einem Perpetuum mobile[a] gleich – ununterbrochen verströmt und alles, was sichtbar und unsichtbar ist, durchströmt und somit belebt und erhält (auch die scheinbar „toten“ Steine). Verbannt man Gott in irgendwelche, nie verstandene Himmel, und trennt man damit gleichermaßen das Leben in der Schöpfung von seinem Schöpfer, dann ist das so, als würde man den in den Leitungen fließenden elektrischen Strom losgelöst vom Elektrizitätswerk sehen. Da keiner auf diesen Einfall käme, laß uns auch bei der Betrachtung der fließenden Lebensenergie genauso logisch sein:

Neben dem *persönlichen* Aspekt Gottes, der in den christlichen Religionen *Vater* genannt wird, gibt es die *unpersönliche* Lebens- oder Schöpferkraft, die ununterbrochen Neues hervorbringt. So, wie keiner auf die Idee kommt, in seiner Küchenlampe das E-Werk zu vermuten, nur weil diese leuchtet, sowenig ist Gott als Person gemeint, wenn man davon spricht, daß Er in der Natur, im Menschen, in allen Dingen lebt.

Daß diese Lebensenergie aufgrund des freien Willens von jedem Geschöpf für eigene Zwecke umgestaltet und mißbraucht werden kann, ändert nichts daran, daß es nur diese eine Grundform von Energie gibt. Nichts kann sich dieser Liebeenergie auf Dauer entziehen, genausowenig, wie man sich nicht vor Gott verstecken kann, weil es außerhalb Seiner Schöpfung, die Er selbst ist, nichts gibt.

Wenn wir uns, zumeist unwissentlich und/oder aufgrund der uns steuernden Verhaltensmuster, in eine für uns unangenehme oder gar gefährliche Situation hineinmanövriert haben, so haben wir Seine

---

a Perpetuum mobile = das (von selbst) ständig Bewegte, nach physikalischen Gesetzen unmöglich, nach geistigen nicht: Gott ist nicht nur einem Perpetuum mobile gleich, Er i s t das Perpetuum mobile schlechthin.

Liebekraft nicht richtig angewendet; und mit dem daraus resultierenden Ergebnis sind wir natürlich nicht zufrieden. Dann klagen wir Ihn an: „Das soll Liebe sein, was Du hier geschehen läßt, was Du mir präsentierst? Daß ich krank und unglücklich bin?“

Könnten wir Ihn in uns schon vernehmen, dann hörten wir Ihn sagen: „Mein Kind, eigentlich hatte Ich etwas anderes für dich vorgesehen. Du hast Mir – dir selbst – jedoch einen Strich durch die Rechnung gemacht.“

Da wir also getrost davon ausgehen dürfen, daß das Maß an Unzufriedenheit oder Verbitterung, das wir in unserem bisherigen Leben erreicht haben (wenn es denn so sein sollte; vielleicht sind wir ja auch schon rundherum glücklich) oder auch nur eine auf uns störend einwirkende Charaktereigenschaft das Endergebnis einer falschen Anwendung göttlicher Kraft darstellt, dann sagt die Logik: Wir kehren um, hangeln uns praktisch am Ariadnefaden[a] unseres Unglücks entlang zurück und lösen so – indem wir sie, die göttliche Kraft, nun richtig anwenden – die Verstrickung oder gar das Chaos wieder auf.

Ganz praktisch: Wir vergeben, setzen damit bisher blockierte positive Kraft (göttliche Liebekraft) in uns frei, Erleichterungs- und Glücksgefühle erfüllen uns, das Gehirn gibt andere Befehle als bisher weiter, andere Hormone werden freigesetzt, die Gene werden umgeschrieben, die Zellen atmen auf – und wir atmen auf. Geschafft.

Ist doch eigentlich ganz einfach, oder? Wenigstens in der Theorie. Das reicht für den Moment auch; es reicht, um zu verstehen, es zu akzeptieren und unser Bild von Gott und Seiner ständigen, bedingungslosen Liebe-Präsenz immer tiefer in uns zu verankern – einer Präzenz, die a l l e s umfaßt, was wir sind, und die in a l l e m wirkt, was wir tun.

Als Kinder wurden wir belehrt: „Denk’ daran, der liebe Gott sieht alles.“ Die Belehrenden wußten zwar nicht, wie Er das macht, und sie setzten diesen Spruch auch nicht selten als Druckmittel ein (man nannte und nennt das heute noch „Erziehungs“-mittel), um aus uns bessere Menschen zu machen – aber so ganz unrecht hatten sie nicht.

---

a Ariadnefaden = (nach der sagenhaften kretischen Königstochter): Leitfaden, Rettungsmittel in aussichtloser Lage

Was die damit verbundene Erzeugung von Angst in keiner Weise rechtfertigt.

Die Feinde der Inneren Arbeit haben auch deshalb so großen Zulauf, weil die Einbindung der Gotteskraft in unser tägliches Leben, das Arbeiten mit ihr, vor allem das *Wie* (das weitaus mehr ist als nur eine bloße Aufforderung, es – was? – doch zu tun) und die sich dadurch einstellenden Ergebnisse den Kirchen und, von wenigen Ausnahmen abgesehen, ihren Vertretern nicht bekannt sind. Wir brauchen uns nicht zu wundern, wenn sich immer mehr Menschen dorthin orientieren, wo man ihnen – ohne daß sie sich selbst ergründen müssen – handfeste Auswirkungen schon für ihr jetziges Dasein verspricht. Zwar werden sie diese in der angekündigten Form nie zu verspüren bekommen (und wenn sie etwas verspüren, wird es hoffentlich noch nicht zu spät sein, einen Rückzieher zu machen), aber sie glauben zumindest an bessere Zukunftsaussichten für sich selbst. Und dafür sind die Unzähligen, die diesen Ideologien schon anhangen, bereit, einen großen Aufwand zu betreiben, meist enorm viel Geld auszugeben und sich den Kopf vollzustopfen mit den abstrusesten[a] Ideen und Lehren.

Das Verrückte ist – wenn mir dieser Ausdruck an dieser Stelle bitte einmal erlaubt ist –, daß sie mit einem Minimum des Aufwandes, der nach Anweisungen von Kryon, St. Germain, Tobias usw. für ihr Menschen- und Seelenheil nötig ist, bei einer Inneren Arbeit mit dem Herrn weitaus mehr erreichen können. Außerdem würden sie dabei nicht ununterbrochen und unbemerkt Energien *abgeben*, sondern sie würden kräftigende, heilende und mutmachende Energien aus dem Urgrund allen Lebens *erhalten*. Allerdings müßten sie den Weg der Selbsterkenntnis gehen, der mit dem Weg der Gottes-, Nächsten- und Selbstliebe beginnt. Und das möchten dann viele wohl doch nicht ...

*

Verhaltensmuster/Programmierungen/Steuerungsmechanismen (von jetzt an kurz VPS genannt) zu erkennen, ist zuerst einmal eine Sache, die ganz alleine einen selbst betrifft. Keiner hat ein Recht dazu, bei

---

a abstrus = von dunklem Sinn, schwer verständlich, verworren

seinem Nächsten Seelenforschung zu betreiben, ohne daß dieser nicht absolut freiwillig darum bittet. Wenn dies jedoch der Fall ist, muß an vorderster Stelle ein einfühlsamer Umgang mit dem Nächsten und seinen Problemen stehen, schließlich hat der sich ja seinem Gegenüber anvertraut. *Wenn es verletzt, ist es keine Liebe* lautet ein wunderschöner Buchtitel von Chuck Spezzano. Das trifft genau.

Was sodann an Erkenntnissen zu Tage tritt, das kann allerdings betroffen machen, und das ist oftmals auch ganz gut so. Schließlich soll es uns ja über die bloße Erkenntnis hinaus dazu veranlassen, eine Entscheidung zur Veränderung zu treffen. Betroffenheit kann – falls nötig sogar *sollte* – zur Reue führen (je nach „Schwere des Falls"), womit eine wirklich gute Grundlage gelegt wäre. Daß Reue etwas anderes ist als hemmende und zerstörerische Schuldgefühle, darüber sprechen wir noch.

Zuerst jedoch geht es immer darum, Innere Arbeit an und bei sich selbst zu betreiben. Schließlich kann ich den Herrn als LOTSEN auch nur für *mein* Boot anheuern. Andere Bootsführer müssen Ihn selbst einladen, wenn Er auch bei ihnen als LOTSE dienen soll.

Wenn ich sodann eine Strecke meines Weges mit Gott erfolgreich gegangen bin, wird es nicht ausbleiben, daß Menschen auf mich zukommen, die mit gleichen oder ähnlichen Schwierigkeiten kämpfen, die ich teilweise oder ganz überwunden habe. Dann werde ich in den Bereichen, in denen ich eigene Erfahrungen gesammelt habe, zum Lehrer eines um Rat oder Hilfe bittenden Schülers. Aber erst dann. Keiner braucht seine Schüler zu suchen. Ein bekanntes Sprichwort sagt: „Wenn der Schüler bereit ist, kommt der Lehrer." Man kann es auch umdrehen, denn es gilt für den Lehrer ebenso wie für den Schüler und hat zudem den erfreulichen Nebeneffekt, daß es ihm – dem Lehrer – hilft, „auf dem Teppich" zu bleiben.

Nehmen wir ein Beispiel:

Erfreulicherweise gibt es Ärzte und Heilpraktiker, die darum wissen, daß Krankheiten (auch)[a] seelische Hintergründe haben[b], und die

---

a Im weitesten Sinne haben alle Krankheiten seelische Ursachen, aber das ist nicht der Schwerpunkt dieses Buches. Der interessierte Leser findet diese Thematik ausführlich in *Das letzte Wort hat die Liebe* behandelt.

b Die Medizin verwendet dafür den Ausdruck „psychosomatisch", was aussagt, daß anhaltende seelische Belastungen früher oder später zu körperlichen Reak-

sich die Zeit nehmen, mit ihren Patienten darüber zu sprechen, wenn diese das möchten. Hat man dieses Wissen und die Zeit nicht, kommen, wenn es z. B. um das Herz geht, Beta-Blocker, ACE-Hemmer und anderes ins Spiel.

Ein Arzt- oder HP-„Lehrer" weiß, daß es einen seelischen Auslöser für die Herzprobleme gegeben haben muß, weil ein (gesundes) Herz nicht ohne Grund anfängt, seine Aufgabe zu vernachlässigen. Und er weiß auch, daß die Ursache dafür herausgearbeitet und im Inneren gelöst werden muß, wenn die Krankheit wirklich geheilt und nicht nur oberflächlich retuschiert werden soll. Er wird also gemeinsam mit seinem Patienten bemüht sein, herauszufinden, was wann passiert ist. Hat der Lehrer zuvor seine Lektion gelernt und ist der Schüler offen, werden sie schon bald fündig werden:

- ✗ *der Verlust eines über alles geliebten Tieres,*
- ✗ *Angst um den Arbeitsplatz,*
- ✗ *Dauerstreit in der Ehe,*
- ✗ *Sorgen wegen der rebellischen Kinder,*

oder einer von weiteren zahllosen Auslösern wird sich als Ursache zu erkennen geben.

So weit, so gut. Und jetzt? Jetzt kommt der etwas schwierigere Teil, nämlich die richtige Therapie zu finden. Diese liegt zwar immer in einer Inneren Arbeit (auch wenn man einen anderen Begriff dafür verwendet), und sie hat immer etwas damit zu tun, daß schlußendlich Schritte zu einer größeren Liebefähigkeit getan werden; aber dem Patienten – von dem der Arzt oder HP vielleicht weiß, daß er ein gläubiger Christ und treuer Kirchgänger ist – lediglich zu raten, er solle Gott mehr lieben, wird wahrscheinlich die Entgegnung zur Folge haben: „Aber ich liebe Gott doch schon seit 30 Jahren." Der Hinweis: „Dann müssen Sie Ihn noch mehr lieben als bisher", kann nicht die richtige Antwort darauf sein, weil sie allein nicht den Weg aufzeigt, und sie wird sicher von einem erfahrenen Lehrer – der aus eigenem Erleben weiß, wie ein solches Problem durch die Innere

---

tionen und Beschwerden führen können.

Arbeit zu lösen ist – so auch nicht gegeben. Obwohl schließlich alles genau darauf hinauslaufen wird ...

Auch mit der Aufforderung,

- ✗ *Sie müssen versuchen, über den Verlust hinwegzukommen,*
- ✗ *die Angst brauchen Sie doch nicht zu haben,*
- ✗ *Sie müssen Ihrem Mann/Ihrer Frau gegenüber freundlicher sein,*
- ✗ *machen Sie sich doch keine Sorgen wegen Ihrer Kinder,*

ist es nicht getan. Ebenso führt es nicht unbedingt zu einer befriedigenden Lösung, sich einen neuen Hund anzuschaffen, noch mehr Überstunden zu machen, um dem Chef keinen Grund zur Klage zu geben, sich einen Freund oder eine Freundin zuzulegen oder die Kinder zu enterben. Das, was an VPS darunterliegt, wird auf sein Recht pochen (und es auch bekommen), und zwar so lange, bis das alte, bedrückende, krankmachende und Sorgen bereitende Denken schließlich durch positive, liebevolle, konstruktive, vertrauende Eigenschaften ersetzt wird. Wenn nicht in diesem Leben, dann im nächsten oder in einem der folgenden.

*

Ich habe dieses Beispiel vorangestellt, damit wir überhaupt einmal ein Gespür dafür entwickeln, daß etwas unter der Oberfläche ist. Bevor wir daran gehen, unsere VPS erkennen zu wollen, müssen wir uns eingestehen, daß wir unsere Schatten auf unserer Seele und im Unterbewußtsein haben, die von dort aus ununterbrochen in unser Tun, unsere Gesundheit, unser Leben hineinwirken. Wenn wir uns selbst gegenüber dieses Eingeständnis machen und bereit sind, nach den Gründen für unsere „Herzprobleme“ zu suchen, haben wir beste Aussichten, sie auch zu finden.

14. Von Flachsuchern und Tiefschürfern

„Was bringt es Dir", sagte die Täuschung zum Menschen, der vor dem Spiegel stand, „Dich glasklar sehen zu wollen? Das zieht Dich nur 'runter. Hier, nimm." Und damit bot sie ihm ihre rosarote Brille an, die der Mensch dankbar annahm. Da sah er sich wieder im „rechten Licht" – so lange, bis Gevatter Sensenmann kam und sie ihm wieder abnahm.

Frei erfunden, aber trotzdem gut

Wenden wir uns unserer ersten Frage zu

a) Wie erkenne ich meine Verhaltensmuster/ Programmierungen/Steuerungsmechanismen?

Machen wir es ein bißchen spannend, fragen wir zuerst: Wie erkennen wir sie *nicht*?

Dazu eine kleine Geschichte, die alle Elemente enthält, die zum Verständnis erforderlich sind. Du kannst selbst solche Beispiele finden; sie können Dir viel über Dich verraten, besonders dann, wenn sie nicht n u r erfunden sind, sondern auch ein paar Körnchen Wahrheit aus Deinem Alltagsleben enthalten.

> „Wo sind meine Autoschlüssel?" rufst Du verärgert, weil Du schon spät dran bist.
> „Weiß ich doch nicht, Du hast sie bereits viermal in diesem Monat verschlampert. Warum hängst Du sie nicht gleich ans Schlüsselbrett, wenn Du heimkommst?"
> Jetzt hat sie Dich erwischt, und das ärgert Dich. Sie hat schließlich kein Recht, Dir so etwas zu sagen. Soll sie sich doch um ihre eigene Unordnung im Hauswirtschaftsraum kümmern.
> Das Suchen macht Dich nervös. Und das gerade heute, wo eine wichtige Verhandlung ansteht. Es geht um einen großen Auftrag, den Du dringend brauchen könntest.

Nach 10 Minuten findest Du die Schlüssel unter den Zeitschriften, die Du gestern mitgebracht und achtlos auf den Kamin gelegt hast, obwohl sie da gar nicht hingehören. Du bist erleichtert, aber auch gestreßt.
Draußen wartet eine Überraschung auf Dich: Eine dicke Eisschicht auf Deinen Autoscheiben erfordert noch einmal Zeit, die Du nicht hast. Mist, Du wolltest gestern noch die Scheiben abdecken, zumal im Radio gefrierender Regen angesagt wurde. Aber dann kam der Krimi dazwischen ...
Auf die Schnelle kratzt Du die Scheiben notdürftig frei, gerade so weit, daß – hoffentlich – das Nötigste zu sehen ist. Du bist jetzt nicht nur spät, Du bist schon sehr *spät* dran. Vielleicht kannst Du die verlorene Zeit durch entsprechend schnelles Fahren wieder ’reinholen ...
Das Schicksal hatte etwas anderes für Dich vorgesehen, es stand nämlich ein Lernprozeß an (um den Du Dich schon lange herumgedrückt hast), und die Umstände paßten gerade so wunderbar zusammen. Also „mußtest“ Du, weil Du zu schnell warst, weil es glatt war, weil die Scheiben noch nicht ganz frei waren und Du deshalb den anderen Autofahrer nicht richtig und rechtzeitig sehen konntest, einen Unfall bauen. Einen leichter nur, doch bis schließlich alles abgewickelt war, warst Du fast zwei Stunden in Verzug. Um Deine innere Haltung war es natürlich nicht mehr zum besten bestellt. (Die Geschichte spielt in einer Zeit, da es noch keine Handys gab – unvorstellbar –, und Du somit niemanden benachrichtigen konntest.)
Um es kurz zu machen: Auftrag ade, das große Loch in der Firmenkasse wird nicht gefüllt werden, Ärger hoch drei und ein Riesenknatsch daheim.
Du, als Mann, der sich keine Vorhaltungen gefallen lassen muß, reagierst, wie sich das gehört: „Ich lasse mich von Dir nicht ständig kritisieren; Du gehst mir damit schon lange auf den Wecker. Ich kann machen was ich will, immer bin ich schuld. Das waren nun wirklich unglückliche Umstände!“

Das (vorläufige) Ende vom Lied: Nachdem Dir Deine Frau gesagt hat, so mit Dir nicht weiter zuammenleben zu wollen – „das war ja nicht das erste mal, ich kann und will nicht mehr“ –, bist Du – als Gentleman, für den Du Dich hältst – ausgezogen und hast ihr das Haus (vorläufig) überlassen. Daß es nur vorläufig sein wird, davon bist Du überzeugt. Du wirst um Deine Ehe kämpfen, denn Du bist ja im Grunde Deines Herzens kein schlechter Mensch, und Du liebst Deine Frau ja noch (so wie sie Dich übrigens auch) und deshalb geht – das kriegen wir aber nicht mehr mit – die Geschichte gut aus.
Zunächst aber darf sie uns als Anschauungsmaterial dafür dienen, wie man eine VPS erkennen kann – oder auch nicht.

Würden Dich Freunde auf den Anlaß für Eure Trennung ansprechen, würdest Du, wenn Du nicht die entsprechende Bereitschaft hättest, *Deinen* Anteil an Eurem Streit suchen und erkennen zu wollen, immer einen der folgenden Gründe ins Feld führen:

- ich hatte das ständige Kritisieren satt,
- wir hatten uns sowieso auseinandergelebt, das war nur das Tüpfelchen auf dem i,
- anstatt bei sich selbst zu schauen, hat sie immer nur mir Vorwürfe gemacht,
- wegen unserer Finanzlage hat sie Panik gekriegt, aber ich hätte das in jedem Fall hinbekommen,
- wenn der andere nicht die Polizei gerufen hätte (wegen so einer kleinen Beule!), hätte ich den Termin noch einhalten können, und das alles wäre nicht passiert,
- wenn es keinen Eisregen gegeben hätte ...

und so weiter und so fort; dem Erfindungsreichtum vorgeschobener, unwahrer Gründe ist keine Grenze gesetzt.

Und jetzt machen wir Dich in unserer kleinen Geschichte zu dem Menschen (Du bist es natürlich schon lange), der begonnen hat nachzudenken. Du weißt um das Gesetz von Ursache und Wirkung und darum, daß *alles* etwas mit Dir zu tun hat. Dir ist auch schon längst klar, daß jedes Geschehen wie eine Kette aus vielen Gliedern besteht, und daß man an die vorderen herankommen kann, wenn man die Kette von hinten „aufrollt". Man nennt diese Arbeit Ursachenforschung oder „die Wurzel finden".

Deshalb bedeutet Selbsterkenntnis auch mehr, als nur zu erkennen, daß Du etwas falsch gemacht hast. Wirksame Selbsterkenntnis fragt danach, was Dich bewogen hat, so zu handeln, oder was Dich gehindert hat, es besser oder richtiger zu machen. Daß Du bemerkst, daß Du die Kinder in dieser Woche schon zum wiederholten Male angeschrien hast, läuft nicht unter Selbsterkenntnis. Wir können es unter „das ist mir aufgefallen" einordnen. Selbst daß Du bestätigst, was Deine Kinder Dir sagen („Mama, du bist in letzter Zeit aber gereizt"), fällt noch nicht darunter, auch nicht das Eingeständnis: „Das habe ich falsch gemacht, ich werde mich bessern." Selbsterkenntnis beginnt dort, wo Du in Dich hineinschaust oder -hörst und die Antwort suchst und findest, was Dich zu Deiner Ungeduld und mangelnden Nachsicht veranlaßt hat.

(Ein Einschub an dieser Stelle: Wenn Du schon „sehr weit fortgeschritten" bist, kann es sein, daß Du diese Kleinarbeit des Rückwärtssuchens im Detail nicht mehr machen mußt. Dann reicht auch eine innere Versenkung und vielleicht ein Gebet zu Christus mit der Bitte um brüderliche Hilfe. Sehr oft blitzt es dann aus Deiner Seele oder Deinem Unterbewußtsein auf, tritt in Dein Bewußtsein, und die Antwort ist greifbar. Das setzt allerdings voraus, daß man die Ursache wirklich finden und die Antwort auch erhalten möchte.)

Du bist ehrlich und Du findest die Wurzel – und stehst vor einer Deiner Schwächen, die „Unordnung" heißt. Es geht ja nicht um das einmalige Verlegen der Schlüssel, sondern um etwas Tieferliegendes. Deine Frau hatte Dir einen Hinweis gegeben, ohne daß ihr dies bewußt war: „... Du hast sie bereits viermal in diesem Monat verschlampert. Warum hängst Du sie nicht gleich ans Schlüsselbrett, wenn Du heimkommst?"

Was wir soeben durchgespielt haben, hat noch nicht unbedingt etwas mit Innerer Arbeit zu tun. Da ist vieles dabei, was einem der gesunde Menschenverstand oder die Psychologie auch vermitteln kann.

Der kleine Beitrag der Inneren Arbeit in diesem Stadium besteht aber schon darin, daß Du die Bereitschaft gezeigt hast, *Deinen* Anteil – und nur um den geht es, der andere hat *seinen* Anteil, den er suchen und finden kann, wenn er möchte – zu entdecken und nicht an der Oberfläche zu bleiben, sondern die Wurzel, oder eine von mehreren, zu finden.

Der nächste Schritt hat schon mit richtiger Innerer Arbeit zu tun; er erfordert allerdings den Wunsch, sich nicht nur kennenlernen, sondern das Erkannte auch mit der Hilfe Christi umwandeln zu wollen. Ich wähle jetzt aber lieber die Ich-Form; es soll ja keine Leserbeschimpfung werden:

> *Wie lange weiß ich schon um meine Unordnung?*
> *Wenn ich sie erst jetzt – durch Unfall, Auftragsverlust und Ehestreit – bemerkt habe, wo waren meine Augen die ganzen Jahre zuvor?*
> *Wenn ich schon länger um diesen Schwachpunkt weiß, warum bin ich ihn nicht angegangen?*
> Eine ehrliche Antwort auf diese letzte Frage könnte sein:
> *Weil mir das nicht s o wichtig war oder ist.*
> *Was ist mir denn wichtiger?*
> *Die Liebe zu Gott zu entwickeln hatte Vorrang*[a].
> *Habe ich nicht bedacht, daß die Liebe ohne die Ordnung kein richtiges Fundament hat? Die Ordnung zu leben heißt ja nicht, die Liebe zu vernachlässigen.*
> Ich schweige ein bißchen ratlos, aber da taucht schon die nächste Frage auf:
> *Habe ich mich vielleicht um das Erarbeiten eines vernünftigen Maßes an Ordnung herumgedrückt, weil mir das Erarbeiten der Liebe leichter erschien?*
> Wenn ich möchte, kann ich das noch weiterführen: *Wie denke ich über die, die nicht im gleichen Maße die Liebe anstreben wie ich?*

a Das ist übrigens ein Argument, auf das man gerne bei Anhängern und Mitgliedern religiöser Gruppen trifft. Sie glauben, durch das Streben nach Liebe andere, wichtige Bereiche des täglichen Lebens vernachlässigen zu müssen/dürfen.

Aber ich meine, das reicht. Es ist ja auch nur ein Beispiel. Bei jedem wird es anders gelagert sein. Habe ich mich selbst verletzt bei meiner Forschung? Überhaupt nicht. Bin ich ein bißchen betroffen? Kann schon sein, wird aber nicht schaden. Denn wenn ich den Wunsch habe, Gott näherzukommen, weil ich Ihn liebe, werde ich dankbar sein für jeden Fingerzeig, der mich vor die Entscheidung stellt: Wie will ich es künftig halten? Will ich in dem Bereich etwas verbessern? Das muß und wird nicht zu Lasten meiner Liebe-Bemühungen gehen; im Gegenteil, es wird sie fördern.

Wenn mir die Erkenntnisse auf meine Fragen gezeigt haben, daß da noch einiges im argen liegt, dann gehe ich damit zum Herrn, schütte Ihm mein Herz aus und bitte Ihn, mir bei meinen Bemühungen zu helfen. Und glaub mir: Er wird helfen.

*

Um an darunterliegende Schichten, in denen möglicherweise weitere, noch unerkannte VPS liegen, heranzukommen, gibt es verschiedene Möglichkeiten. Ich führe sie nacheinander auf.

Hinterfragen: Das ist die einfachste Methode, aber sie führt nicht immer zum gewünschten Ziel. Man muß wirklich schonungslos ehrlich zu sich sein, auch sehr konsequent, man darf keine Angst vor den Antworten haben (die ja außer einem selbst niemand kennt– na gut, außer einem selbst und Gott natürlich, aber der kennt sie sowieso schon). Und man darf nicht sofort aufhören mit dem Hinterfragen, wenn man auf die erste Wurzel gestoßen ist. Es ist unwahrscheinlich, daß die erste zugleich auch die tiefste und letzte ist und schon gar nicht die einzige.

Wenn Du aber nicht weiterkommst, dann setze Dich nicht unter Druck. Nimm das dankbar an, was Du erkennen durftest. Nimm es als Grundlage für Dein Bemühen, bleibe am Ball, baue darauf auf. Wenn Du das Gefühl hast, daß das noch nicht alles war, sei einfach wachsam. Zum richtigen Zeitpunkt, wenn die Notwendigkeit dafür da ist, wird der nächste Impuls, der nächste Fingerzeig kommen. Es ist nicht entscheidend, ob er sich morgen oder in drei Wochen zeigt. Wichtig ist, daß Du weiterhin „empfangsbereit“ bleibst, ihn nicht übersiehst, daß Du ihn aufnimmst und weitermachst und nicht gleich denkst: „Das war's wohl schon". Vielleicht war es ja nur der erste Zipfel einer großen Decke, an der Du gezogen hast; dann verbirgt sich gewiß noch mehr dahinter.

Bitte nicht „verrückt" machen, aber auch nicht zu schnell aufhören in dem Glauben, das Ende der Fahnenstange sei schon erreicht. Und vor allem eines nicht tun: nicht anfangen zu *grübeln*! Sich zu hinterfragen ist etwas völlig anderes, als sich selbst das Leben schwerzumachen, indem man ständig das gleiche Problem hin- und herwälzt. Das wäre ein Kreisen um sich selbst, wie das Gefangensein in einem Kreisverkehr, aus dem man nicht mehr herauskommt ...

Wie bitter nötig die Arbeit des Sich-selbst-Kennenlernens ist, drückt Mirsakarim Norbekov in *Eselsweisheiten* drastisch, aber zutreffend aus: „... aber haben Sie sich schon einmal, wenigstens für eine Stunde, hingestellt, um sich selber kennen zu lernen? Nein, das ist bisher noch nicht vorgekommen! [Er kennt Dich nicht.] Meist haben wir Angst und versuchen eher, vor uns selbst zu fliehen. Wir kennen viele Dinge, aber uns selbst kennen wir nicht. Deshalb tappen wir auch durchs Leben wie Blinde. [Wie schon gesagt, er kennt Dich nicht.] Wen wollen wir betrügen? Wen auch immer wir betrügen wollen, der wirklich Betrogene sind wir immer selber."[107]

Die Methode des Hinterfragens eignet sich auch gut für den Fall, daß wir an einem Punkt unserer Inneren Arbeit nicht weitergekommen oder vielleicht sogar rückfällig geworden sind. Ich hatte mir, in bester Absicht, etwas vorgenommen – Wochen später stelle ich fest, daß ich keinen Schritt vorangekommen bin. Was hat mich gehindert? Waren meine Ziele zu hoch gesteckt? Wollte ich das auch wirklich, was ich da angestrebt hatte, oder hat es gar nicht mit meinen tatsächlichen Wünschen übereingestimmt? An welcher Stelle bin ich in alte Programme verfallen? Habe ich etwas übersehen, das mich so stark behinderte, daß ein Vorwärtskommen gar nicht möglich war?

> H. störte es selbst, daß sie abends viel zu lange vor dem Fernseher saß. Viel lieber hätte sie den Tag ruhig ausklingen lassen und vielleicht noch eine kleine Meditation angehört. Also nahm sie sich vor, klein anzufangen und den

Fernseher in der ersten Woche täglich 10 Minuten früher auszuschalten. Das konnte dann gesteigert werden.
Wenn H. nun nach vier Wochen feststellen muß, daß ihr Fernsehkonsum immer noch den gleichen Umfang hat (die ersten zwei Tage hatte es geklappt), und wenn sie nach wie vor die Absicht verfolgt, ihre Zeit vor dem Fernseher zu verkürzen, wird es wenig Sinn haben, die Aktion „abgespecktes Fernsehen" alle paar Wochen neu einzuleiten. Was müßte sie tun? Sie müßte in sich nachfragen, was sie daran gehindert hat, ihre guten Vorsätze in die Tat umzusetzen. Wenn es kein „jemand" war (H. ist Junggesellin), wird es wohl an ihr – in ihr – gelegen haben. Will sie mit ihrem Vorsatz Erfolg haben, dann bleibt ihr nichts anderes übrig als die Frage: War es mir wirklich ernst? Und dann kann sie erneut entscheiden.

Bei K. liegt der Fall ein wenig anders, aber doch ähnlich. Er liebt zwar Gott, aber sich selbst nicht. Sagt er. Was kann er tun? Er wird – liebevoll – mit der Frage konfrontiert, wie man Gott lieben kann, sich selbst aber nicht? Geht nicht die Liebe zu Gott über meinen Nächsten und auch über mich selbst? Er bekommt Hilfen an die Hand, wie er damit beginnen kann, sich selbst zu lieben: keine Schuldzuweisungen, Freude an kleinen Schritten, in andere Menschen ein bißchen Zeit investieren, mit dem Herrn von Du zu Du zu sprechen, so als säße er neben Ihm, sich immer wieder vor Augen zu halten, wie stark er in Wirklichkeit im Inneren ist und anderes mehr.
Nach sechs Monaten stellt K. fest, daß er sich noch genausowenig liebt wie früher. Was hat er falsch gemacht? (Er anerkennt, daß der Fehler bei ihm und nicht bei Gott liegen muß.) Welchen Schritt oder welche von den Schritten hat er nicht getan? Wer hat ihn darin gehindert? (Übrigens: K. ist ebenfalls unverheiratet.) Muß er sich die Frage stellen, ob er sich wirklich lieben lernen wollte? Oder soll er morgen einfach einen neuen Versuch starten?

Es steht sicher außer Frage, schrieb ich in *Das letzte Wort hat die Liebe*, daß die überwiegende Zahl aller Menschen guten Willens ist. Aber das reicht nicht immer aus. Noch wichtiger ist es zu wissen, wie man das, was man sich vorgenommen hat, auch möglichst erfolgreich umsetzen kann, und was einen möglicherweise trotz allen guten Willens immer noch hindert: „Wer nicht erkennt, daß es die komplette Wanderausrüstung und ein schwerer Rucksack sind, die jeden Hochsprung mißlingen lassen, dem wird selbst die allerbeste Absicht nicht helfen ...“[108]

Das, was wir bei unserer kleinen Ordnungsgeschichte festgestellt haben, daß nämlich Antworten vorschnell gefunden oder gegeben werden, gilt auch für den Fall, wenn wir ein scheinbar positives Verhalten hinterfragen. Welcher Art war z. B. mein Beweggrund für diese Hilfe, die ich geleistet habe? Aber natürlich: Er war selbstlos. Der Mann hat mir leid getan; da kann man doch nicht vorbeischauen; da ist man doch verpflichtet zu helfen; der oder die hat es doch so schwer. Kann alles stimmen, muß aber nicht. Vorsichtshalber könnte man ja mal über das Helfersyndrom nachdenken oder über den Vorteil, der für einen selbst bei der Sache herausgesprungen ist oder über den guten Eindruck, den man damit zu machen gedachte und, und, und. Das muß alles nicht sein, nur als kleiner Hinweis, wenn man sich mal nicht sicher ist.

Und warum gehe ich heimlich an den Kühlschrank? Oder kann ohne Schokolade, Erdnüsse oder Salzstangen nicht auskommen, sobald ich mich ins Auto setze? Weil ich Hunger habe? Nun denn ... Vielleicht liegt ja nur eine Angewohnheit zugrunde, die ich gar nicht ablegen muß oder die relativ rasch abgestellt werden kann, wenn ich das möchte. Das ist nichts Problematisches. Wird es irgendwann zur Sucht, beeinträchtigt es meine Gesundheit, dann könnte ein Blick hinter die Kulissen weiterhelfen.

Das Gesetz der Resonanz ist das Mittel mit dem „höchsten Wirkungsgrad“. Es hört sich sehr einfach an, ist es im Grunde genommen auch, ruft aber fast immer zuerst Widerspruch hervor, bis der Betroffene die ersten Erfahrungen damit macht und es dann nicht mehr missen will. Was hat es damit auf sich?

Das Gesetz der Resonanz besagt, daß dann, wenn mich etwas ärgert, aufregt, stört usw., also negative Emotionen in mir auslöst, Gleiches oder Ähnliches in mir vorhanden sein m u ß . Ehe wir groß theoretisieren, schauen wir uns ein Beispiel aus der Praxis an:

Ich habe mich über eine Aussage geärgert, die ich als belehrend, verbunden mit einem Schuß Arroganz, empfand. Nachdem die erste Welle der Erregung abgeebbt war, erinnerte ich mich – weil ich mir ja vorgenommen hatte, mit der Hilfe Gottes ein liebevollerer Mensch zu werden – an das Gesetz der Resonanz und daran, daß ich demnach auch so sein muß. Ich empfinde mich aber nicht so. Also beginnt sie, die Suche, die nicht immer ganz leicht ist und auch nicht immer geradewegs in die gewünschte Tiefe führt. Aber am Anfang reicht es aus, daß ich überhaupt etwas finde, auch wenn sich darunter noch weitere Schichten befinden, die auf mein Verhalten einwirken und es bestimmen.

Wichtig dabei ist, daß ich mir zugestehe, daß ich noch so bin, wie es mir das Resonanzgesetz spiegelt, obwohl ich ja eigentlich dachte, schon viel weiter und längst über solche Fehler erhaben zu sein. Eine weitere Schwierigkeit kann außerdem darin bestehen, daß es sich nicht um die exakt namentlich gleiche Schwäche handeln muß. Allein wenn sie ähnlich ist, reicht es aus, um mich in Rage zu bringen oder sonstige unfreundliche Gefühle in mir hervorzurufen. Erkenne ich nicht sogleich, was in mir liegt, kann ich um Hilfe bitten, das Nötige gezeigt zu bekommen. Die Erkenntnis kommt – sie m u ß kommen –, da sie Teil der geistigen Hilfe ist, um die ich gebeten habe. Schließlich werde ich meine Schwäche, meinen Mangel entdecken.

- In unserem Beispiel könnte das Besserwisserei sein – mit einer Wurzel im Bereich von Minderwertigkeitskomplexen, Herrschsucht oder Unbelehrbarkeit.
- Unduldsamkeit mit der langsamen Auffassungsgabe meines Nächsten – tiefere Ursache: Abwertung? Warum mache ich den anderen klein? Um selbst größer zu sein?

- ein versteckter Hochmut – weil ich ja auch tatsächlich besser bin, zumindest in diesem oder jenem Punkt. Unterstützung des Nächsten wäre eher angesagt als Naserümpfen! Und anderes mehr.[109]

Es kann auch von allem etwas vorhanden sein; es können auch nur noch Spuren davon da sein – wie auch immer. Selbstverurteilung ist jetzt nicht angesagt (darüber sprechen wir noch), wenn nötig und möglich ein wenig Reue (je nach „Schwere" des Falls mehr oder weniger) und dann die Entscheidung: Will ich so bleiben, oder will ich die Schwäche, den Fehler ablegen?

Unser aller Problem mit diesem Gesetz besteht in der Regel darin, daß wir uns zuerst einmal dagegen wehren, weil wir keinesfalls so sein wollen, wie es uns die Treffsicherheit dieses Gesetzes unweigerlich nahelegt. Aus eigener Erfahrung kann ich sagen: Auch wenn man nicht sogleich findet, wonach man sucht, es ist da! Mit hundertprozentiger Sicherheit. In welcher Form, ob in gleicher oder ähnlicher Charakteristik, ob noch voll aktiv oder schon abklingend auf dem Rückzug – darüber ist damit noch nichts ausgesagt.

Das Wissen um diese Gesetzmäßigkeit der Resonanz kann eine der größten Hilfen sein, auf die wir auf dem Weg zur seelischen Reform zurückgreifen können. Vorausgesetzt, daß wir sie anerkennen und mit ihr arbeiten.

Eigentlich ist das schon alles. War doch gar nicht so schwer.

Wer das Gesetz der Resonanz nicht auf sich bezieht oder anwendet, da er nichts davon hält oder sich nicht entdecken möchte – was ihm durchaus überlassen bleibt –, geht einem Trugschluß auf den Leim. Ob er sich nämlich anschaut oder nicht: Was drin ist, ist drin, drängt über kurz oder lang nach außen und entscheidet mehr oder weniger über sein künftiges Leben! Der Vogel Strauß, der den Kopf in den Sand steckt, wäre in dem Fall nicht das richtige Vorbild ...

Auf Empfindungen zu achten ist eine weitere Möglichkeit, etwas über Dein Innenleben zu erfahren. Deine Reaktionen sagen viel über Dich aus. Nun magst Du denken: „Das ist doch ganz normal, wie ich auf diese oder jene Situation reagiere. So muß man doch reagieren."

Ob man so reagieren *muß*, hängt davon ab, was einen von innen her anstößt, im Äußeren etwas zu tun oder zu lassen. Deine *spontanen* Reaktionen, seien es Antworten oder Handlungen, sagen am deutlichsten etwas über Dich aus; muß ja überhaupt nichts Schlechtes oder Schlimmes sein. Freu' Dich darüber, wenn Du merkst: „Das war aber jetzt ein wirklich guter, positiver, bedingter Reflex[a], etwas, das aus dem Herzen kam; da mußte ich gar nicht drüber nachdenken."

Über eine spontane, negative Reaktion jedoch schnell hinwegzugehen mit der Begründung, jedermann hätte so reagiert, wird dem Wunsch, sich besser kennenzulernen, nicht gerecht. Gerade weil *nicht* jedermann so reagiert hätte – jeder reagiert nur so, wie es *ihm* entspricht –, sagt *Deine* Reaktion etwas über *Dich* aus. Reagieren andere gleichermaßen negativ, dann tragen sie Ähnliches in sich.

Nimm einfach nur als Beispiel, Du bist beleidigt worden. Hätte jeder s o zurückgeschossen wie Du? Jesus auch ...? – Gut, wir können es noch nicht so gut, wie Er es konnte, aber wir wollen ja lernen.

Das Gegenteil davon sind unterdrückte Reaktionen, auf die wir oft so stolz sind, weil wir uns oder etwas „unter Kontrolle" haben. Das bedeutet doch nichts anderes, als daß ganz schnell ein Riegel vorgeschoben wurde, der verhindert hat, daß sich zeigen konnte, was nach außen wollte. Und was unserem Gegenüber und ebenso uns selbst „verraten" hätte, was unter unserer freundlichen Oberfläche wirklich los ist. Wenn wir uns in einer stillen Stunde anschauen, was es ist, das wir unterdrückt haben, dann werden wir vielleicht feststellen, daß wir durch unsere Beherrschung zwar den Anschein von guter Sitte und Rechtschaffenheit erweckt oder aufrechterhalten haben, es aber im Inneren brodelt. Gewiß hat es seine Berechtigung, wenn Anstand und Konventionen verhindern, daß jeder jedem alles an Beschimpfungen und Meinungen an den Kopf wirft, aber genauso gut und ratsam wäre es, wir würden uns in einer stillen Stunde fragen, „welcher Teufel uns in dem Moment geritten hat".

---

a Der Begriff „bedingter Reflex" geht auf den russ. Mediziner Iwan Petrowitsch Pawlow (1849 – 1936) zurück und beschreibt ein erworbenes Verhalten, das durch einen entsprechenden Impuls automatisch ausgelöst wird.

Man kann andere Menschen darum bitten, daß sie einem helfen zu erkennen, in welchen Punkten man mit einer Haltung oder einem Tun falsch liegt. Da muß man aber schon Glück haben, wenn das klappt.

Entweder: Man geht in die Praxis eines Psychotherapeuten und wird „professionell" bis zu einem Punkt geführt, an dem sich Zusammenhänge erkennen lassen; das kostet zwar ein bißchen was, führt aber dennoch nicht unbedingt zur Selbsterkenntnis. Denn wenn Dir Dein Psychotherapeut sagen würde, daß Du einen (großen?) Anteil an den Schwierigkeiten mit Deiner Schwiegermutter hast, besteht die Gefahr, daß Du „die Couch verläßt", weil Du wegen der Niedertracht Deiner Schwiegermutter und nicht wegen Deiner eigenen gekommen bist. (Bitte nicht wörtlich nehmen, ist bewußt übertrieben.)

Oder: Du findest einen lieben, tieferblickenden Menschen, der das einfühlsame Zuhören und Nachfragen beherrscht. Dies aber wird sich nur dann als nützlich erweisen, wenn Du den Anstößen, die er Dir gibt, nachgehst. Mehr als Anstöße wird er Dir ohnehin nicht vermitteln, da er Deine Willens- und Handlungsfreiheit zu respektieren weiß. Jede mit Nachdruck gegebene Empfehlung würde schon einen Eingriff in diese Freiheit bedeuten.

Ein Meister darin war Sokrates, er hat dieses Prinzip besonders gut beherrscht. „Er war dafür bekannt, daß er die Fragen seiner Schüler mit Gegenfragen beantwortete. Seine Schüler mag das manchmal frustriert haben, aber Sokrates war offensichtlich klar, daß jeder Schüler zu seinen eigenen Erkenntnissen finden muß, um Selbstvertrauen zu entwickeln[a]."[110]

Ein echter Lehrer wird also zur Frage, welche Entscheidung Du treffen sollst, schweigen, auch wenn er Dir im Detail auseinanderlegen kann und wird, wo Deine Blockaden sind, und wie Du sie abbauen kannst. Der Rest gehört Dir.

Ungefragt wird Dir Dein Nächster in den seltensten Fällen etwas sagen, was Dich zwar zur Selbsterkenntnis animieren, aber auch Dein Ego für Momente ins Straucheln bringen könnte. Vielleicht ahnt oder weiß er, daß gute Ratschläge ohnehin nicht viel ausrichten.

---

a Eine solche Fragetechnik hat Sokrates als Hebammentechnik bezeichnet: Man hilft dem Erzählenden das hervorzubringen, was sowieso aus ihm heraus will.

Also unterhaltet ihr euch lieber über das Wetter, die Kinder (bei Frauen) oder über Bayern München (bei Männern). Außerdem möchte er es mit Dir nicht verderben, es sei denn, er ist ein wirklich guter Freund, eine wirklich gute Freundin und beherrscht neben einem tieferen Einblick nicht nur eine diplomatische, sondern auch eine liebevoll-einfühlsame Sprache. Und ihm/ihr liegt Dein seelisches Wohlbefinden so sehr am Herzen, daß er/sie eine kurzzeitige Verstimmung in Kauf nimmt. Das aber wäre schon ein wirklich guter Freund, eine wirklich gute Freundin – eine äußerste Seltenheit.

Den LOTSEN zu bitten, ist insofern die beste Methode, als sie in jedem Fall funktioniert. Vielleicht bekommst Du die Antwort nicht sofort und in den meisten Fällen auch nicht direkt, aber Du erhältst sie aus der höchsten Quelle; und diese höchste Quelle ist weder blind noch taub noch mit Fehlern behaftet.

Weil wir Ihn in der Regel noch nicht direkt in uns hören, spricht Er indirekt zu uns: durch Menschen und Begebenheiten. Weil wir – ebenfalls in der Regel – von dieser indirekten Ansprache nichts wissen, beachten wir sie nicht, halten sie für völlig unmöglich oder gar reinen Zufall.

Ganz unmöglich dagegen ist, daß die Liebe ein Gebet überhört. Gott ist das Leben in Dir, und damit ist alles, was Du bist, empfindest, denkst, redest und tust von Seiner Energie beseelt und damit weit unmittelbarer mit Ihm verbunden, als in unserem erwähnten Beispiel die Glühlampe mit dem E-Werk.

Nachdem wir wissen, daß keine Energie verlorengeht, geht auch keine Bitte an Ihn, keine Hinwendung zu Ihm verloren. Das gilt erst recht für den Wunsch, uns und unsere Fehler und Schwächen näher kennenzulernen. Ich formuliere es einmal überspitzt, aber Du wirst verstehen, was ich damit meine: Diese Gebete haben Vorrang! Denn gerade sie sind es, die den Weg zurück ins Vaterhaus ebnen. Also werden sie auch mit besonderen Hilfestellungen und unmittelbarem Beistand bedacht.

Wir mögen manchmal zwar den Eindruck haben, daß unser Gebet Ihn nicht erreicht hat, aber das liegt einzig und allein daran, daß wir Ihn und den Umgang, den Er mit Seinen Menschenkindern pflegt, an unseren Maßstäben ausrichten. Wir wären übel dran, wenn solche

Maßstäbe in der Schöpfung Gültigkeit hätten und nicht Sein allwissendes, allem übergeordnetes Prinzip der Liebe und Gerechtigkeit. Weil wir keine Ahnung davon haben, was wirklich gut für uns ist, und wir Seine zumeist indirekte Sprache uns gegenüber nicht verstehen, halten wir Ihn für stumm. Und nicht nur für stumm, sondern auch für unwillig und weit davon entfernt, sich der Probleme, Fragen und des Kummers, der Bitten und Gebete Seiner Kinder anzunehmen.

Nicht eine Silbe eines Gebetes, gedacht oder gesprochen, geht jemals verloren. Er antwortet immer – wenn die Aufrichtigkeit und der Ernst unseres Rufes nach Ihm aus einem liebenden Herzen kommt, aber auch aus einem, das vor Sorgen und Not nicht mehr weiter weiß. Was wäre Er für ein Vater, wenn Er Sein offenes Ohr nur den Schön-Formulierern und Fehlerfrei-Betern schenken würde!

Es ist nur so, daß wir Ihn in den Antworten, die Er uns gibt, häufig nicht erkennen.

Das wird in einer kleinen Geschichte deutlich, die von Seiner Handreichung, gleichzeitig aber auch von unserem Unverständnis erzählt:

> In einem kleinen Flußtal drohte Hochwasser. Ein Mann eilte mit seinem Auto zum Haus des Rabbis, um ihn in Sicherheit zu bringen. „Nicht nötig“, antwortete der fromme Mann, „der Herr wird mich retten.“
> Als der Rabbi wegen des Hochwassers in den ersten Stock flüchten mußte, kam ein weiteres Gemeindemitglied mit einem Boot vorbei, um den Rabbiner zu retten. „Nicht nötig, der Herr wird mich schon retten.“
> Am Schluß saß der Rabbi auf dem Dach, so hoch war das Wasser inzwischen gestiegen. Ein Hubschrauber kam, um den Rabbi zu retten. Aber auch der Pilot bekam die gleiche Antwort wie seine beiden Vorgänger.
> Es kam, wie es kommen mußte – der Rabbi ertrank und stand schließlich klagend vor seinem Gott: „Warum hast Du mich nicht gerettet? Ich habe doch auf Dich vertraut.“

„Nun", antwortet Gott, „Ich sandte dir ein Auto, ein Boot und sogar einen Hubschrauber. Warum hast du Meine Hilfe nicht angenommen?"

Die abendliche Rückschau ist ebenfalls ein Mittel, das uns zu Einsichten verhelfen vermag, indem wir unseren Tag und unsere Beweggründe für unser Verhalten noch einmal Revue passieren lassen. Es kann im übrigen ausgezeichnet als ein Mittel für guten Schlaf dienen, vielleicht sogar Schlaftabletten und Baldriantropfen überflüssig machen.

„Die Vergangenheit ist vorbei", schreibt Omraam Mikhaël Aïvanhov, „aber sie hat die Gegenwart geboren, welche die Wurzeln der Zukunft in sich trägt. Ihr müßt also von nun an die Zukunft erbauen, indem ihr die Gegenwart verbessert.

Zu diesem Zweck müßt ihr euch jeden Tag fragen: ‚Was habe ich heute gesagt und getan? Was für Gefühle und Gedanken haben mich bewegt?' Wenn ihr schlecht gehandelt habt, wenn ihr ungute Gefühle oder schlechte Gedanken hattet, schließt ihr euch den bösen Kräften an, und diese zerstören dann eure Zukunft.

Habt ihr einen schlechten Tag gehabt, so versucht zumindest vor dem Schlafengehen die besten Gedanken zu hegen und für den nächsten Tag die besten Vorsätze zu fassen, um die negativen Wirkungen einzudämmen. In der Nacht schwärmen dann diese Gedanken wie die Bienen aus und reinigen alles und machen alles wieder gut, und ihr beginnt den nächsten Tag unter besseren Voraussetzungen."[111]

Jeglicher Kommentar würde das Gesagte entwerten.

*

Wir haben ein anstrengendes Kapitel hinter uns mit möglicherweise neuen Überlegungen und Erkenntnissen für Dich. Man kann und muß nicht gleich alles auf einmal beherzigen. Laß es sich in Ruhe setzen. Wenn ich einen Teil der Fallen mit Namen „Selbsttäuschung" aufdecken konnte und Du dem nicht grundsätzlich skeptisch oder ungläubig gegenüberstehst, so ist schon viel gewonnen. Die weiteren Schritte begleitet der LOTSE, wenn wir Ihn darum bitten.

Die Frage **a) Wie erkenne ich meine Verhaltensmuster/Programmierungen/Steuerungsmechanismen?** haben wir beantwortet. Wenden wir uns der nächsten Frage zu.

15. Ein Standard-Rucksack

Das Pferd macht den Mist im Stalle. Und obgleich der Mist ein Unflat und Stank an sich hat, so zieht dasselbe Pferd dort den Mist mit großer Mühe auf das Feld: Und dann wächst daraus edler, schöner Keim, der nimmer so wüchse, wäre der Mist nicht da. Also trage deinen Mist mit Müh und Fleiß auf den Acker des liebreichen Willens Gottes in rechter Gelassenheit mit Deiner selbst.

Johannes Tauler[a]

Die Kraft und der Wille hatten eine teils angenehme, teils beschwerliche Wanderung hinter sich. Sie waren schon lange unterwegs. Um an einer besonders schönen Stelle eine noch bessere Aussicht zu haben, wollten sie durch dichtes Geäst einen Baum besteigen. Als es ihnen trotz bester Absicht und größter Anstrengung nicht gelang, und die Begeisterung langsam nachließ, wandten sie sich an die Weisheit. Die schickte ihnen die Erkenntnis, die ihnen riet, zuerst ihre großen Rucksäcke abzulegen. Der Rest war ein Kinderspiel.[112]

*

Der Rest war wirklich ein Kinderspiel. Allerdings ließen sich die Rücksäcke nicht so ohne weiteres einfach komplett mit Inhalt von den Schultern nehmen. Es ging nur, indem man sich die mittleren bis größeren Gepäckstücke – und nur um die ging's! – anschaute und

a Johannes Tauler (etwa 1300 – 1361) war ein deutscher Theologe und berühmter Prediger. Ebenso wie Meister Eckhart ging er von der Überzeugung aus, daß Gott im „Grund" der menschlichen Seele dauerhaft – wenn auch gewöhnlich auf verborgene Weise – anwesend ist und daher dort erreicht werden kann. Voraussetzung für die innere Gotteserfahrung ist nach Taulers Auffassung ein unablässiges Bemühen um Selbsterkenntnis. Die Selbsterkenntnis ermöglicht es, die Hindernisse, die der Begegnung mit Gott entgegenstehen, abzubauen.

entschied, ob man sich von ihnen trennen wollte. Das war leichter gesagt als getan. Immerhin trug man sie ja schon eine Weile mit sich herum, an das Gewicht hatte man sich auch gewöhnt, und irgendwie waren sie einem sogar ans Herz gewachsen. Es waren aber auch welche darunter, bei denen man sich mit bestem Willen nicht erinnern konnte, wann oder warum man sie überhaupt eingepackt hatte.

Spaß beiseite, Du weißt, was ich meine.

Wo sich unsere ureigenen Gepäckstücke versteckt haben, und wie wir sie finden können, wissen wir inzwischen. Laß uns doch einmal in einen ganz normalen, eine Art „Standard-Rucksack" hineinschauen. Du wirst überrascht sein, was sich darin alles findet. Dagegen wirst Du nicht mehr überrascht sein, daß man all das Belastende mit der Liebekraft Christi bearbeiten, umwandeln, auflösen kann – ohne einen einzigen Cent dafür ausgeben, Verträge unterschreiben oder Psychotherapie-Sitzungen hinter sich bringen zu müssen.

Doch bitte nicht erschrecken vor dem Inhalt, den wir ausbreiten. Standard-Rucksack heißt nicht, daß *alle* aufgeführten Eigenschaften und Belastungen bei *jedem* gefunden werden. Manche sucht man – Gott sei Dank – vergebens, andere sind nur noch in mikroskopisch geringen Mengen vorhanden; die kannst Du vergessen. Einige wirst Du vielleicht auch vermissen, denn die Auflistung erhebt nicht den Anspruch auf Vollständigkeit. Dafür ist die menschliche Seele viel zu facettenreich. Andere wiederum wirst Du zwar als Deine Gespäckstücke erkennen, sie stören Dich aber im Moment nicht sehr, oder Du gibst ihnen keine Priorität. Kein Problem. Alles erlaubt, keiner drängt Dich oder will etwas von Dir.

Es geht eigentlich nur darum, daß wir ein Gefühl dafür bekommen, *was* man alles bearbeiten und ablegen kann. Vielleicht gibt's an der einen oder anderen Stelle auch den berühmten Aha-Effekt.

Also:

b) Was zählt alles dazu bzw. zu dem, was ich verändern möchte?

Da ist zunächst einmal alles, was den Zehn Geboten, dem Gebot der Gottes- und Nächstenliebe und der Bergpredigt entgegensteht. Viele lassen das zwar als „Überschrift" gelten, aber es fehlen ihnen die Details und das „Wie?". Man kann sich auch – vor allem, wenn man es etwas weniger „religiös“ haben möchte – an der Goldenen Regel orientieren: „Was du nicht willst, das man dir tu, das füg’ auch keinem andern zu.“ (Es kommt aufs gleiche ’raus.)

Damit ist schon ziemlich viel abgedeckt. Noch mehr entdecken wir, wenn wir uns eine Skala vorstellen, an deren oberen Ende „Liebe“ und unteren Ende „Lieblosigkeit“ steht. Alles, was sich zwischen diesen beiden Polen einschließlich der Lieblosigkeit befindet, gehört ebenfalls dazu. „Aber meine ‚Fürsorge‘ (oder Affenliebe?) gegenüber meinen Kindern doch nicht“, wirst Du vielleicht sagen. Oder: „Was haben meine Minderwertigkeitsgefühle damit zu tun?“ Warten wir’s ab. Es gehört nämlich alles dazu, was Dich daran hindert, ein Leben als glücklicher, freier, ausgeglichener, vertrauender, unbekümmerter, sich geborgen fühlender Mensch zu führen. Also:

- Neid
- Eifersucht
- Stolz
- Eigenwille
- Ängste jeglicher Art
- Süchte
- zwanghaftes Verhalten
- Krankheiten
- Kummer
- Trauer
- Existenz-/Zukunftssorgen
- nicht vergeben können
- nicht um Vergebung bitten können
- Minderwertigkeitsgefühle
- Abhängigkeit
- Schuldgefühle
- Erwartungshaltungen
- nicht loslassen können
- nicht „nein“ sagen können
- nicht um Hilfe bitten können
- Machtspiele

- mangelndes Vertrauen
- Selbstmitleid
- Affenliebe
- fehlende Eigenlieb
- eigene Situation nicht akzeptieren können
- mangelnde Konsequenz

Einige dieser Eigenschaften und ihre seelischen Hintergründe schauen wir uns näher an; es würde den Rahmen sprengen, wenn wir alle beleuchten würden. Sofern Du das Prinzip des Hinterfragens verstanden hast und ein bißchen übst, wirst Du sowieso viele der Wurzeln und Würzelchen relativ schnell selbst erkennen können. Um dafür ausnahmsweise einmal einen englischen Ausdruck zu verwenden: *Learning by doing*[a].

Nicht vergeben können: „Sich und anderen nicht verzeihen zu können“, schreibt Verena Stollnberger, „verhindert ein Leben im Einklang mit der Welt und wirkt wie ein inneres, geistiges Gift aus Wut und Bitterkeit. Letztlich führt Unverzeihen zu enormen emotionalen ‚Folgekosten‘ in Form von belastenden Lebensumständen, Unfähigkeit zur Lösung von Problemen oder ständig wiederkehrenden Schwierigkeiten.“[113]

Das ist noch nicht alles: Wir blockieren eine gesunde Kommunikation und eine mögliche Versöhnung mit dem „Täter“, wir erfahren ähnliche Vergehen an uns von anderen, die uns an den Täter erinnern; wir ziehen ähnliche Situationen, Menschen und Verletzungen an (logisch, die Energie ist ja noch aktiv); auf tiefster psychischer Ebene mißtrauen, mißachten und entwürdigen wir uns selbst; solange wir uns in der Rolle eines Richters oder Vollstreckers befinden, blockieren wir jegliche Hilfe und Heilung *von oben* und anderes mehr.[114]

„Weiß ich alles“, höre ich den Betreffenden sagen, „aber warum kann ich denn nicht vergeben? Ich möchte es doch.“

---

a Learning by doing = Lernen durch Handeln. Das Ursprungskonzept beruht darauf, daß Lernerfolge nur möglich sind, wenn Dinge ausprobiert werden und anschließend darüber nachgedacht wird.

Was hindert Dich? Beginne, nach der Wurzel zu graben. Eine Möglichkeit wäre, sich zunächst einmal darüber im klaren zu werden, was den anderen bewogen haben könnte. Ein grundsätzlich schlechter Charakter? Warum mußte er den gerade an mir auslassen? *(Er kannte das Gesetz von Ursache und Wirkung noch nicht. Du kennst es jetzt.)* Wußte oder konnte er (Vater) oder sie (Mutter) es nicht besser? *(Keiner von ihnen hat es absichtlich getan, um Dir bewußt zu schaden. Seine oder ihre Fähigkeiten und Möglichkeiten waren begrenzt.)* Mit solchen und ähnlichen Fragen kann schon ein gewisses Verständnis erreicht werden, das zwar noch keine Vergebung darstellt, sie aber einleitet.

Was hindert dich jetzt noch? Wenn Du dem Täter vergeben würdest, was dann? Hättest Du dann vielleicht ihm gegenüber keinen Trumpf mehr in der Hand? Keine Möglichkeit mehr, ihn in seiner Schuld zu halten? Was wäre, wenn Du ihn freisprechen würdest? Was würde D i r dann fehlen?

Vielleicht hast Du jetzt eine Wurzel entdeckt; sie könnte „Rache" heißen. So weit, so gut. Oder doch besser: so *schlecht*? Würde man Dich – mit Rache im Gepäck – in den Himmel einlassen? Natürlich nicht, also wirst Du Dich irgendwann von ihr trennen müssen. Warum erst irgendwann? Bis dahin willst Du Dir selbst schaden? Oder wiegt das bißchen Rache die seelischen und körperlichen Auswirkungen (s. oben) auf? Und schließlich: Ist Rache eines Sohnes, einer Tochter Gottes würdig?

Wenn nein, dann laß ruhig ein paar Tränen fließen, geh zum Herrn und bitte Ihn, Er möge Dir helfen. Mach dasselbe, wenn es umgekehrt ist: Wenn Du der Täter bist, der um Verzeihung bitten möchte. Geh nach innen, sprich mit Ihm, bitte Ihn, das Gespräch, die Begegnung oder das Schreiben eines Briefes vorzubereiten und, wenn es dann soweit ist, mitten im Geschehen dabei zu sein.

Glaubst Du, daß Er Seine Hilfe verweigern wird? Ich sage Dir: Es wird ein Aufatmen durch den ganzen Himmel gehen! Viele Helfer, die nur auf ihren Einsatz gewartet haben, werden aktiv! Du hast Dich bewegt, Du hast die ersten Schritte eingeleitet, Du bist dabei, das Gesetz der Liebe zu erfüllen. Und da sollte Er tatenlos danebenstehen und nur zusehen ....?

Die Sache hat nur einen Haken, einen kleinen: Die Entscheidung mußt Du treffen.

Zwar ist das Thema damit nicht annähernd erschöpfend behandelt. Aber Du hast jetzt eine Spur. Wenn die Beispiele auf Dich und Deine Umstände nicht zutreffen, wandle sie ab. Das „Strickmuster“ wird immer das gleiche bleiben. Weilt Dein Kontrahent nicht mehr unter den Lebenden, kannst Du dennoch die gleiche Innere Arbeit vollziehen. Meinst Du es ernst, wird er von seinen geistigen Helfern zu Dir geführt, steht unsichtbar neben Dir und hat, ebenso wie Du, Tränen in den Augen. Glaub' mir: Das wird „eines Tages“ ein freudiges Wiedersehen werden!

Wenn Du in Dir das Glanzlicht aller Nicht-Vergeben-Können-Auffassungen kultiviert hast, das lautet: „Gott wird mir nie vergeben, dafür ist meine Schuld viel zu groß“, dann hast Du ein anderes Problem. Dann stimmt Dein Bild von Ihm vorne und hinten nicht. Ebensowenig wie das, was Du von Dir selbst hast. Denn Du machst Dich damit unendlich klein und unwürdig und stellst Dich und Deine Schuld gleichzeitig über die Allmacht Gottes, indem Du glaubst, Seine große Liebe sei in Deinem Falle überfordert ...

Lösung? Zuerst einmal das Gottesbild in Dir korrigieren und Ihn um Hilfe bitten, Dir bei der Entfernung aller aufoktroyierten[a] falschen Glaubensmuster beizustehen. Und dann immer wieder zu Ihm gehen wie ein kleines Kind zu seinem liebenden Vater.

Die Vorgehensweisen bei den folgenden Punkten sind im Prinzip dieselben, daher wird diese Ausführlichkeit im weiteren nicht nötig sein.

Minderwertigkeitsgefühle: „Während Sie sich selbst bekritteln, vergleichen Sie sich weiter mit anderen, und nicht von Ihrer besten Seite“, meint Mirsakim Norbekov! „Die schwache Selbstbewertung ist aus der Schale der Wünsche gekommen – das ist die Urgrundlage des Unglücks, der Unzufriedenheit, der Fehlschläge ...“[115]

In der „Schale der Wünsche“ liegt das Problem und gleichzeitig – wie immer – auch die Lösung. Wer sich mißt an den Fähigkeiten, am Aussehen, am Ansehen, an den Erfolgen und an anderen „Werten“

---

a aufoktroyiert = aufgedrängt, aufgezwängt

seiner Mitmenschen, muß zwangsläufig zu dem Ergebnis kommen, daß es immer jemanden geben wird, der etwas besser kann, der besser aussieht, angesehener und erfolgreicher ist als man selbst.

Wenn Dir etwas so sehr fehlt, daß es Dein Selbstwertgefühl mindert, gibt es eigentlich nur einen Weg: Du verschiebst die Prioritäten. Dazu solltest Du natürlich in Dich hineinzuschauen, um festzustellen, woraus sich Dein Selbstwertgefühl zusammensetzt, welches Gewicht Du den einzelnen Aspekten zumißt, und welche noch erschlossen werden müssen. Und dann verschiebe die Reihenfolge.

Wenn Du an die erste Stelle Dein tiefe, innere Überzeugung, Dein Wissen stellst, daß Du ein, in seiner Form einmaliges Kind Gottes bist, das von Ihm geliebt wird, hast Du schon halb gewonnen. *Denn es gibt Dich in der ganzen Schöpfung nur einmal. Du bist einzigartig!* Und Du bist in und mit Deinem wahren Wesen nicht weniger wert als irgendein anderer Sohn oder irgendeine andere Tochter Gottes. Auch der kleinste Engel steht an Wertigkeit einem Cherub oder Seraph[a] in nichts nach.

Wenn wir Minderwertigkeitsgefühle entwickeln, liegt das immer daran, daß wir uns nicht zufrieden geben mit dem, was wir sind, können und haben. Vielleicht könnten wir ja tatsächlich mehr als das, was wir zur Zeit tun oder darstellen. Was hat uns bisher gehindert, unser Potential auszubauen? Nicht, um uns an anderen zu messen; nicht, damit wir uns endlich ebenso wertvoll oder wichtig fühlen können, sondern um das, was wir mitgebracht haben und was noch unausgereift in uns liegt, auch auszuschöpfen und es zum Wohl unserer Nächsten einzusetzen. War es Trägheit? Welche anderen Dinge waren wichtiger? War uns die Arbeit an uns selbst zu schwer? War es leichter, sich dem Gefühl der Minderwertigkeit hinzugeben, als den momentanen Zustand zu verändern?

Die Entscheidung, künftig etwas anders zu machen, muß nicht – wie im Beispiel des Vergebens – immer mit starken Emotionen verbunden sein, auch nicht mit spektakulären Umkehraktionen. Schon allein die feste Absicht, Deine Dir vom Himmel geschenkten Fähig-

---

a Cherub und Seraph (Mz. Cherubim und Seraphim) bilden gemeinsam ein Erzengelpaar, von denen es insgesamt sieben gibt, die den Grund-Wesenheiten und -Eigenschaften Gottes entsprechen: Ordnung, Wille, Weisheit, Ernst, Geduld, Liebe und Barmherzigkeit.

keiten und Möglichkeiten besser auszuschöpfen – „mit Deinen Pfunden zu wuchern“ –, wird vom Himmel unterstützt. Um damit zu dienen, um sie helfend einzusetzen, dafür hast Du sie mitbekommen; nicht, um damit zu glänzen und Dein Ego aufzuwerten. Dies gilt in gleichem Maße für die Entwicklung Deiner Liebefähigkeit, in kleinen Schritten bei den Gelegenheiten, die der Tag Dir bietet.

Wenn Du Dich so, wie Du im Moment (noch) bist, akzeptieren lernst, und wenn Du an die erste Stelle Deiner Werteskala die Tatsache stellst, daß Du ein einzigartiges Kind Gottes bist, dann haben Minderwertigkeitsgefühle keine Chance. Und in einem Bewußtsein, das sich geliebt weiß, ist kein Platz für sie.

PS: Solltest Du in einem halben Jahr immer noch über Deine Minderwertigkeitskomplexe klagen – bist Du sie dann wirklich und in vollem Ernst angegangen? Oder hat der liebe Gott Deine Bitte überhört?

Ach ja, einen dritten Grund hätte ich beinahe übersehen: Vielleicht stimmt das alles nicht, was ich hier schreibe?

Abhängigkeit: Stellen wir eine kleine Geschichte voran, die Christian Gotthilf Salzmann erzählt, und in der es um eine Frau geht, die in ihrer Ehe sehr unglücklich war. Schon bald nach ihrer Hochzeit stellte sich heraus, daß der Mann ein Wüstling, Geldverschwender und Fremdgänger war. Ihr anfängliches Bestreben, ihm zu gefallen und seine Liebe durch Nachgiebigkeit und Drüber-hingweg-Sehen zu erhalten, zeigte keinen Erfolg. Sie suchte alle Trostgründe auf, um Beruhigung zu finden, und fand sie nicht. Ihr Leben war eine Hölle, weil sie die Liebe ihres Mannes zu ihrem Hauptzweck gemacht hatte.

Bei ihrem Bruder suchte sie Trost, der ihr sagte: „Liebe Schwester! Deine Leiden werden aufhören, sobald wir deren Ursache wegschaffen. Weißt Du, wo die Ursache zu suchen ist?“

„In meinem pflichtvergessenen Mann.“

„Du irrst, meine Liebe“, antwortete der Bruder. „Die Ursache deiner Leiden liegt in dir selbst, weil du deine Zufriedenheit von einem anderen Menschen abhängig gemacht hast.“[116]

Das geschah oder geschieht uns allen mehr oder weniger regelmäßig. Ein solches Verhalten stellt jedoch eine große Gefahr dar. Natürlich ist es schön, geliebt zu werden, und wir sind ja auch bereit, dafür eine Gegenleistung zu erbringen und ebenfalls zu lieben. Bis hierher ist alles klar – und es ist auch gut, wenn es so bleibt. Was aber, wenn Du – vielleicht ohne es zu bemerken – immer abhängiger davon wirst, diese Zuneigung und Sympathie auch stets zu bekommen? Wenn Du sie dringend benötigst, hat es der andere in der Hand, ob Du glücklich bist oder nicht. Entzieht er Dir seine Liebe, bist Du unglücklich. Ist das eines freien Kindes Gottes würdig?

„Aber was soll ich machen", höre ich Dich sagen. „Ich liebe ihn/sie doch so. " Wenn Du nicht mehr in der Lage bist, ein freies Leben ohne ihn/sie zu führen, hast Du Dich – entschuldige, auch wenn es hart klingt – abhängig gemacht. Damit ist nicht gemeint der „gesunde" Liebeskummer oder die „gesunde" Trauer. Gemeint ist die Art von Liebe, die wir fälschlicher- und oft fatalerweise als den Gipfel aller Liebe ansehen: „Ich kann ohne dich nicht mehr leben." Na dann, das böse Erwachen läßt grüßen.

D. sehnt sich nach Zuneigung. Er findet sie, muß aber nach vielen Monaten festellen, wie er selbst sagt, daß eigentlich einiges an dieser Beziehung auf den Prüfstand gestellt werden müßte. Was aber passiert, wenn sich dann herausstellt, daß alles schon lange nicht mehr so schön ist, wie es einst war (was übrigens beide schon so empfinden)? Ein Teil seiner heilen Welt zerbricht. Das wäre nicht nur Liebeskummer, sondern eine echte Existenzkrise. Hat er sich abhängig gemacht? Wie sehr? Kann er sich noch freischwimmen?

Wie kann die Lösung aussehen? Etwas zu lassen – wir sprachen schon darüber –, ohne daß etwas da ist, das als gleichwertiger oder besserer Ersatz dienen kann, bringt die große Frustration. Muß die einzig richtige Lösung deshalb nicht darin bestehen, etwas in Dir selbst aufzubauen, das Dir niemand wegnehmen kann?

Versetze Dich wieder einmal für einen Moment in die Lage Gottes. (Du weißt ja, es ist keine Gotteslästerung.) Wäre Gott von der Liebe Seiner Menschenkinder zu Ihm abhängig, müßte Er ganz schön unglücklich sein, denn die allermeisten lieben Ihn keineswegs. Ist Er aber nicht, sonst könnte Er nicht in dem Maße lieben, wie Er es tut. Was also macht Er anders? Was macht Er, woran wir uns vielleicht ein Vorbild nehmen können?

Er hat den „Spieß einfach herumgedreht“: Anstatt die Liebe anderer zu konsumieren, diese also nur zu nehmen, liebt *Er* – gibt Er sie selbst –, woraufhin Ihm die Liebe jener Kinder zufließt, die sie Ihm freiwillig geben. Das folgende Gedicht aus *Verlasse dich auf deines Herzens leisen Klang* drückt genau das aus, was ich meine:

In mitternächtlich stiller Stunde

In mitternächtlich stiller Stunde
da tritt ein Engel vor mich hin,
und ich vernehm’ aus seinem Munde
der Liebe tief verborg’nen Sinn:

Dir scheint es so, als wird auf Erden
zur Ewigkeit ein Augenblick,
wenn du erfährst, geliebt zu werden.
Doch dies ist nur das zweite Glück. –

Ich höre staunend, und ich frage
den Himmelsboten, flammengleich,
daß er mir das Geheimnis sage,
wie ich das erste Glück erreich’.

Da senkt er seine Feuerstrahlen
in mich hinein, und er beginnt,
die Himmel in mir auszumalen,
auf daß ich eine Antwort find’.

Und tief in mir, ganz zart und leise,
da flüstert mir der Himmel zu
auf seine so vertraute Weise:
Das erste Glück heißt – liebe du.[117]

Wenn Du Dich in der Situation der Abhängigkeit befindest, dann könntest Du nachschauen, in welchen Bereichen *Du* in der Lage bist, Liebe in größerem Umfang zu geben als bisher. Das, was Du gibst, kann Dir keiner wegnehmen. Eine Liebe, die selbstlos gegeben wird und nicht danach fragt, was sie dafür zurückbekommt, wird von nichts und niemandem jemals abhängig sein und ist somit unzerstörbar. Als Burg – und sei sie von noch so vielen Feinden umlagert – ist sie uneinnehmbar.

Solltest Du Dich in der Lage befinden, nicht abhängig von anderen zu sein, sondern andere von Dir abhängig gemacht zu haben, gilt für Dich das gleiche: Was fehlt Dir an innerem Halt, daß Du Dir die Abhängigkeit anderer Menschen „ermanipulieren" mußt? Außerdem wärest Du – ohne daß Du Dir das bisher eingestanden oder ohne daß Du es gewußt hast – in diesem Fall ebenfalls stark abhängig; denn würde man Dir Deine Abhängigen wegnehmen ... wie sähe Dein Vakuum aus?

Vertrauen: Glaubst Du, daß man Vertrauen *lernen* kann? Wenn, dann nur in kleinen Dingen und mit kleinen Schritten. Und das Gesetz von Ursache und Wirkung sollte man auch kennen und/oder einen entsprechend starken Glauben haben, damit das Vertrauen nicht gleich dahinschwindet wie der Schnee in der Frühlingssonne, wenn Gott etwas für Dich vorgesehen hat, dessen Ausmaß Du zwar im Moment vielleicht schon verspürst, aber noch nicht überblickst.

Aber *erlernen*, wie man eine handwerkliche oder geistige Fähigkeit erlernt, kann man Vertrauen nicht. Doch das ist kein Grund, den Kopf hängen zu lassen, denn: Mit absoluter Sicherheit stellt sich ein tiefes, unerschütterliches Vertrauen ein als *Folge* Deiner Bemühungen, die Liebe zu leben. Mehr dazu wird die Praxis zeigen. Auch hier gilt: Learning by doing.

Nicht „nein" sagen können: Die Nähe zur Abhängigkeit ist nicht zu übersehen. Viele halten ihr unbedingtes Ja-Sagen bei jeder Bitte um Hilfe für einen selbstlosen Charakterzug, der Uneigennützigkeit ausdrückt. Kann sein, aber Vorsicht: Falle!

Ob es sich schon um eine von Herzen kommende Hilfsbereitschaft handelt, die die Not des Nächsten erkennt und eigene Bedürfnisse für den Augenblick zurückstellt, oder ob aus dem „Nein", das eigentlich angesagt gewesen wäre, vorsichtshalber ein „Ja" geworden ist, ist nicht immer leicht zu unterscheiden.

Sollte eine Konfrontation vermieden werden, die bei einer Absage gedroht hätte? Sollte ein guter Eindruck erweckt werden? Spielte die

Angst vor den Folgen eines Nein mit hinein? Weil ich weiterhin gut angesehen oder geliebt werden will? Weil ich mir einen Vorteil davon verspreche? Dir fällt schon noch etwas ein.

Merkst Du, wie nahe ein ehrliches und ein unehrliches Nein beeinanderliegen? Was Dich wirklich bewegte bei Deiner Zu- oder Absage, wirst Du nur herausbekommen, wenn Du Dir nichts vormachst.

Und wenn das Resultat Dir dann zeigt: „Ich habe *wieder einmal* ja gesagt, obwohl ich eigentlich nein sagen wollte", was dann? Suche den Grund dafür in Dir, nicht bei dem anderen. Warum ist es Dir s o wichtig, daß der andere eine gute Meinung von Dir hat? Hast Du selbst eine gute von Dir? Hast Du eine gute von ihm? Brauchst Du seine positive Ansicht Deiner Person, um Dich geliebt zu fühlen? Und ohne, daß er Dich gut findet, würde Dir etwas Wichtiges fehlen? Merkst Du, daß die Abhängigkeit schon winkt?

Jeder Mensch – jedes Geschöpf – braucht Energie, um leben zu können. Je mehr davon über sein Inneres fließen kann, weil er die seelischen Blockaden in sich nach und nach abbaut, um so weniger benötigt er Energie von Menschen. Was er freiwillig geschenkt bekommt, lehnt er nicht ab; aber er *nimmt* nicht mehr, er *gibt.*

Man kann aber nur von dem geben, was man hat. Ansonsten muß man nehmen, um einigermaßen leben zu können – und dabei einen Teil von sich selbst verleugnen. Wo bleiben dann unsere Würde, unser aufrechter Gang? Können wir uns zumindest vorstellen, wie Er zu uns sagt: „Eigentlich hatte Ich etwas anderes für dich vorgesehen ..."?

Krankheiten: Krankheiten erwähne ich an dieser Stelle nur, gehe aber nicht im Detail darauf ein. Das ist in anderen Büchern geschehen[a]. Ich tue dies nur, damit wir nicht aus den Augen verlieren, daß dieser riesengroße Komplex ebenfalls in den Bereich der Folgen falscher Glaubensmuster und Verhaltensweisen gehört, die – so wir wollen – geändert werden können.

Es mag zwar bei dem einen oder anderen Widerspruch hervorrufen, aber ich bleibe dabei: Es gibt keine negativen körperlichen Aus-

---

a Wegweisend waren hier z. B. die Bücher von Thorwald Dethlefsen und Rüdiger Dahlke, die so beredte Titel tragen wie „Krankheit als Weg", „Der Körper als Spiegel der Seele" u. a.

wirkungen – von Unpäßlichkeiten bis hin zu lebensbedrohenden Krankheiten –, die nicht in irgendeiner Form eine seelische Ursache haben. Ob diese immer hinterfragt, gesucht, gefunden und aufgelöst werden kann oder muß, ist eine andere Frage; auch, ob Krankheiten immer vermieden werden können, obwohl die Ursache bekannt und angegangen worden ist. Darum geht es auch nicht. Wichtig ist, die Einflußnahme seelischer Disharmonien oder Störungen nicht auszuklammern, sondern sie dort, wo es sinnvoll und möglich ist, als den Urheber anzuerkennen.

Das ändert überhaupt nichts an der Notwendigkeit, bei akuten oder chronischen Beschwerden einen Arzt oder Heilpraktiker aufsuchen zu müssen. Soll man mit der Behandlung eines gebrochenen Armes so lange warten, bis man die innere Ursache gefunden hat? Das würden höchstens Masochisten empfehlen.

Unser Augenmerk sollte sich auf etwas anderes richten, das sich in folgendem Satz ausdrückt, dessen Quelle ich leider nicht kenne:

Nachdem der Mensch trotz vieler Anstöße und Impulse nicht in die Richtung gegangen war, in die er hätte gehen sollen, sagte die Seele zum Körper: „Übernimm jetzt du, auf mich hört er nicht."

Die Schritte, um die Übernahme einer Seelenbelastung durch den Körper wieder rückgängig zu machen oder abzumildern, sind die gleichen, über die wir schon gesprochen haben: Sie beginnen immer mit der Selbsterkenntnis, der Entscheidung und der Bitte um Hilfe.

Das System Mensch gleicht einer hochkomplizierten Maschine, in der ein kleines Sandkorn große Wirkungen hervorzurufen vermag. Keiner von uns ist gegen das Eindringen von Sandkörnern (manchmal sind es auch junge Felsen) gefeit. Ein unachtsamer Augenblick, und das System beginnt zu stottern. Soll es wieder rundlaufen, muß die Blockade entfernt werden. Michele Longo O'Donnell drückt dies – in Kürze und Prägnanz kaum zu übertreffen – in *Der Himmel in Dir* so aus:

Wenn Frieden unser Wesen ausfüllt, ist Heilung nicht zu verhindern und geschieht oftmals sofort.[118]

Wenn Du zu denen gehörst, die nur darauf gewartet haben, einen solchen oder ähnlichen Leitfaden wie die Innere Arbeit an die Hand zu bekommen, wirst Du erleichtert und voller Zuversicht das anschauen und an die Seite räumen, was den störungsfreien Energiefluß blockiert. Im anderen Fall wirst Du eine Aussage, die derart weitgeht, nicht sogleich unterschreiben. Laß Dir Zeit, wenn Du die brauchst.

Nachdenken könntest Du natürlich trotzdem – ein bißchen wenigstens – über das, was *George S. Stevenson* meint: „Ausharren und leiden ist eine Art Selbstbestrafung, aber kein Weg, mit Schwierigkeiten fertigzuwerden."

Erwartungshaltungen: Was erwarten wir vom anderen, und warum erwarten wir es? Weil er etwas versprochen oder unterschrieben hat? Dann ist es völlig legitim, davon auszugehen, daß das Angekündigte auch erfüllt wird, denn darauf bauen ja u. U. unsere nächsten Schritte auf, und nicht zuletzt fußt darauf ein verläßlicher Umgang miteinander. Auf dieser Annahme treffen wir Entscheidungen. Um solche berechtigten Erwartungen geht es auch nicht.

Wie sieht es allerdings mit jenen aus, die wir an den haben, der auf uns den Eindruck gemacht hat, er würde dieses oder jenes tun oder lassen? Oder mit jenen, die wir uns nur ausgedacht haben, weil es ganz gut in unser Konzept paßt? Was erwarten wir – unausgesprochen – von unseren Partnern oder Kindern? Daß sie sich so oder so verhalten und verändern, um in unser Weltbild zu passen? Wenn wir die Karten auf den Tisch legen und miteinander nicht übereinstimmende Punkte besprechen würden, könnte es dann sein, daß keine Einigung erzielt wird und ... wie weiter? Müßten *wir* uns dann ändern oder Konsequenzen ziehen? Etwas, wovor wir uns im Grunde genommen scheuen?

Spätestens dann, wenn Du nach der Hochzeit mit Nachdruck gesagt bekommst (vorher wolltest Du es *so* genau gar nicht wissen), daß er unter keinen Umständen Kinder möchte, während Du doch am liebsten eine ganze Schar davon hättest, erkennst Du die Brisanz von Erwartungshaltungen, die es gar nicht gäbe, hätte die rosa-rote Brille nicht so stark den Blick getrübt, wäre etwas mehr Menschenkenntnis vorhanden, wäre man offener zueinander gewesen usw.

Wer etwas unbedingt will, dessen Kritikfähigkeit ist immer eingeschränkt. Würde er sie sich bewahren, könnte es ja sein, daß er feststellen muß, daß das Objekt seines Wunsches (das können auch Sachwerte sein) zu viele Nachteile mit sich bringen und ihm zu viele Zugeständnisse abringen würde. Also Augen zu und durch. Oder er überschätzt seine Fähigkeit, mit den erkannten Fehlern und Schwächen des anderen (oder der Unzulänglichkeit einer Sache) richtig umgehen zu können. Wenn man das Wort „Enttäuschung" mit Bindestrich schreibt, wird so manches klar: Ent-Täuschung. Die war dann wohl auch nötig.

Mit Erwartungshaltungen dem anderen gegenüber kann man diesen ganz schön in seiner Ecke und in einer ständigen Verteidigungsposition halten, vorausgesetzt, er macht dieses Treiben mit. Die Machtspielchen winken schon.

Stellst Du an Dich selbst hohe oder zu hohe Anforderungen, denen Du nicht gerecht werden kannst? Warum tust Du das? Wem mußt Du etwas beweisen? Akzeptiert Du Dich so, wie Du bist? Beim Monopolyspielen würde es jetzt heißen: „Gehen Sie zurück zur ..." Bei uns heißt es: „Gehe zurück zu Minderwertigkeitsgefühlen."

Es steht außer Frage, daß Erwartungshaltungen nicht zu den göttlichen Eigenschaften gehören, die wir erwerben oder freilegen wollen. Sie zu bearbeiten wird deshalb irgendwann einmal auf dem Programm stehen. Bitte dabei nicht vergessen: Sie zu korrigieren, sie künftig zu unterlassen ist gut; den Grund für ihr Vorhandensein zu finden und ihn der Liebe hinzulegen, ist besser.

Schuldgefühle: Sie stehen in der „Beliebtheitskala" ziemlich weit oben, und wir werden nachher auch erkennen, warum das so ist. Sie entstehen bei den meisten Menschen fast immer automatisch dann, wenn sie größere Fehler machen. Es scheint so, als wären sie eine Art Naturgesetz, das zwangsläufig sein Recht fordert. Gleich wird das nicht mehr so sein.

Wenn wir ihren wahren Charakter und die Quelle erkennen wollen, aus der sie gespeist werden, müssen wir sie demaskieren und uns fragen, was sie in ihrem Gefolge haben. Ein Wort springt uns dabei sofort ins Auge: Stagnation!

Wer einen vermeintlichen oder tatsächlichen Fehler begangen hat, muß aufpassen, daß er nicht in die weit aufgesperrte Falle der Abhängigkeit tappt. Damit ist nicht nur die Abhängigkeit gemeint, die andere Menschen uns gegenüber erzeugen möchten, sondern auch die, mit der wir uns selbst klein halten. Wir werden nur schwer wieder loskommen von Selbstvorwürfen, zerstörerischer Selbstkritik, Scham und Resignation, wenn wir uns dem Gedanken an Schuld und Scheitern hingeben und meinen, durch unser „Asche-auf-das-Haupt-Streuen" einer gerechten Strafe zu unterliegen. Wer glaubt, eine solche Strafe hätte durchaus ihre Berechtigung, der sollte das Bild überprüfen, das er von Gott hat. Hier ist sehr viel gesündigt worden, und da die Lehre des strafenden Gottes immer noch aufrecht erhalten wird, hat das Sündigen in diesem Punkt noch kein Ende genommen.

Schuldgefühle rauben immer Lebensfreude, vernebeln den Blick auf eine lichtere Zukunft und halten uns durch unsichtbare Fesseln in unserer jetzigen Lage gefangen. Wer kann daran Interesse haben? Gott, der nichts anderes möchte, als daß wir in Bewegung sind und den Schutt an die Seite räumen, unter dem unser Schatz begraben liegt?

Weil die richtige Antwort so wichtig ist, bitte deshalb noch einmal: Hat wohl Gott ein Interesse daran, daß wir uns für viele Jahre oder gar für den Rest unseres Lebens nicht mehr trauen, unseren Kopf zu heben?

Nein und nochmals nein! Gott hat mit unseren Schuldgefühlen in keinster Weise etwas zu tun. Wer aber dann? Wem kann als einzigem daran gelegen sein, uns „kaltzustellen", unsere seelische Entwicklung für eine kürzere oder längere Zeit zu verhindern?

Du kannst das auf einen einfachen Nenner bringen: **Schuldgefühle sind vom „Teufel"**. Er spielt damit sehr erfolgreich auf der Klaviatur unserer Ahnungslosigkeit und unseres schlechten Gewissens.

Wenn Du es schaffst (nur als Beispiel, ich weiß, daß Du das nicht tust), einen anderen Menschen aufgrund seines Vergehens in seiner Schuld zu belassen[a], wird er Dir nicht mehr frei gegenübertreten kön-

---

a Was übrigens immer noch als „erfolgreiches" Erziehungsmittel Kindern gegenüber angesehen wird, weil Kinder mit Schuldgefühlen leichter zu „händeln" sind und besser „spuren" als freie Kinder.

nen. Du müßtest ihm zum Beispiel nur die Vergebung verweigern und hättest ihn damit mehr oder weniger in der Hand – immer vorausgesetzt, der andere ist so unwissend oder dumm oder beides und läßt sich auf dieses Spielchen ein.

Genau dieses Spielchen treibt der „Teufel" mit den Menschen. Natürlich zeigt er Dir nicht, wie Du aus einer solchen Misere, in die er Dich hineinmanövriert hat, wieder herausfindest. Gott zeigt Dir den Ausweg, Dir und allen, die ihn erkennen und die von ihm hören wollen: Er heißt **Reue** – und ist das Gegenteil von Schuldgefühlen, denn dieser Weg macht frei.

Du würdest Deinem „Täter" die aufrichtig ausgestreckte Hand mit der Bitte um Vergebung nicht verweigern. Am Ende der Aussprache werdet ihr euch in den Armen liegen. Sollte Gott anders handeln?

Aus einer echten Reue entspringt unendlich viel Kraft für einen Neuanfang, für Wiedergut- und Bessermachen und für den optimistischen Blick nach vorne. Dies alles wollen die Gegenspieler Christi unter allen Umständen verhindern. Kein Schäfchen soll die große, graue Masse verlassen und der Herde des einzigen Hirten zustreben dürfen. Allzuoft sind sie darin erfolgreich.

Solltest Du Dich je in der Situation befinden, Schuldgefühle gegen Reue abwägen zu müssen, dann laß Dir nichts von einem angeblich schweren, unmöglichen oder überflüssigen Gang zu Gott erzählen. (Deshalb übrigens auch die Aussage, daß Du selbst Gott bist. So entfällt natürlich die Notwendigkeit, um Vergebung zu bitten.) Gott wartet auf Dich, und die anschließende Freiheit, die Du erleben wirst, ist um ein unendlich Vielfaches größer und schöner als die dumpfe Schwere, die – auch wenn sie vorerst verdrängt ist – Dich dennoch aus der Tiefe Deiner Seele beeinträchtigt.

Warum stehen Schuldgefühle auf der Dringlichkeitsliste der zu bearbeitenden Charakterschwächen ganz oben, hatten wir gefragt und die einzig richtige Antwort herausgearbeitet: Weil der Mensch um die Größe der verzeihenden Liebe Gottes zu wenig bis nichts weiß.

Nicht loslassen können: Die meisten wissen bestimmt, wie man einen Affen fängt. Für die wenigen, die es nicht wissen, will ich es kurz erklären. Es geht ganz einfach:

Man nehme einen Käfig mit engen Gitterstäben, durch die der Affe, den man fangen möchte, nur mit Anstrengung hindurchgreifen kann. In diesen Käfig lege man einen Leckerbissen. Der Affe wird nun – zwar mühsam, aber schließlich doch erfolgreich – von außen durch die Stäbe greifen und sich seinen Leckerbissen schnappen. Wenn er seine Hand darum schließt, hat er so gut wie verloren, denn seine Faust kann er nicht durch die Stäbe zurückziehen. Die Häscher warten schon. Unfähig, die Lösung seines Problems zu erkennen, wird er seine Freiheit verlieren, weil er nicht losläßt.

Erkennen *wir* die Lösung, und ziehen wir daraus den richtigen Schluß? Immerhin sind wir unserem Affen an Intelligenz weit überlegen. Oder hat ein Festhalten oder Loslassen vielleicht gar nichts mit Intelligenz zu tun?

Gehen wir die Frage direkt an: „Warum willst Du unbedingt etwas haben, das Du anscheinend nicht bekommen sollst, weil es für Dich wohl nicht bestimmt ist?“ *Es ist das, was ich brauche. Ich kann mir nicht vorstellen, daß es etwas Besseres für mich geben könnte.* „Oder warum willst Du etwas halten, das sich als gemüts-belastend und kummer-bereitend erwiesen hat?“ *Siehe vorherige Antwort und zusätzlich: Er, sie oder es braucht sich nur ein wenig zu ändern, und schon würde alles zusammenpassen.* Erkennst Du nicht, daß es einen Grund dafür geben muß, wenn das Schicksal Dir dies in der Form, wie Du es Dir vorstellst, verweigert?

An diesem Punkt ist die Gefahr groß, daß man alles, was man bisher gelernt hat, über Bord wirft. Es kommt auf die Stärke des Wunsches an, auf die Tiefe der Enttäuschung oder auf die Klebekraft der Bindung. *Vielleicht regelt die Führung Gottes doch nicht alles bis ins Detail.* Und Dein Vertrauen darauf, daß Er nie – auch bei Dir nicht – einen Fehler macht? *Ich vertraue Ihm ja, aber in diesem Punkt möchte ich etwas anderes für mich.* Das darfst Du auch, es ist Dein gutes Recht, Deinen freien Willen zu gebrauchen. Schau'n wir mal, wer den längeren Atem hat. *Abwarten.*

Nie geht es darum, daß wir nicht etwas festhalten dürfen. Vielmehr jedoch darum, wo wir die Gründe dafür zu suchen haben, wenn wir es doch lieber beim Festhalten belassen, obwohl wir gerne loslassen möchten oder zumindest das Erfordernis dafür einsehen. Wenn

Du Dir das Vertrauen erarbeitet hast, daß Gott für j e d e s Seiner Kinder – also auch für Dich – das Beste will und vorbereitet hat, und es in erster Linie von Dir abhängt, wie schnell sich das in Deinem Leben zeigt, dann wird Loslassen kein schwerer Akt mehr für Dich sein. Das Festhalten hängt immer damit zuammen, daß wir noch nicht wissen, was wir als Ersatz dafür erhalten, wenn wir das alte loslassen. Um Deine Worte zu gebrauchen: „Abwarten." Das wiederum ist eine Frage des Vertrauens, welches – wir hatten das schon – aus der gelebten Liebe hervorgeht.

Für die Schwäche des Nicht-loslassen-Könnens gilt im übrigen das gleiche wie für die Erwartungshaltung: Sie zu korrigieren, sie künftig zu unterlassen ist gut; den Grund für ihr Vorhandensein zu finden und ihn der Liebe hinzulegen, ist besser.

Nicht entscheiden können: O wie schön wäre es, wenn wir uns immer sicher wären, wie die richtige Entscheidung aussieht. Oder wenn wir doch wenigstens jemanden fragen könnten, der uns stets die richtige Antwort gibt.

„Gott könnte mir doch sagen, welcher Weg der richtige ist", meinst Du vielleicht. Ich erwidere ein bißchen flapsig: „Er kennt die Antwort schon, nur Du anscheinend noch nicht. Deshalb darfst Du sie Dir erarbeiten. Dann kennst Du sie auch."

Da wir alle hier sind, um etwas zu lernen, befinden wir uns in einer ähnlichen Lage wie Schüler. Der Lehrer weiß die Lösung, aber seine Schüler noch nicht. Deshalb gibt er ihnen Hilfen an die Hand, die es ihnen ermöglichen, die Aufgabe mit „sehr gut" zu lösen. Jeder gute Lehrer handelt so – und Gott ist der beste.

Seine Hilfen sind vielfältiger Art, sind Maßstäbe und Richtlinien für unser eigenes Verhalten, zum Erkennen unserer Motive, unserer Wesenszüge und Eigenschaften, aber natürlich auch um zu erkennen, was uns schaden und gefährlich werden könnte. Unter Beachtung unseres freien Willens wird Er deshalb nicht sagen: „Tu dies oder laß jenes." Wir tragen die Maßstäbe, deren Grundlage die Liebe ist, in uns und müssen lernen, diese in der rechten Weise anzulegen. Was wir für richtig oder falsch halten, muß zur Grundlage *unserer* Entscheidung werden. Schließlich sind wir ja auf dem Weg, wieder vollkommen zu werden.

Stehst Du an einer Weggabelung und weißt nicht, ob Du rechts oder links gehen sollst, so wird Dir der Herr die Entscheidung nicht abnehmen, wenn Du Ihn fragst. Er wird Dich höchstens an das erinnern, was Er Dir an Analysekriterien mitgegeben hat. Jetzt bist Du dran.

Wählst Du den Weg, der sich nach ein paar Kilometern als Sackgasse erweist, dann laß Dich, wenn Du auf Deinem Rückweg die Gabelung wieder erreicht hast, fragen, wie Du im nachhinein Deine Entscheidung einschätzt.

Sagst Du, daß sie – obwohl scheinbar falsch – dennoch richtig war, kannst Du Dir zehn Punkte gutschreiben. Sagst Du: *Sie war falsch, es war doch eine Sackgasse*, dann schieben wir die nächste Frage nach: „Warum hast Du nicht gleich richtig entschieden und den anderen Weg gewählt?“ *Weil ich nicht wußte, daß mein Weg der falsche war.* Richtig, und um das zu erkennen (das Anlegen der Maßstäbe hatte noch nicht so ganz funktioniert), durftest Du in Deiner Willensfreiheit die Probe aufs Exempel machen. Jetzt weißt Du Bescheid, jetzt hast Du etwas gelernt, hast dem sich langsam entwickelnden Mosaik Deines Bewußtseins ein weiteres, wichtiges Steinchen hinzugefügt.

Wenn Du Dir dies zu eigen zu machen verstehst, dann fällt etwas von Dir ab, was Dich in der Vergangenheit möglicherweise belastet hat:

Bist Du bereit, aus Deinen Fehlentscheidungen zu lernen, kannst Du nie einen Fehler machen.

Entscheidungen, die Du *mit dem Herrn* triffst, werden von Ihm entweder korrigiert oder verhindert oder dienen Dir schlußendlich immer zum Guten. „Mit dem Herrn“ heißt, daß Du im Gespräch mit Ihm bist, Ihm sagst, wie Du die Dinge siehst, und wie Du entscheiden möchtest, die Entscheidung in Seinen Willen legst und dann handelst. Da Deine Beweggründe in einem solchen Fall keine egoistischen Züge tragen, wird Seine Hilfe darin bestehen, mögliche Folgen zu „entschärfen“, die Du in Unkenntnis nicht bedacht hattest.

Nun freue Dich schon auf die nächste Weggabelung! Mit Sicherheit wirst Du ihr bald begegnen und Dich dann vielleicht dieses kleinen Kapitels erinnern. Und einerlei, ob Du rechts oder links gehen wirst, in jedem Fall geht der Herr mit Dir, auch wenn Er Dir nicht direkt geraten hat, welchen Weg Du einschlagen sollst.

Mangelnde Konsequenz: Ein kleiner Auszug aus *Bin Ich es, den du liebst?* deckt schon einen großen Teil dieses Themas ab:

> „Ich erinnere mich gerade an meine Kindheit“, begann Peter. „Meine Eltern waren einfache, ehrliche Leute. Ihre bzw. meine Erziehung war nicht besonders streng, aber sie war konsequent.“
> „Sag’ mal ein Beispiel.“
> „Da gibt es mein Lieblingsbeispiel, das ich nie vergessen werde. Es war an einem Sonntag; ich hatte irgend etwas angestellt oder war gerade dabei, ist ja auch egal, auf jeden Fall sagte meine Mutter: ‚Peter, wenn das so weitergeht, dann kannst du heute nachmittag nicht zur Oma‘. Nun war ich zum einen ein Lausebengel, der mit seiner Frechheit an diesem Morgen den Bogen überspannte; zum anderen aber auch schon so schlau, daß ich mir dachte: ‚Die müssen mich ja mitnehmen, die können mich nicht hier allein lassen‘.“
> „Und?“ fragte ich gespannt.
> „Ich hatte eine weitere Möglichkeit außer acht gelassen: Wir sind alle zu Hause geblieben. Das hat mir damals weh getan, aber es war mir eine Lehre sondergleichen. Es war vielleicht eine der besten, die ich in meiner Kindheit bekommen habe. Meine Mutter war dabei überhaupt nicht böse, sie hat nicht geschrien oder war sauer auf mich – natürlich hat sie sich auch nicht gefreut. Sie hat nur das getan, was sie angekündigt hat. Ruhig, klar, konsequent.“ Peter schaute für einen Moment richtig verträumt. „Sie war echt gut.“
> „Wenn sie nur gedroht hätte, und ihr wäret doch zur Oma gegangen ...“
> „... dann hätte sie verloren.“ Er nickte leicht. „Meine Geschwister und ich hätten so etwas sofort als Schwäche er-

kannt und ausgenützt, vielleicht die ganze Kindheit und Jugend hindurch."[119]

Diese kleine Geschichte gibt viel her. Mangelnde Konsequenz unseren Kindern gegenüber ist eines der Hauptübel für das Erziehungsdrama unserer Zeit und für das Dilemma, in dem die Kinder und Jugendlichen stecken. Dabei gibt es eine einfache Orientierungshilfe: Wie verhält sich Gott? Ist Er inkonsequent? Nein; ergo muß jegliche Inkonsequenz eine Abweichung von göttlichen Richtlinien sein. Whow!

Sei nicht so streng! Ist Gott streng? Nein, also müssen Liebe und Konsequenz ohne irgendeine Widersprüchlichkeit zusammenpassen. Wo liegt dann das Problem? In der Ausrede, daß wir halt Menschen sind und uns nicht schon so wie Gott verhalten können? Erwartet das jemand von uns? Anerkennen wir aber wenigstens die Notwendigkeit, Konsequenz in unser Leben hineinzubringen oder die bereits „gelebten Konsequenzen konsequent" auszubauen?

Wir machen es uns oft selbst schwer. Wir bemängeln Fehler und Schwächen z. B. bei unseren Kindern, die auf unsere Inkonsequenz in der Erziehung (für die wir verantwortlich sind!) zurückzuführen sind. Haben wir je darüber nachgedacht, daß wir es deshalb an Konsequenz haben mangeln lassen, weil wir uns selbst gegenüber nicht die erforderliche Konsequenz an den Tag gelegt haben? (Sollte das stimmen, darf es ein bißchen betroffen machen.) Uns selbst gegenüber mag es Trägheit gewesen sein, wenig Lust, sich ständig mit sich selbst auseinanderzusetzen, die vielen Hinweise zwar wahr-, aber nicht ernstzunehmen und manches mehr.

Was aber hat Dich veranlaßt, Deinen Kindern die erforderliche Konsequenz vorzuenthalten? *Aber ich liebe sie doch.* Muß man sie falsch erziehen, nur weil man sie liebt? *Hoi, hoi, ich habe sie deshalb doch nicht falsch erzogen.* Es ihnen höchstens fürs spätere Leben ein bißchen schwerer gemacht? *Sie sollten es doch nur besser haben als ich.* War nicht noch etwas anderes im Spiel? *Du meinst, daß ich um ihre Liebe gebuhlt habe?* Hätten sie Dich denn noch so gemocht, wenn Du des öfteren „nein" gesagt hättest? *Du meinst, ich hätte aus falsch verstandener Liebe so gehandelt? Aus Affenliebe?* Ich meine gar nichts, ich bin nur ein Teil Deines „Forschungs-Auftrags". Erkennen und entscheiden mußt Du. Wenn es Dir eine Hilfe ist, schau noch einmal bei „nicht ‚nein' sagen können" nach. Und wenn Du möchtest, fang damit an, bei Dir selbst und den Dir Anvertrauten hier etwas zu verbessern ...

*

Noch etwas Grundsätzliches zum Schluß. Vielleicht fragst Du Dich, warum ich so ausführlich war. Darauf gibt es einfache Antworten anhand einfacher Beispiele:

- Nimm an, Deine Kinder kommen eines Tages in einer problematischen Angelegenheit zu Dir und erbitten Hilfe: „Papa, Mama, wie würdest Du mit dieser Schwierigkeit umgehen?" Wie reagierst Du? Indem Du ihnen ein Lehrbuch mit dem Titel „1000 Antworten auf 1000 Fragen" in die Hand drückst?
- Wenn man Dich fragt, wieviel 2 x 2 ist, mußt Du doch auch nicht mehr auf Deinen früheren Lehrer zurückgreifen und antworten: „Mein Lehrer hat gesagt, 2 x 2 = 4". Du weißt es inzwischen selbst, tausendfach gerechnet und als richtig erkannt.
- Müßtest Du einen Hinweis auf die Bibel geben, wenn man Dich nach Glaube, Hoffnung und Liebe fragt, und sagen: „Paulus hat gesagt ..."? Oder könntest Du aus den Erfahrungen, die Du persönlich gemacht hast, sagen: „Das größte ist die Liebe"?

Weil wir alle früher oder später der Rolle des Schüler entwachsen und die Rolle des Lehrers übernehmen, habe ich ein bißchen ausgeholt. Gefragt zu werden und sodann aus der eigenen Erfahrung heraus helfen zu können, hat etwas für sich. Für den Schüler wirst Du glaubwürdig, und Du selbst erfährst immer wieder aufs neue, was es heißt: Wer dem Gesetz dient, dem dient das Gesetz.

Die Frage **b) Was zählt alles dazu bzw. zu dem, was ich verändern möchte?** haben wir beantwortet. Wenden wir uns der nächsten Frage zu.

16. Auf die Plätze ...

Wirklich lieben kann man nur aus der Position der Stärke heraus. Alles andere ist lediglich ein Bestreben, das zudem oftmals an den noch vorhandenen eigenen Entsprechungen scheitert.

Die nächste Frage wartet auf uns:

c) Wie gehe ich dabei vor?

Schauen wir uns dazu die Säulen an, auf denen die Innere Arbeit ruht:

- Selbsterkenntnis
- Entscheidung
- Bitte um Hilfe
- Handeln/Umsetzen
- Geduld und Wachsamkeit

Das Fundament, das diese Säulen trägt, ist die Liebe Gottes, aus der uns die Kraft zuströmt, die uns diese Innere Arbeit mit Erfolg tun läßt. Wer meint, eine wirksame und dauerhafte Arbeit an sich selbst ohne die wegbereitende und unterstützende Liebe Christi tun zu können, der irrt. Und wer glaubt, daß Selbsterkenntnis-Seminare und schillernde Techniken der Esoterik-Szene den gleichen, tiefgreifenden Effekt mit sich bringen, der täuscht sich ebenfalls. Das stellt keine Abwertung entsprechender Angebote dar, sie haben nur andere Ansatzpunkte und Zielsetzungen, bedienen sich anderer Mittel und Wege. Sie dringen daher nicht vor in *die* Tiefe, die wir anstreben, von deren wirklicher Beschaffenheit sie größtenteils nicht wissen oder eine falsche Vorstellung haben – in die Tiefe unserer *Seele.*

Uns geht es darum, eine Verwandlung unserer Seelenstrukturen zu erreichen, nicht nur mit Blick auf ein späteres Dasein, sondern weil wir wissen, daß sich positive Veränderungen im feinstofflichen Bereich, dem Urgrund unseres jetzigen Lebens, auch im Äußeren auswirken. In dieser Tiefe etwas zu verändern, ist keinem von uns möglich, es entzieht sich jedem menschlichen Zugriff. Zwar wäre es eine tolle Sache, wenn wir z. B. an unserem Karma ein bißchen herumbasteln könnten, so daß es einen Teil seiner Wirkungen verliert, aber wir würden damit auch ein ganz schönes Chaos anrichten[a]. Was wäre denn, wenn unser Gläubiger nicht damit einverstanden ist, wenn wir ihm ankündigen, unsere Rückzahlung nicht mehr zu leisten, obwohl er doch nach wie vor einen gerechten Anspruch darauf hat?

Nein, auf unsere Seele haben wir keinen direkten Zugriff, da hat uns der liebe Gott einen Riegel vorgeschoben. Er bzw. Seine Liebekraft kann allein hier etwas verändern, Psycho-Konzepte können dies nicht. Die bleiben immer irgendwo in den Etagen des Unterbewußtseins stecken. Wenn es ausreicht, dort etwas zu bearbeiten, und die Störung noch nicht in der Seele wurzelt, mögen solche Methoden durchaus ihre Berechtigung haben, doch die Skepsis darüber ist im eigenen Lager groß.

„Leider beruhen viele therapeutische Prozesse und Selbsthilfeansätze stark auf Tatsachen, vernünftigen Begründungen, Willenskraft, positivem Denken und Selbstmotivation. Das ist einer der Hauptgründe, weshalb so viele Versuche fehlschlagen, negative Denk- und Verhaltensmuster zu ändern“, meint Robert M. Williams.[120] Und mit Blick auf die Psychotherapie schreibt er an anderer Stelle: „Nach wochenlangem oder monatelangem Reden über das Problem, nach diversen Einblicken in seine Ursachen und der Entwicklung von neuen Verhaltensstrategien passierte immer noch sehr wenig. Nachdem alles gesagt und getan war, war in der Regel mehr gesagt als getan.“[121]

Wenn sich dennoch anhaltende positive Veränderungen einstellen, die sich nicht nur an der Oberfläche abzeichnen, sondern das Wesen

a Wenn Du ein paar Euro übrig hast, kannst Du Dir ja einmal auf einer Esoterik-Messe Dein Karma auflösen lassen. – Nein! War Spaß! Tu’s nicht! Spende das Geld lieber für einen guten Zweck!

des Betreffenden berühren, so wird es eine einfache Erklärung dafür geben: Die Kraft der Liebe ist wirksam geworden, sie hat ihre Arbeit getan, ohne daß sie mit vielen Worten oder Zeremonien angerufen wurde. Die Beweggründe waren die „richtigen“, die Bereitschaft zur Versöhnung war vorhanden oder der ehrliche Wunsch, selbsterkanntes Negatives aus Liebe zu Gott oder dem Nächsten künftig zu unterlassen oder, oder, oder. Die Liebe wirkt immer und überall; bei ihr spielen Orte, Umstände, Menschen, Ideologien und Konfessionen keine Rolle.

Die Psychologie kennt und anerkennt die Seele nicht. Sie weiß zwar um die aus der Tiefe in die Gedanken, Worte und Handlungen hineinwirkenden Empfindungen und Gefühle, weist ihnen ihren Platz jedoch im Unterbewußtsein oder im Unbewußten zu. Wenn Du z. B. jemanden fragst, ob er mit Frau B. ein Gespräch führen würde, und Du bekommst zur Antwort: „Mit der? Da denk ich ja noch nicht einmal dran“, dann ist eine ablehnende und abwertende Empfindung in Bruchteilen von Sekunden aus der Tiefe emporgestiegen und hat sich über die Gedanken in Worten ausgedrückt.

Ist es schwer, dahinter mehr als bloß ein Verhaltensmerkmal zu erkennen, das lediglich im Unterbewußtsein liegt und dort auf eine Korrektur wartet? Da schoß etwas von ganz unten empor, unkontrolliert und deshalb ehrlich. Gibt es da nicht etwas in der *Seele* zu bearbeiten, falls es der Betreffende eines Tages bemerkt und angehen möchte? Das Bewußtsein mit seinen diversen Schubladen hat seine Schuldigkeit getan, wenn wir den letzten Atemzug tun; zuvor hat es seine Spuren in unserer Seele hinterlassen. Dieser Rucksack erwartet uns drüben, und ebenso bringen wir ihn – wenn es erforderlich ist und von uns gewünscht wird – in unser künftiges Leben wieder mit.

Laß uns der Deutlichkeit halber noch einmal festhalten: Eine nachhaltige Veränderung ist nur **aus Liebe zu Gott** möglich, und sie wird von Ihm ausschließlich **aus Seiner Liebe zu uns** in unserer Seele **durch Seine Liebekraft** vollzogen.

*

Eine kleine Hürde, die wir schon angesprochen haben, und die es bei der Inneren Arbeit – speziell bei der Selbsterkenntnis – zu bewältigen gibt, macht sich die Gegenseite zunutze und verhindert damit eine möglichst ehrliche Betrachtung. Gemeint ist, daß nicht jeder mit einer Schattenseite oder Schwäche, die er in sich entdeckt, richtig umgehen kann.

Hier kannst Du schon im Vorfeld den Fehler machen, in der Vorahnung böser Entdeckungen erst gar nicht richtig hinzuschauen. Oder Du spielst eine Entdeckung herunter und nimmst ihr damit ihre Brisanz oder auch die Notwendigkeit, sich ernsthaft an ihre Bearbeitung zu machen. Die Dunkelheit bedient sich bei ihrem höchst raffinierten Vorgehen der noch in Dir liegenden Bewertungen und Verurteilungen des Verhaltens anderer (keinen Schrecken bekommen; kaum einer ist schon ganz frei davon) – und wendet sie auf Dich selbst an. Worauf Du in ein tiefes Loch fällst und Dich unfähig fühlst, Dich noch zu lieben. Vielleicht denkst Du auch: „Hätte ich das doch nicht erkannt, dann würde ich mich wesentlich glücklicher fühlen."

Zum besseren Verständnis ein kleines Beispiel: Du hältst Dich zwar nicht für den Besten und Größten, aber ins Mittelfeld einstufen würdest Du Dich z. B. in dem Punkt, der Dein Verhältnis zu Deinen Finanzen betrifft, schon. Wer knauserig mit seinem Geld umgeht, der ist in Deinen Augen ein alter Geizhals (das möchtest Du natürlich unter keinen Umständen sein). Nun wird Dir durch ein Geschehen bewußt, daß Du *doch* so ein Geizhals bist; denn was Du bisher für Großzügigkeit gehalten hast, hatte sich auf nahestehende Verwandte beschränkt und war nicht frei von Berechnung. Was jetzt? Auf Deiner Bewertungsskala steht Geiz ziemlich weit unten, dort, wo sich auch andere negative Charakterzüge finden. Und natürlich steht dort auch jeder Mensch, der geizig ist. Da würdest Du jetzt auch stehen, wenn ... ja *wenn* Du denn geizig wärest!

Was bietet die Dunkelheit als Lösung an? Zwei Möglichkeiten:

1. Die Erkenntnis Deiner Selbsterforschung ist falsch, Du bist nicht geizig, Du mußt nichts an Dir verändern, Du kannst so bleiben, wie Du bist. Da fällt Dir aber ein Stein vom Herzen!

2. Die Erkenntnis Deiner Selbsterforschung ist richtig, Du bist tatsächlich so schlecht wie all die anderen Geizhälse, mit einer solchen fatalen Charakterschwäche kannst Du Dich unmöglich lieben.

In beiden Fällen haben die Gegensatzkräfte ihr Ziel erreicht: Sie haben Dir entweder die Augen verbunden und die Ohren verstopft, oder sie haben sich der weit verbreiteten Unfähigkeit bedient, das Ergebnis eines richtigen Hinschauens und Hinhörens ohne Eigen- oder Fremd-Verurteilung akzeptieren zu können.

„Ich habe euch einmal gesagt", heißt es in einer göttlichen Offenbarung, „daß Ich nicht blind und nicht taub Bin. Das heißt: Ich schaue in die Tiefe eines jeden Herzens. Und egal, was das Kind tut, Ich liebe es! Punkt."[122]

„Geh hin und tu desgleichen", ist man geneigt, sich selbst aufmunternd zuzurufen. Die Lösung für uns kann daher nicht darin bestehen, vor der (eigenen) Realität die Sinne zu verschließen, um sich noch einigermaßen mögen und sich noch, mit einem Blinzeln, in die Augen schauen zu können. Die Lösung heißt, *mit der Bewertung eigener und fremder Eigenschaften und Verhaltensweisen aufzuhören.* Sehr oft hört man dann: „Beim anderen stört mich das überhaupt nicht, es hindert mich auch nicht daran, ihn zu lieben. Nur bei mir selbst ..."

Inzwischen, glaube ich, sind unsere Antennen schon so feinfühlig geworden, daß wir den Selbstbetrug erkennen: Man kann einen Fehler des Nächsten nicht akzeptieren, gleichzeitig den gleichen Fehler aber bei sich selbst verurteilen.

Wer mag, kann mit dem, was er schon weiß, eine ganz kleine Übung machen. Warum werte ich einen anderen Menschen ab? Eine mögliche Lösung siehe Fußnote[a]. Und eine mögliche Hilfe bei der

---

a Eine Abwertung = Niedrig-Stufung hat in aller Regel damit zu tun, daß ich selbst im Verhältnis zum anderen größer werden möchte (natürlich ist mir das nicht bewußt). Stell Dir nur ein Diagramm aus senkrechten Balken vor. In gleichem Maße, wie der Balken Deines Nächsten kürzer wird, wächst in Relation dazu Dein eigener. Wenn der andere in Deinen Augen schließlich klein genug geworden ist, bist Du der Größere. Vielleicht sogar der Größte? Was fehlt Dir, wenn Dein Wunsch nach Anerkennung so stark ist, daß Du ihn Dir auf diesem Wege erfüllen mußt? Und so weiter und so fort. Du kennst das ja schon.

Überwindung dieses Fehlers kann sein: Wenn Du Dich dabei erwischst, negativ über einen anderen zu denken, schnipp mit den Fingern, und stelle Dir vor, daß Du im gleichen Moment in der Haut des anderen steckst: mit dessen Bewußtsein, dessen Möglichkeiten und Un-Möglichkeiten, dessen Fähigkeiten und Un-Fähigkeiten. Und jetzt mußt Du mit d i e s e m Potential so handeln, als wäre es ein anderes. Los ... gibt Dir selbst einen Stoß – und handle so, wie Du gar nicht kannst!

Das kleine Zauberwort „noch" kann bei der Bearbeitung *Deiner* Unfähigkeit zur Liebe eine große Hilfe sein: Hinschauen, erkennen, sich ein bißchen schütteln (wenn es ein muß) und dann entscheiden, ob ich so bleiben will. Nein? Dann bin ich im Moment zwar **noch** so, was mir aber gleichzeitig einen Grund zur Freude liefert, denn morgen, nächste Woche oder nächsten Monat bin ich schon ein bißchen anders.

*

Über die Reue haben wir schon gesprochen, als wir die Schuldgefühle betrachtet haben. Einerseits wird sie unterschätzt und an die Seite geschoben (das klingt so nach Kirche, Buße und Kniefall), andererseits kann sie – überschätzt – zu einem echten Bremsklotz werden. Richtig eingeordnet hilft sie uns enorm weiter. Ob wir später, drüben, einmal um sie herumkommen, hängt von dem Gepäck ab, das wir mit hinübernehmen. Wenn wir uns ihr stellen müssen, dann niemals als Strafe, sondern weil es uns hilft, unsere eigene Situation besser beurteilen zu können.

Lassen wir dazu einen Spezialisten etwas sagen; er hat sich zu Lebzeiten mit den Schattenseiten der menschlichen Seele auseinandergesetzt und schließlich im Jenseits mit dem, was er dann am eigenen Leib erfahren hat: Sigmund Freud. Auch wenn er an dieser Stelle seiner Durchgabe das Wort „Reue" nicht gebraucht, so wird doch klar, wie sehr es ihm leid tut, aufgrund persönlicher Eitelkeiten und anderer Schwächen der Welt eine falsche Seelenkunde nahegebracht zu haben. Er hoffe, so sagt er, durch das Diktieren dieser Generalbeichte „... größere Klarheit über mein Leben zu gewinnen und mich von den Ketten der Vergangenheit zu befreien. Diese Ketten belasten mich ungemein, weil sie mich unaufhörlich an Fehler gemahnen, die ich begangen habe – sowohl in meinem persönlichen Leben als in meinem Lebenswerk ...

Und so versuche ich, alles zu dieser inneren Verwandlung Notwendige zu tun. Erkenntnis und Beurteilung meines Unrechts haben bereits stattgefunden. Sie sind die Vorbedingung und der erste Schritt, den der Sühnende zu machen hat ... Man empfindet ein stumpfes Unbehagen, bis man sich schließlich der Mühe unterzieht, das Vergangene unvoreingenommen zu analysieren."[123]

Dann kommt das Weh und der Wunsch, das wiedergutzumachen, was man falsch gemacht hat. Erst dann sind die Weichen gestellt, die in ein lichteres Land führen.

Einer Seele, deren Augen sich erst dann öffnen, wenn sich die Augen des Menschen schließen, wird es so oder ähnlich ergehen. Du weißt inzwischen, daß es auch anders geht; daß keiner warten muß auf das Urteil eines „Jüngsten Gerichts", um Gewißheit darüber zu erlangen, wie es um ihn und seinen Seelenzustand bestellt ist. „Der Himmel auf Erden" hat Christian Gotthilf Salzmann seinen wunderbaren Leitfaden genannt, der uns Aufschluß über uns selbst geben kann und dafür zu sorgen vermag, daß wir schon zu *Lebzeiten* zu freien Kindern Gottes werden.

Wenn dazu die Reue gehören muß, dann soll es sein; aber dann bitte so, wie es die folgenden Vers-Auszüge aus dem Gedicht „Für meinen Vater" ausdrücken[a]:

Du lehrtest mich: „So richte deinen Blick
zwar auf die Schwäche, wenn du fehlst, doch zög're nicht
und komm zu Mir und schaue nicht zurück,
denn vor dir liegt – mit Meiner Kraft – der Weg ins Licht."

Ich mußte nichts erheischen, nichts erfleh'n,
Dir reichte, wenn ich reuig meinen Kopf geneigt.
Und fiel ich, half Dein Arm mir aufzusteh'n;
ja, g'rade dann hast Du Dich tief zu mir gebeugt.

---

a aus *Verlasse dich auf deines Herzens leisen Klang*

Ich lernte, selbst zu schauen und zu geh'n,
ein freies Kind – und doch an deiner lieben Hand.
Du gabst mir, was ich brauchte, um zu seh'n,
bis daß ich schließlich Dich in meinem Herzen fand.

Der einzige, der auf die Sünden seiner Vergangenheit schaut, ist der Mensch. Gott kennt zwar unsere Vergangenheit, aber eher würde die Welt vergehen, als daß Er auch nur einem Seiner Kinder ein einziges Mal ein früheres Versagen vorhalten würde. Bemühen wir uns doch, es ähnlich bis genauso zu halten.

*

Es gibt schon schöne Lebensweisheiten. In *Psych-K* findet sich so eine: „Die Ursache eines Problems zu kennen ändert in der Regel nichts an seiner Wirkung."[124]

Man muß sich auch entscheiden, die nötigen Schritte einzuleiten und zu tun. Wir sprachen bereits darüber, daß diese Entscheidung von Herzen getroffen werden und in Übereinstimmung mit unserem ureigenen Empfinden und Denken stehen muß und nicht unter dem Druck der Verhältnisse zustande kommen sollte (auch wenn das ein Anfang sein kann). Nachdem wir nun gemeinsam schon eine beachtliche Strecke zurückgelegt haben und jetzt hier angekommen sind, gehe ich davon aus: Die Entscheidung ist gefallen. Gut. Dann laß uns auf dieser Basis weitermachen.

Wenn und weil Du es ernstmeinst, weißt Du, daß es nicht damit getan ist, Gott lediglich zu bitten, dieses oder jenes für Dich zu tun. Dieser Illusion unterliegen viele Christen, nicht zuletzt deshalb, weil man sie nie anderes gelehrt hat. Seit 2.000 Jahren geschieht etwas, das für mich schwer einzuordnen ist, weil es unter den Christen schon längst einen Sturm der Entrüstung hätte auslösen müssen: Es betrifft das von Jesus von Nazareth beim Letzten Abendmahl gegebene Versprechen „So ihr den Vater um etwas bitten werdet in meinem Namen, so wird er es euch geben." (Joh 16, 23)

„Und es hat mit der Tatsache zu tun", schrieb ich in *Das letzte Wort hat die Liebe*, „daß, obwohl allem Anschein nach dieses Versprechen Gottes in den wohl überwiegenden Fällen von Ihm nicht eingelöst worden ist, nichtsdestotrotz weitergebetet und -gebettelt wird, als sei ‚nichts geschehen'. Dabei wäre doch gerade der Umstand, daß ‚nichts geschehen ist', ein höchst alarmierendes Zeichen dafür, daß irgend etwas nicht stimmt. Sollten wir uns nicht darüber wundern, daß und wenn eine Bitte *nicht* erhört wird und uns *darüber* Gedanken machen, anstatt überrascht zu sein, wenn die Bitte in Erfüllung geht? Vielleicht können die meisten Menschen gar nicht mehr richtig beten. Und vielleicht hat Adalbert Töpper recht, wenn er in *Denke dich gesund* schreibt: ‚Viele Gebete, manchmal wohl auch die improvisierten, entstehen oftmals unter Panik. Sie ähneln mitunter Schlachtrufen von Kämpfern, die in Wirklichkeit schon auf der Flucht sind. Solche Gebete sind insgesamt kaum mehr als Reportagen der Angst statt inniger Ausdruck eines Vertrauens zu Gott.'[125]

Eines ist bei diesem einfachen Sachverhalt unzweifelhaft: Es liegt entweder an Gott oder an uns, daß ein Großteil unserer Bitten nicht erhört worden ist und wird. Da wir davon ausgehen können, daß Gott Seine Versprechen hält, kann es gar nicht anders sein, als daß die Nichteinlösung etwas mit *uns* zu tun haben muß. Wäre es deshalb nicht sinnvoller, vor der nächsten Bitte die Art und Weise unseres Betens, unsere Motivation, unsere Erwartungshaltung und so manches mehr zu hinterfragen? Sind wir überhaupt schon einmal auf die Idee gekommen, *wir* könnten diejenigen sein, die die Spielregeln nicht kennen oder nicht einhalten? Oder haben wir uns damit zufriedengegeben, Gottes Geheimnisse ohnehin niemals durchschauen zu können (und somit alles Seinen unergründlichen Ratschlüssen zugeschrieben), was uns schließlich von der Pflicht entbindet, uns mit uns selbst auseinandersetzen zu müssen?

Was das Versprechen Jesu unwirksam machen kann, ist eine innere Haltung, die erwartet, daß Gott unsere Probleme löst. Das wird Er nicht tun; es wäre kein Akt der Liebe, denn Er würde uns einen Reifungsprozeß vorenthalten. Jedoch wird Er uns alle Hilfe geben, die wir benötigen – vom ersten bis zum letzten Schritt, von der Selbsterkenntnis bis hin zur konkreten Umsetzung in die Tat.“[126]

Du hast ein Recht darauf zu fragen: „Wie soll ich es denn richtig machen?“ Ich kann Dir nur sagen: Vergiß alle Formen und Vorschriften, alle Empfehlungen und vorformulierten Texte[a]. Wenn Du das Bedürfnis hast, mit Ihm einmal in aller Ruhe und unter vier Augen sprechen zu wollen, dann nimm Dir ein paar Minuten Zeit, setze Dich irgendwo hin, wo es ruhig ist, schließ die Augen und „gehe nach innen“, dorthin, wo Er auf Dich wartet. Das bedeutet: Versuche, Deine Tagesgedanken – so gut es geht – auszuschalten.

Und dann erzähle Ihm, wie es Dir geht. Sag Ihm, sollte das nötig sein, daß Du Dich bescheiden fühlst; daß alles vorne und hinten nicht mehr stimmt; daß Du mehr von Ihm erwartet hättest; daß Du Ihn überhaupt nicht mehr verstehst. Wenn Du dann Deinen Kropf gelehrt hast und ein bißchen ruhiger geworden bist, erzähle Ihm von Deinen Sorgen; daß Du nicht weiter weißt; daß Du an einem Punkt angekommen bist, an dem Du zwar schon ahnst, daß Du was falsch gemacht hast, aber noch nicht genau weißt, was es ist; daß Du weißt, was mit Dir los ist, aber die Lösung noch nicht kennst; daß Du zwar die Lösung und den Weg aus Deinem Dilemma kennst, Dich aber nicht traust, diesen Weg zu gehen; daß Du zwar diesen Weg gehen möchtest, es Dir aber wohler wäre, wenn Er an Deiner Seite ist. Und ganz zum Schluß sagst Du: „Bitte“. Damit hast Du den LOTSEN an Bord geholt.

Das ist alles. Er wußte das sowieso schon längst. Nur, Er wollte es von Dir hören.

---

a Dawson Church schreibt in *Die neue Medizin des Bewußtseins* (S. 53 f.) u. a. auch über die Wirkung von Gebeten. Dabei führt er eine Studie aus dem Jahr 2006 an, über die unter der Überschrift „Die Gebete Fremder begünstigten die Heilung von Herzpatienten **nicht**“ berichtet wurde. Das irritierte ihn, weil er selbst andere Erfahrungen gemacht hatte und viele andere Studien die Wirkung von Gebeten belegen. Er fand schließlich den Fehler. „Außerdem“, so schreibt er, „wurde für jeden Patienten **ein standardisiertes Gebet gesprochen, bestehend aus 11 Wörtern**: ‚Für eine erfolgreiche Operation und eine schnelle, gesunde Genesung ohne Komplikationen‘.“

Im Laufe der Zeit werden sich Deine Gebete verändern. Mehr und mehr werden die Belange anderer Menschen für Dich wichtig werden. Aber auch hier gilt: Es verspricht nicht den größten Erfolg, nur dafür zu beten, daß es dem anderen doch besser gehen möge; daß er wieder in die Ordnung eines geregelten Lebens zurückfindet; daß ihn seine Krankheit verläßt usw. Bitte Gott darum, daß Er ihm helfen möge, auch die Hintergründe seiner Situation zu erfassen und seinen Anteil daran zu erkennen, und daß er dann den Mut und die Kraft dazu aufbringt, die erforderlichen Schritte zu tun – und schicke Du Deinem Nächsten gleichzeitig Deine Liebeenergie.

Die Hilfe, die anderen durch unser Gebet zuteil wird, kommt selbstverständlich aus dem Herzen Gottes. Oftmals stellt sie auch eine Art „Vorschuß" dar, der den Empfänger dazu ermuntern soll, sich auf den Weg zu machen oder die eingeschlagene Richtung nicht wieder zu verlassen.

Schließlich wirst Du die gleiche Erfahrung machen wie Sören Kierkegaard (1813 – 1855)[a]: „Als mein Gebet immer andächtiger und innerlicher wurde, da hatte ich immer weniger und weniger zu sagen. Und zuletzt wurde ich ganz still."

Es wird der Augenblick kommen, da Dein Gebet aus Deinem Herzen zu Ihm aufsteigt mit den Worten: „Ich liebe Dich".

Spätestens dann kannst Du Deinen Gott nennen, wie Du willst.[b]

*

Wenn Du meditieren möchtest, spricht nichts dagegen. Nur ist Meditation kein Ersatz für ein Gebet, weil sich das Gebet an ein Gegenüber richtet, was bei einer Meditation meistens nicht der Fall ist. Zu meditieren kann gut und wichtig sein, um ruhig zu werden oder zu

---

a Kierkegaard war ein dänischer Philosoph, Theologe und religiöser Schriftsteller. In seinen meist pseudonym veröffentlichten Schriften zeigte er sich als engagierter Verfechter der Idee des Christentums gegen die Realität der Christenheit.

b Du wirst dann auch aufgehört haben, Ihn um tausend Kleinigkeiten zu bitten, was einem Betteln gleichkam. Wenn Dein irdischer Vater Dich liebt und die finanziellen Möglichkeiten hat, brauchst Du ihn in einem kalten Winter nicht um Handschuhe zu bitten. Er kauft sie Dir auch so. Um wieviel weitsichtiger wird Dein himmlischer Vater handeln.

sich selbst zu finden. Du kannst dabei einen hohen Grad an Versenkung und Selbstverleugnung erreichen, vielleicht sogar – wenn Du lange genug meditierst – eine Art von Erleuchtung finden oder was man dafür erachtet. Wenn dies schließlich eines Tages der Fall sein sollte, und Du Gott so nahe bist wie nie zuvor und Ihn dann in Dir vernimmst, wird Er vermutlich zu Dir sagen: „Mein Kind, schön, daß du Mir so nahegekommen bist. Laß uns jetzt an die Arbeit gehen."

Das erinnert mich an die Geschichte „Vom Gottsucher und dem Verkehrsraudi". Nach vielen Jahren im Himalaya, wo er – wie er vermeinte – eines Nachts seine Erleuchtung hatte, stieg der Einsiedler den Berg hinab und nahm sich in der nächsten Stadt (Lhasa?) einen Leihwagen. Nicht lange danach wurde er in einen Unfall verwickelt, da sich irgend so ein jugendlicher, ungestümer Verkehrsrüpel die Vorfahrt erzwingen wollte. Als der Gottsucher sich schrecklich darüber erregte und den jungen Mann mit Vorwürfen überhäufte, vernahm er im Inneren eine Stimme:

> *Wo sind die guten Früchte deines Strebens? / Hat deine Einsamkeit sie dir verwehrt? / Den Himmel suchst du fern der Welt vergebens, / auch wenn dir scheint, du hättest Mich verehrt.*
>
> *Du glaubst, für dich war schon der Himmel offen? / Dann sage Mir, was ist mit dir passiert? / Kaum hast du einen Menschen angetroffen, / da hat dein eit'ler Hochmut dich verführt.*
>
> *Willst du Mir dienen, willst du Mich ergründen, / so liebe – und du weißt, was dir noch fehlt; / Ich lasse Mich in deinem Nächsten finden, / und du erkennst, jetzt hast du gut gewählt.*[127]

Und die Fähigkeit, im Dunkeln mit Pfeil und Bogen in das Zentrum einer Schießscheibe zu treffen – was einige Zen-Mönche schaffen –, kannst Du im Himmel auch nicht nutzbringend anwenden. Schon deshalb nicht, weil es dort kein Dunkel gibt.

Wenn es Dir darum geht, Gott in Deinem Herzen zu finden und künftig „richtig schön" mit Ihm zu leben, dann wirst Du bald über das Meditieren hinausfinden. Gehe aber dennoch, wann immer Dir danach ist, in die Stille und vergegenwärtige Dir, wer Du bist, in welcher Geborgenheit Du lebst. Du kannst dies mit den folgenden Worten (nur als Anregung gedacht, nicht als Dogma) tun. Je besser es Dir gelingt, damit eine tiefe Empfindung zu verbinden und vielleicht auch eine bildhafte Vorstellung, um so nachhaltiger wird die aufbauende und stärkende Wirkung sein:

Ich nehme jeden neuen Tag als ein Geschenk an.
Ich bin voller Freude und Dankbarkeit, denn ich bin meinem
Gott in meinem Inneren so nahe.
Ich bin dankbar für alles, was mir begegnet.
Ich bin dankbar für jeden, der mir begegnet.
Und weil alles aus der Hand meines Vaters kommt, ist alles gut.
Ich fühle mich geborgen in diesem Licht, in dieser Liebe,
in dieser Kraft, und ich weiß:
Wie immer es auch manchmal im Äußeren aussieht –
es ist dennoch alles gut.
Ich freue mich auf alles, was der Tag mir bringt,
auch auf das, was im Moment nicht so angenehm erscheinen mag.
Aber es kommt aus der Liebe meines Vaters, und es ist gut.
Ich mag mich selbst, so wie ich bin, mit all den Fehlern
und Schwächen, die ich n o c h habe.
Ich danke für das, was es noch zu lernen gibt, und ich
weiß mich auch darin in der Liebe meines Vaters geborgen.
Alles ist gut, denn ich werde geliebt – und ich liebe.[128]

Und dann gehe in den Tag. Oder in die Nacht.

*

Daß die christliche Lehre die Versöhnung beinhaltet, ist den meisten aufgrund ihres Kirchganges und ihrer Bibellese bekannt; welchen Schatz sie aber darstellt, ist vielen nicht bewußt. Da kann es sinnvoll sein, einmal über die Grenzen des eigenen Glaubensdistrikts hinauszuschauen. Besonders hilfreich wird es, wenn uns dabei Menschen begegnen, die aus eigener, oft leidvoller Erfahrung schätzen gelernt haben, was es bedeutet, mit Jesus Christus zu leben.

Nassim Ben Iman ist einer von ihnen. Er hat über seinen Weg ein Buch mit dem Titel geschrieben *Der wahre Feind ... warum ich kein Terrorist geworden bin.* Darin legt er eine enorm tiefe Einsicht geistiger Zusammenhänge an den Tag: „Ich möchte hier in aller Deutlichkeit herausstellen, daß die Wurzel all des Übels, das wir sehen, eine durch und durch von Neid und Haß erfüllte Persönlichkeit in der unsichtbaren Welt ist – Satan. Politische und religiöse Konflikte sind lediglich Auswirkungen tieferliegender geistiger Zusammenhänge.“[129] Diesen Einflüssen könnten sich auch die politischen Führer Israels und der arabischen Staaten nicht entziehen.

In einem Interview im Deutschlandfunk am 29. 3. 2007 wurde er gefragt: „Was macht für Sie den Unterschied zwischen Islam und Christentum aus?“ Seine Antwort: „Die Art und Weise der Vergebung, die ich im Christentum kennengelernt habe, gibt es im Islam definitiv nicht. **Die Veränderung des Herzens und des Lebens in Christus und durch Christus ist für mich einmalig.**“ Nassim Ben Iman, der eigentlich Terrorist werden wollte ...

*

Wenn Du Deine Sorgen und Deine Veränderungswünsche bei Ihm abgeladen hast, atme tief durch und wisse: Du hast einen entscheidenden Schritt getan. Jetzt ist Er am Zug. Es hat keinen Sinn, über das „Wann“ zu grübeln oder zu spekulieren, auch nicht über das „Wie“, ebensowenig über das „Ob-Überhaupt“. Du bist jetzt in der Situation eines Kunden, der einem Schuhmacher ein paar Schuhe zur Reparatur gebracht hat. Traust Du dem Schuhmacher zu, daß er sein Handwerk beherrscht, fleißig und ehrlich ist? Dann warte ab, bis er Dir Bescheid gibt oder der vereinbarte Abholtermin gekommen ist.

Was passiert, wenn Du schon eine halbe Stunde später wieder in der Werkstatt stehst und erneut nach Deinen Schuhen schauen möchtest? Einmal mag das gutgehen, falls es sich um einen geduldigen Schuster handelt. Ist er nicht so nachsichtig mit Dir, wird er Dir erklären: „Wie soll die Arbeit gelingen, wenn Sie die kaputten Schuhe immer wieder sehen wollen? Wollen Sie sie wieder mitnehmen? Weiterhin mit den Löchern in den Sohlen herumlaufen? Oder Ihre Schuhe vielleicht selbst flicken? Soll ich sie Ihnen holen und mitgeben?“

Dann wirst Du bemerken, daß Du wohl etwas falsch machst.

Im Geistigen sieht es nicht anders aus. Überlassen wir dem Herrn unser Päckchen. Übergeben und loslassen, heißt auch hier die Devise, vorausgesetzt, das mit dem „Übergeben“ wird nicht überstrapaziert. Man kann es sich nämlich zur lieben Gewohnheit machen, alles, was man an sich bemerkt, schnell mal „dem Herrn zu übergeben“. Der häufig damit verbundene Gedanke „Hier, mach’ Du das“ lauert schon im Hintergrund, um sich einen Stammplatz in unserem künftigen Umgang mit Schwierigkeiten zu sichern.

Solch einen Stammplatz hätten ebenso gerne Deine Zweifel. Auch Dein krampfhaftes Wollen, die erbetene Hilfe doch möglichst bald zu bekommen, würde sich gerne bei Dir einnisten. Schmeiß sie alle ’raus, wenn sie schon drin sind, oder verweigere ihnen den Zutritt, wenn sie hereindrängen. Beachte auch, daß Deine Fehler oder Schatten nicht Deine Feinde sind. Feinde bekämpft man. „Kampf“ ist absolut fehl am Platz. Auch Gott kämpft nicht – nie! –, auch wenn wir uns darüber noch keine Gedanken gemacht haben. Die Finsternis kämpft gegen das Licht, aber niemals umgekehrt. Du hast keinen Grund, Deine Unzulänglichkeiten als Deine Feinde zu betrachten. Schließlich hast Du sie eingeladen, gepflegt und großgezogen, zumindest jedoch hast Du sie hereingelassen.

Wenn’s mal gerade nicht so leicht ist, erinnere Dich daran: Du hast Dir den besten Verbündeten gewählt, den man sich vorstellen kann. Der LOTSE steuert Dein Schiff. Überlaß Ihm die Führung.

*

Das, was uns bei unserer Inneren Arbeit *wirklich voranbringt,* ist das Erkennen unserer Lernaufgaben, das Wissen um die Zuverlässigkeit der Hilfe und die Freude an den postiven Ergebnissen. Was uns allerdings bei unserer Arbeit *wirklich bremst,* ist das sture Beharren auf der Beantwortung unserer Frage nach dem „Warum?“. Damit ist nicht die Suche nach den Gründen für ein bestimmtes Verhalten gemeint, sondern dieses – entschuldige – penetrante „Warum bekomme ich das nicht?“, „Warum tritt keine Bessserung ein?“, „Warum erhört Gott meine Bitte nicht?“.

Eine üblere Blockade ist kaum vorstellbar.

Nehmen wir an, Gott würde unserem Drängen auf eine Antwort nachgeben, nur damit Er Seine Ruhe hätte, und wir endlich zufriedengestellt wären und loslegen könnten. Wären wir tatsächlich zufrieden? Würde es unsere Bremse lösen, wenn wir wüßten, in welchem Vorleben wir einem unserer Lieblingsfeinde das Leben zur Hölle gemacht haben? Mit welchen Mitteln und mit welchen Folgen? Würden wir dann wirklich in tiefer Dankbarkeit unser Haupt senken und sagen: „Jetzt weiß ich endlich, warum ich ein solches Gebrechen habe! Jetzt bin ich glücklich! Jetzt gehe ich den Weg mit dem Herrn!“?

Nichts von dem würde geschehen – abgesehen davon, daß solche Erkenntnisse uns aus nachvollziehbaren Gründen nicht gegeben werden, und solche Erinnerungen nur dann in unser Bewußtsein treten, wenn sie aus ganz bestimmten, selten eintretenden Notwendigkeiten „freigegeben“ werden. Ansonsten schweigt der Himmel.

Und jetzt? Müssen wir hilflos, resignierend und mutlos dastehen, die berühmte Flinte ins Korn werfen und schmollend sagen: „Wenn ich nicht wissen soll, wo die Ursache liegt, oder was ich angestellt habe, dann bleibt eben alles beim alten!“?

Mitnichten, der Himmel hat andere Möglichkeiten. Die Frage ist nur, ob wir sie akzeptieren.

Wenn wir nach einer durchzechten Nacht mit einem Blackout[a] aufwachen und das Chaos um uns herum betrachten, ist eines klar: Ob wir genau wissen, wann wir was auf welche Weise angestellt haben, spielt hinsichtlich der Schadensbegrenzung und Wiedergutmachung keine Rolle. Entscheidend ist allein, daß wir die Ordnung wieder herstellen, den Zaun des Nachbarn reparieren und möglicherweise diverse Entschuldigungsbriefe schreiben müssen. (Sollte uns später jemand erzählen, wie wir uns benommen haben, mag das zwar als einleuchtende Erklärung dienen, enthebt uns aber ganz und gar

---

a Blackout = Aussetzer (engl.)

nicht der Notwendigkeit unseres Einsatzes und erleichtert diesen auch nicht.)

Genauso hält es der Himmel mit uns. Er setzt uns das vor, was repariert werden muß – weil durch uns irgendwann früher einmal beschädigt. Es kommt nicht zufälig auf *unseren* Tisch; schauen wir einmal zu unserem Nachbarn oder Kollegen hinüber, dann stellen wir fest, daß dort andere Dinge zur Bereinigung auf *seinem* Tisch liegen.

In dem Wissen, daß Gott keinen Fehler macht, dürfen wir das, was auf unserem Tisch liegt, als eine Lernaufgabe betrachten, die ursächlich etwas mit uns zu tun hat. Das Leben setzt uns vor, was es noch zu bearbeiten gilt. Nicht umsonst haben wir es eine Schule genannt. Und was passiert mit jemandem, der die Schule schwänzt, da er meint, sich vor den Aufgaben drücken zu können? Sprichwörter haben eine tiefe Bedeutung: „Wer nicht an sich arbeitet, an dem wird gearbeitet", sagte das Schicksal und setzte den Meißel an.

Spielt es also eine Rolle, ob Du weißt, warum diese Aufgabe in Erscheinung getreten ist? „Aber was muß ich denn lernen?" hat mich einmal jemand verzweifelt gefragt. „Das, was Du noch nicht kannst", mußte ich ihm, der nicht bereit war, tiefer in sich hineinzuschauen, antworten.

Wenn wir unter diesem Gesichtspunkt und mit dem nötigen Gottvertrauen bereit sind, unsere Lernaufgaben nicht nur anzuschauen, sondern auch anzugehen, werden sie bald ihre anfängliche Dringlichkeit verlieren. Und die Frage nach dem „Warum?" wird uns nicht mehr beschäftigen. Das Leben arbeitet übrigens sehr rationell: Was begriffen und erlernt wurde, wird vom Lehrplan gestrichen.

Gott sei Dank, wirst Du denken und aufatmen. J-ein – ich zögere ein bißchen, will Dir nicht unbedingt eine Illusion rauben, doch hinter der nächsten Ecke wartet sie schon – die nächste Herausforderung ...

*

Schließlich ist da noch die Sache mit dem freien Willen, weil wir doch unsere Entscheidung in den Willen Gottes legen sollen. Was sind darüber schon Diskussionen geführt worden! Dabei ist alles so einfach.

Wir – als geistiges Wesen – haben einen freien Willen. Der ist unantastbar, er wird auch von Gott nicht eingeschränkt, sonst hätte es zum Fall nicht kommen können. Früher einmal war ich der Meinung, der freie Wille würde da an seine Grenzen stoßen, wo er die Absicht verfolgte, die Schöpfung umzugestalten oder sie zu zerstören, wenn ersteres nicht gelang (so, wie es bei Sadhanas Vorgehen der Fall war). Falsch! Weil sich nämlich in dem Moment, da der Wille des Geschöpfes nicht mehr mit dem Liebe-Willen des Schöpfers im Einklang ist, die Aufnahmefähigkeit der Liebe-Energie reduziert, reicht dieses verminderte Kräftepotential niemals aus, die Schöpferkraft zu unterlaufen und Sein Werk zu zerstören.

Durch unsere Seelenbelastung sind wir mit vielen „Schatten" behaftet, die einerseits unsere Aufnahme göttlicher Energien einschränken, die uns andererseits aber auch zu Sklaven unserer eigenen VPS (Verhaltensmuster/Programmierungen/Steuerungsmechanismen) machen. Wir möchten zwar gerne, können aber nicht so, wie wir wollen (Karl Valentin hatte gar nicht so unrecht). Das heißt: Unser freier Wille ist eingeschränkt – durch uns selbst.

Wenn Du Dich als Kind Gottes auf den Weg zu Ihm machst und weißt, daß aufgrund Seiner Liebegesetze ohnehin nur das Beste auf Dich zukommen wird, kann es da schwerfallen, ein Gebet oder eine Bitte abzuschließen mit den aus dem Herzen kommenden Worten, daß Sein Wille geschehen möge? *Eigentlich* nicht, wenn wir denn wirklich davon überzeugt sind und dies auch freudig begrüßen, daß das, was anschließend mit uns passiert oder auch nicht, tatsächlich Sein Wille ist. Aber wir haben da unsere Zweifel und eigenen Vorstellungen.

Dabei vergessen wir oft – und das soll Dich jetzt nicht schockieren: Sein Wille geschieht sowieso! Ob wir „Dein Wille geschehe" sagen oder nicht. Aber wie, wenn doch unser eigener Wille dagegensteht? Menschlicher Eigenwille ist in Seinen göttlichen Willen eingebunden! Wenn wir glauben, unseren Willen gegen den Seinen setzen zu müssen, können wir uns damit dennoch nicht außerhalb Seines Gesetzes stellen. Wir unterliegen im gleichen Moment den Folgen aus dem Karma-Gesetz, das nicht außerhalb von Gott existiert, sondern nur unter dem Dach Seines allem übergeordneten Liebegesetzes.

Fügst Du schon ohne irgendwelchen Hintergedanken „Dein Wille geschehe“ Deinem Gebet oder Deiner Bitte hinzu, dann kannst Du auch einen Schritt weitergehen: Du senkst – liebevoll-kindlich – Dein Haupt und formulierst Deine Willenserklärung ein klein wenig anders, und dennoch bekommt sie dadurch eine viel größere Bedeutung: „Dein Wille erfülle sich an mir“ hat ein höheres Gewicht als Dein „Nur“-Einverständnis, daß Sein Wille das letzte Sagen hat. Du verläßt damit die passive Rolle („so wie Du machst, wird es schon recht sein; ich wehre mich nicht dagegen“) und gehst voran, schaust Ihn voller Liebe an und sagst zu Ihm: „Das, was Du für mich vorgesehen hast, Vater, ist auch das, was ich möchte. Bitte laß es an mir geschehen.“

Das erfordert schon ein großes Maß an Vertrauen, denn Du weißt zu diesem Zeitpunkt noch nicht, was Er mit Dir vorhat. Trotzdem gibst Du ihm, aus Liebe, einen Freibrief, Du unterschreibst einen Blanco-Scheck. Meine Hochachtung.

Viel mehr kann man als Mensch *eigentlich* nicht tun. Oder gibt es doch noch eine Steigerung? Wenn Du schon bald mit Ihm lebst (freu Dich, wenn es schon so weit sein sollte), ist das zuvor Gesagte kein Thema mehr. Dann wirst Du etwas aus freien Stücken heraus anstreben, ohne daß es eines Anstoßes dazu bedarf, denn Du kennst dann Deine Kraft und die Größe Deiner Liebe: Ohne es zum Ausdruck bringen zu müssen, tust Du das, was in Deiner Seele schlummert und nur darauf wartet, endlich freigesetzt zu werden: „Vater, ich erfülle Deinen Willen.“

Das ist Hingabe, die höchste Form der Liebe.

Dieser Anspruch ist dennoch nicht so hoch, wie Du vielleicht befürchtest. Er mißt sich lediglich daran, was Du – aus einem liebenden Herzen heraus – in der Lage bist, schon umzusetzen. „Mehr als das, was wir tun können, können wir sowieso nicht tun“, hatten wir festgestellt. Dabei bleibt es.

Sobald Du die Sache mit dem freien Willen verinnerlicht hast, wird dies für Dich und Deinen Nächsten weitreichende, positive Auswirkungen haben. Du weißt, daß Du Deine Willensfreiheit einsetzen darfst, ohne daß es zu irgendwelchen Vorhaltungen oder gar Strafen von Seiten Gottes kommt; lediglich die Folgen wirst Du Dir anschauen, tragen und aus der Welt schaffen müssen. Dies aber schmälert in keiner Weise Dein Recht, Deinen Willen gebrauchen zu dürfen.

Gleiches Recht gilt für Deinen Nächsten und Euer Zusammenleben. Mag sein, daß Ihr in einer Ehe- und Partnerschaft dann nicht zurechtkommt, wenn beide darauf pochen, ihren Vorstellungen gemäß leben zu dürfen. Jedoch, sie dürfen – aus geistiger Sicht. *Was* dies für Folgen nach sich zieht, hierüber ist damit noch nichts gesagt. Nur: *daß* ...

An diesem Beispiel erkennst Du auch, wie wenig Sinn es hat, anders zu handeln, als der „Untergrund" es möchte. Wenn bei Diskrepanzen ein annehmbares Miteinander erzielt werden soll, dann nur auf die Weise, daß einer oder beide eine neue, aufeinander abgestimmte, andere Handlungsweise als die bisherige zu ihrem *eigenen Wollen* machen und nicht nur deshalb ein anderes Benehmen an den Tag legen, weil es das einzige Mittel zu sein scheint, nicht ständig in Zwietracht zu leben.

An solchen neuen Vorsätzen, wenn sie freiwillig aus der Einsicht eines falschen Verhaltens geboren wurden, muß sich dann auch jeder messen lassen. Schließlich war es der eigene Wunsch und Wille, etwas verändern zu wollen.

*

Wir schieben oftmals zu schnell ein Geschehnis an die Seite, das wir selbst angestoßen haben, oder das durch uns erst ins Leben gerufen wurde. Wenn die Zeit darüber hinweggegangen ist, so meinen wir, wäre die Sache aus der Welt. Täuschen wir uns nicht.

Dieser gut- und ernstgemeinte Hinweis ohne erhobenen Zeigefinger hat einen Hintergrund. Wir haben diesen Aspekt, wenn auch in einem anderen Zusammenhang, kennengelernt, als wir zur Erkenntnis kamen, daß Energie nicht verlorengehen kann. Alles ist Energie. Sie ist sozusagen der Träger aller Erscheinungsformen. Ob es sich dabei um Materie, unsere Empfindungen und Gedanken, um Radio- oder Fernsehwellen, um Alpha- oder Betastrahlung, um die Ohrfeige unseres Lehrers oder um die unbezahlte Rechnung in einem Restaurant handelt: Alles hat seine energetische Grundlage, und wenn diese Energie in unterschiedlichsten Formen freigesetzt wird (auch eine Ohrfeige gehört dazu), dann ist sie sozusagen „ins Leben getreten", sichtbar oder unsichtbar.

In dem unendlichen Kosmos werden Ohrfeigen und unbezahlte Rechnungen nur mehr schwer aufzufinden sein. Außerdem: Das ist ja schon s o lange her. Wer denkt schon noch daran? Aber ändert das prinzipiell etwas daran, daß Energien nicht so einfach mir nichts, Dir nichts verschwinden, nur weil die Zeit über sie hinweggegangen ist? Würde ein sensibles System wie die gigantische Schöpfung auf Dauer seine nötige Stabilität behalten, wenn sich die Gewichte verschieben? Jeder Verstoß gegen das göttliche Liebegesetz gleicht aber einer solchen Gewichtsverlagerung. Bei einer Ohrfeige werden wir – zu Recht – schmunzeln. Wie aber sieht es aus, wenn es sich um persönliche, drastischere Verstöße handelt, die zwar im Kosmos nahezu untergehen, in meiner Seele aber sehr wohl eine Rolle spielen? Dazu ein kleiner Auszug aus *Alles endet im Licht:*

> *Vielleicht hilft dir folgendes: Angenommen, du begehst einen Diebstahl,* sagte mein Licht. *Er wird nie entdeckt und du damit als Täter nie erkannt. Gewissensbisse, falls je vorhanden, verschwinden nach ein paar Tagen. Glaubst du, daß nach diesen paar Tagen auch die Tat als solche nicht mehr existiert?*
> „Sie ist noch da, nicht nur im Unsichtbaren oder Geistigen, sondern sogar im Äußeren. Das, was ich gestohlen habe, fehlt ja an seinem ursprünglichen Platz – auch wenn es keiner bemerkt."
> *Und wie sieht es nach einigen Wochen oder Monaten aus?*
> „Es hat sich nichts geändert."
> *Hat sich nach Jahren oder Jahrzehnten etwas geändert, wenn du nicht bereust und das gestohlene Gut nicht zurückgibst? Wenn sich i n d i r , dem Verursacher, nichts ändert, hat sich dann an der Tatsache deines Diebstahls nach tausend oder zehntausend Jahren etwas geändert,*

> *sozusagen „von alleine“?* Das Licht bemerkte mein Zögern. *Du kannst die Dauer beliebig verlängern.*
> Ich mußte erkennen, daß es nur eine Antwort gab: „Nichts löst sich wie von selbst auf, nur weil die Zeit ‚darüber hinweggegangen‘ ist; denn Zeit spielt im Geistigen keine Rolle.“
> Wir waren, wie mir schien, an einem sehr wichtigen Punkt angelangt. „Wenn die Tat oder die Folge nicht von alleine erlischt, besteht sie weiter, 20 Monate, 20 Jahre, 200 Jahre, 2.000 Jahre ...“
> *So lange aber lebt der Mensch nicht.*
> „Also nimmt er die Tat bzw. die von ihm geschaffene Ursache, wenn sie an seinem Lebensende noch besteht, mit in den Tod.“[130]

Die Zeit heilt Wunden; ja, aber nur in der Erinnerung. Jede nicht sauber vernarbte Wunde ist energetisch noch in der Seele des Verursachers aktiv. Wir werden also nicht umhin kommen, einen Ausgleich zu schaffen für das Ungleichgewicht, das wir verursacht haben. Und wie? Siehe „Nicht vergeben können“; und wenn es mit einem Gespräch oder mehreren nicht getan ist, werden wir uns Gedanken darüber zu machen haben, dort, wo es nötig ist, auch über eine verbale Versöhnung hinaus Wiedergutmachung zu leisten.

Ich weiß, das hört sich nicht sehr freundlich an und paßt aus unserer eingeschränkten Sicht vielleicht auch nicht unbedingt in das Bild eines barmherzigen Gottes. Und doch ist es gerade Seine Barmherzigkeit, die auch die Situation des Geschädigten sieht, und die deshalb absolut neutral und gerecht handelt.

Wenn Du damit – verständlicherweise[a] – noch ein Problem hast, dann bitte ich Dich, folgendes nachzuvollziehen, so gut es Dir möglich ist:

In der Erkenntnis Deiner ungesühnten Schuld, die Dich (später einmal) dumpf dahin vegetieren läßt, suchst Du verzweifelt nach einem Ausweg. Du läufst durch den halben Himmel Deinem „Gläubiger“ nach und bittest ihn händeringend, Dir doch zu verzeihen. Du

a Ich sage das nicht nur so, ich verstehe es aus eigener Erfahrung wirklich. Aber es hat auch mir die erforderlichen Schritte nicht erspart.

gehst auf die Knie, flehst um Vergebung, willst frei werden von dem, was Dich bedrückt. Er hätte es in der Hand: Ein Wort von ihm, und Du wärst frei. Doch er will nicht.

Glaubst Du, daß Du Dich dann – ähnlich, wie Du es vielleicht auf Erden getan hast – schulterzuckend abwendest und sagst: „Dann eben nicht"? Es sind *Deine* Seelenqualen, es ist Deine Erkenntnis *Deines* Fehlverhaltens, es ist etwas, das *Dich* daran hindert, Deinen Weg in Richtung Licht zu gehen. Ich glaube nicht, daß es mit einem Achselzucken abgetan sein wird. Auf diese Weise stellt sich der nach dem Gesetz erforderliche Ausgleich nicht ein.

Ich wollte Dich damit nicht „herunterziehen" (das weißt Du, so gut kennst Du mich inzwischen), sondern nur das Bewußtsein ein wenig dafür schärfen, daß es nicht immer mit „bitte vergib mir" getan ist. Wenn größere Schäden angerichtet worden sind, erfordern sie möglicherweise auch eine Art „Reparatur". Es sei denn, Dein Gläubiger im Diesseits oder im Jenseits erläßt Dir Deine Schuld. Dann ist sie auch bei Gott erlassen, denn Er ist der Letzte, der Dir etwas nachtragen wird.

Wenn also die Möglichkeit und Notwendigkeit besteht, noch in diesem Leben so manchen Ausgleich herbeiführen bzw. Wiedergutmachung leisten zu können, dann gib Dir einen Ruck und springe – wenn nötig, über Deinen eigenen Schatten ...

*

Ein Letztes zur Praxis der Inneren Arbeit. Die Gegenseite wird natürlich nicht geruhsam zuschauen, wenn Du der grauen Masse ihrer kopfhängenden Mitläufer den Rücken kehren wirst. Du kannst den Trägheits- und Bequemlichkeitsversuchungen Einhalt gebieten, indem Du einfach „auf dem laufenden" bleibst. Das ist nicht schwer zu verstehen:

- Du läßt nichts anstehen,
- Du verschiebst keine dringenden Entscheidungen nach irgendwo hin,
- Du unterdrückst keine hochsteigenden Impulse,

- Du wirst nicht lau,
- Du findest keine Entschuldigungen für Dich selbst,
- Du hortest keine „Leichen im Keller",
- Du bist wachsam und reagierst so schnell wie möglich.

Wenn Du Dich im Fluß Deines neues Lebens bewegst (nicht fanatisch oder verkrampft, Du weißt schon), dann bist und bleibst Du geschützt. Anderenfalls besteht die Gefahr, ans Ufer geschwemmt zu werden (wenn Deinen „Hintermännern" das gelingt, würden sie sich ins Fäustchen lachen).

Halten wir es nach diesen vielen Betrachtungen mit unserem Goethe, der den Faust sprechen läßt: „Der Worte sind genug gewechselt ...". Also an die Arbeit. Sie ruft – und wie.

PS: Daß auch das Danken dazu gehört – besonders dann, wenn man die Erfolge schon spürt und sie nicht noch erhoffen muß –, habe ich nicht vergessen zu erwähnen. Ich bin davon ausgegangen, daß dies inzwischen selbstverständlich geworden ist – und bin dabei hoffentlich keiner Erwartungshaltung erlegen.

Die Frage **c) Wie gehe ich dabei vor?** haben wir beantwortet. Wenden wir uns der nächsten Frage zu und nehmen dabei die folgenden Worte des Herrn aus einer Offenbarung mit:

„Wie verhaltet ihr euch, wenn die Stürme des Lebens über euch hinwegfegen? Seid ihr dann versucht, dem Lotsen das Ruder aus der Hand zu nehmen, weil ihr Ihm nicht zutraut, daß Er euer Lebensschiff sicher durch die Unwetter führt? Übernehmt ihr wieder das Kommando, weil ihr auf eure Erfahrungen baut, die euch doch so oft betrogen haben, oder kommt ihr zum Lotsen voller Vertrauen, voll kindlicher Hingabe und sagt: ‚Du weißt es besser, Vater'?"[131]

17. Wenn der Wolf Kreide frißt

Wer sich die Teufel mit Hörnern und die Narren mit Schellen vorstellt, wird stets ihre Beute.

Arthur Schopenhauer

Wenn Du bemerkst, daß Du Dich auf einer Wanderung verirrt hast, ist es das Vernünftigste, Du gehst Schritt für Schritt zurück, bis Du an den Punkt kommst, an dem Du die falsche Richtung eingeschlagen hast. Von dort aus gehst Du dann in die richtige. Diese Art der Fehlersuche kannst Du bei Deiner Inneren Arbeit genauso anwenden.

Du wirst vielleicht verwundert feststellen, daß doch eigentlich die besten Voraussetzungen gegeben waren sowie die besten Absichten vorlagen. Aber irgend jemand oder irgend etwas hat Dir Dein Konzept durcheinandergebracht. Kein Grund, sich zu ärgern, unruhig oder mutlos zu werden. Die Devise heißt: auch nach einem Straucheln oder Fallen wieder aufstehen und weitermachen. Mal für kurze Zeit am Boden zu sein, ist nicht so tragisch; aber liegenzubleiben, darin liegt die Gefahr[a].

Machen wir uns auf, und suchen wir den oder die Übeltäter, indem wir uns die Frage vornehmen

d) Wer oder was könnte mir welche Schwierigkeiten bereiten?

Ein Offenbarungswort voraus: „Aus dem Unsichtbaren heraus hat ein jeder – zumindest bedingt – die Fähigkeit, die Fehler und Schwächen, die Neigungen und Interessen derjenigen zu sehen und zu erkennen, die er angreifen will. Ihr müßtet also nicht blind vorgehen, sondern ihr würdet euch eure Opfer aussuchen und sie genau an den

---

a Wie verhält sich eine Spinne, deren Netz zerstört worden ist? Würde sie sich so verhalten, wie es viele Menschen tun, dann würde sie verhungern. Sie könnte uns in dem Punkt als Vorbild dienen: Sie baut, webt, spinnt ein neues Netz.

Stellen angreifen, an denen sie bereits geschwächt oder noch nicht stark genug sind. Kein geschickter Feldherr würde anders vorgehen. Und glaubt Mir nur: Die Vorgehensweise der Dunkelheit ist weitaus raffinierter angelegt, als ihr euch dies vorstellen könnt."[132]

Wir geben uns in Unwissenheit vielfach der Illusion hin, wir wären allein, nur weil sich außer uns niemand im gleichen Raum aufhält, oder wir einen einsamen Spaziergang unternehmen. Am besten ist, wir verbannen diese Auffassung ein- für allemal aus unserem Denken. Wir sind n i e alleine! Unsere fünf Sinne spiegeln uns zwar diese „Realität", aber hellsichtige Menschen z. B. wissen da mehr. Wir Menschen leben in der dichtesten Dimension, alles andere als unsere Materie ist von feinstofflicher Natur. Sämtliche Dimensionen durchdringen sich gegenseitig, die niedrigste der feinstofflichen ist der tiefste Astralbereich, die „Hölle", die höchste der feinstofflichen ist die Ewigkeit und Unendlichkeit, der „Himmel".

Jedes nicht-materielle Wesen hat Zutritt zu unserer materiellen Sphäre. Es mag die unterschiedlichsten Gründe für sein Hiersein haben, fest steht, daß es uns sieht – und nicht nur als Mensch, sondern auch unsere Aura, unsere energetische Ausstrahlung, die ihm verrät, wes Geistes Kind wir sind. Das kann ja auch gar nicht anders sein, wie sollte ansonsten Dein Schutzengel Dich führen können, wenn er nicht in Deiner Nähe wäre; und die richtigen Impulse gibt er Dir, weil er ganz genau Dein Empfinden und Denken kennt und weiß, was Dir weiterhelfen kann.

Die gleichen Möglichkeiten – und das gleiche Recht (!) – haben diejenigen, die Dir nicht so gut gesonnen sind. Spätestens jetzt wird bei dem einen oder anderen ein „Aha-Lämpchen" angehen: Wenn nämlich Dein Verführer Dich besser kennt als Du Dich selbst, hast Du kaum eine Chance gegen ihn, *weil er bei Dir genau an den Schwachstellen ansetzt, die Du nicht sehen willst oder kannst oder leugnest* – auf die Dich Dein Schutzengel allerdings schon seit langem verzweifelt hinzuweisen versucht.[a]

---

a Schutzengel zu sein ist in meinen Augen einer der „härtesten Jobs", den ich mir vorstellen kann. Und dann wurde er auch noch freiwillig übernommen! Als menschlicher Beschützer und Helfer hätten wahrscheinlich die meisten schon längst frustriert aufgegeben.

Oder würdest Du, wenn Du vorhättest, irgendwo einzubrechen, nicht das offene Fenster bevorzugen (das jemand vergessen hatte zu schließen), anstatt Dich mit schwerem Werkzeug an der verschlossenen Haustüre zu schaffen zu machen?

Es kann eine Empfindung, ein Gedanke, Neugierde, ein unbedingtes Haben-Wollen und vieles andere sein, mit dem Du die Finsternis zwar unwissend, aber dennoch herzlich einlädst. „Unsere Schwächen sind wie Türen, durch die feindlich gesinnte Wesenheiten versuchen, sich einzuschleichen ... Wollt ihr mit ihnen nichts zu tun haben, dann öffnet ihnen nicht die Tür! Sie üben keinen Zwang auf euch aus, sie machen euch nur Vorschläge, und ihr sagt dann ja dazu. Die meisten Menschen bilden sich ein, ihre Mißgeschicke kämen von ganz alleine und unerwartet. Nein, sie selbst haben ihnen den Weg bereitet, sie eingeladen, ihnen die Tür geöffnet. Wie? Durch Begierden, Schwächen oder Verstöße, zu denen sie sich hinreißen ließen. Genau in dem Moment finden die Teufel die Tür offen und kommen herein", schreibt Omraam Mikhaël Aïvanhov in seinen *Goldenen Regeln für den Alltag.*[133]

Michele Longo O'Donnell noch, das ist dann genug der Zitate: „In meinem eigenen Leben gibt es eine unausgesprochene Verhaltensregel, die ungefähr so lautet: Wenn ich nicht möchte, daß etwas im Radius meiner Lebenserfahrung auftritt, so erlaube ich den entsprechenden Worten und Bildern nicht, diese Situation auszulösen. Ich habe gelernt, daß wir die Wächter an den Toren unseres Geistes sind und das auch meinen Kindern und Patienten eingeprägt. Sie sind die ‚Wächter an der Mauer' ihrer eigenen Stadt ... Die Menschen haben noch nicht verstanden, daß sie nicht jeden Gedanken akzeptieren müssen, der kommt. Daß er an die Türe unseres Denkens klopft, heißt noch lange nicht, daß wir ihn ‚besitzen' müssen. Wir müssen über jeden Gedanken nachdenken, so wie er kommt, und entscheiden, ob er es wert ist, in unsere Stadt eingelassen zu werden."[134]

Dieser wichtige – im Prinzip richtige – Punkt wird uns gleich beschäftigen, weil er mit einem Riesen-Mißverständnis aufräumt, das in bezug auf Gott und den Schutz besteht, in den Er uns eingehüllt, oder den Er für uns vorgesehen hat.

Laß uns doch noch einmal das kleine Spielchen „Ich versetze mich in die Lage von ...“ machen, das uns schon ein paar mal weitergeholfen hat. Nehmen wir diesmal, in Anlehnung an die zuvor zitierte Michele Long O‘Donnell, als Beispiel die beabsichtigte Einnahme einer Stadt durch den „Fürsten der Finsternis“; das gibt ein wenig mehr her, als nur einen einzelnen, kleinen Menschen zu verführen. Ich glaube, anschließend bleiben so viele Fragen nicht mehr offen.

> Ich bereite meinen Angriff auf die Stadt vor und überlege, an welchen Punkten ich ansetze. Bei denen, die ganz gut gesichert sind? Bestimmt nicht. Oder bei den Schwachstellen? Vielleicht sind ein paar Pforten, Türen oder Fenster nicht bewacht, oder man hat sie völlig vergessen? Das würde schon eher passen. Würde ich den Belagerten ein Angebot machen? Und was würde ich ihnen anbieten?
> Plötzlich weiß ich, wie ich vorgehen werde. Ich bin mir auch ganz sicher, daß ich gewinne, und zwar aus einem einfachen Grund. Ich habe von den Belagerten gesprochen; das ist nur bedingt richtig.
> *Ich* weiß, daß sie belagert und angegriffen werden – von mir. *Sie* wissen es nicht! Sie halten es noch nicht einmal für möglich, daß so etwas geschehen kann! Sie werden erst dann erstaunt schauen, wenn ich bereits mitten in ihrer Stadt stehe!
> Und wenn ich mich dann noch mit einem provisorischen Heiligenschein – an einen richtigen komme ich ja leider nicht heran –, also mit einem provisorischen Heiligenschein zeigen werde, habe ich sicher die Hälfte von ihnen, wenn nicht noch mehr, auf meiner Seite.
> Außerdem werde ich ihnen natürlich etwas mitbringen, wie es ein guter Freund tut. Was kann das sein? Ich brauche nur an ihr Ego zu denken: Ich werde ihnen Macht, Ansehen und Reichtum anbieten (damit wäre ich beinahe, damals in der Wüste, schon einmal durchgekommen; leider nur beinahe). Das können sie nicht ablehnen, denn was ist dagegen ihr sogenannter innerer Reichtum, ihre Demut,

ihre Liebe! Ich werde sie erst gar nicht zu der Erkenntnis kommen lassen, daß sie eine innere Rückverbindung zu ihrer Quelle haben. Ich werde mit all dem Glanz meiner Welt auftrumpfen und sie damit zu blenden wissen. Das war's dann.

Ach ja, fällt mir dazu noch ein, natürlich dürfen sie das meiste von ihrer Ideologie behalten, leicht – aber entscheidend – verändert, versteht sich. Wenn ich es geschickt anstelle, werden sie die Änderung selbst vornehmen, und das auch noch in der besten – allerdings bereits von mir unterwanderten – Absicht, es im Sinne ihres Meisters und Anführers zu tun.

Und das Hauptgewicht ihres Tuns werde ich von innen nach außen verlagern, so daß sie sich mehr mit dem Drumherum beschäftigen. Nicht, daß an einem schönen Äußeren mit Zierrat, Glocken, Festen, Prozessionen, Zeremonien, Gesängen, Purpurgewändern und vielem mehr etwas falsch ist. Im Gegenteil: Aus meiner Sicht ist das goldrichtig, weil ich den Schwerpunkt darauf setze und sie – nicht alle, aber viele – davon abhalten werde, sich mit den wirklich bedeutenden Dingen ihres Glaubens zu befassen. Das war's aber dann jetzt.

Ich ziehe eine kleine Bilanz und betrachte, was schon war, und was – meinen Vorstellungen entsprechend – noch sein wird.

Leider konnte ich nicht verhindern, daß so mancher nicht in der mir ergebenen Haltung verbleiben wollte. Das wird auch künftig nicht anders sein. Ich kann nicht alle meine Schäfchen festhalten. Na gut, dann werde ich eben weiterhin versuchen, für jedes verlorengegangene ein neues zu finden.

Da gibt es allerdings welche, an die komme ich überhaupt nicht heran. Sie gehen schrittsicher durch die Welt, was mich insofern besonders ärgert, als es doch *meine* Welt ist, in der *ich* das Sagen habe. Sie aber sind geschützt. Da ist so ein Licht, das führt sie über die tiefsten Schluchten, auf

den dunkelsten Wegen und durch die unwirtlichsten Regionen, ohne daß ich ihnen jemals ernstlich Schaden zufügen kann.
Diesen Schutz haben übrigens nicht nur jene mit einem christlichen Hintergrund, auch andere; allerdings nur dann, wenn ihr Streben nach selbstloser Liebe aus einem kindlichen Herzen kommt. Es ist eigenartigerweise immer dasselbe Licht, das sie schützt, egal, welcher Religion oder Kultur sie angehören.
All jene haben etwas gemeinsam. Das ist auch der Grund, warum ich sie kaum erreichen kann: Sie tragen eine ehrliche Sehnsucht nach *der* Liebe in ihrem Herzen, von der ich sie abhalten will. Zugegeben, da habe ich ein kleines Problem. Andererseits besteht das schon immer.
Ein Mensch, bisher Vasall, Mitläufer oder auch einfach nur ein In-den-Tag-hinein-Lebender, beginnt sich immer dann abzusondern und sich meinem Einfluß zu entziehen, sobald er diese Entdeckung macht:
Wenn er nämlich den Schlüssel findet, von dem ich immer glaube, er sei unauffindbar tief im Menschen selbst versteckt: die Sehnsucht nach seinem Ursprung. Wenn das passiert, kann ich sicher sein, daß ich ihn nicht halten kann. Für mich ist er mit seinen neuen Interessen, die sich deutlich in seiner Seelenstrahlung erkennen lassen, wertlos geworden.
Dennoch gelingt es mir hier und da, durch geschickte Schachzüge auch so jemanden wieder in mein Boot zu holen. Das ist um so einfacher für mich, je mehr sich der Ausreißer in Sicherheit wähnt. Ich kann und darf ihn ja angreifen, wann und wo immer ich will.
Dünkt sich einer schon mit einem Bein auf festem Boden, so winke ich mit ein wenig Stolz, einem ganz kleinen Gefühl der Überlegenheit – und schon habe ich ihn wieder.
Ein Problem tut sich nach wie vor dann auf, wenn sich das Wachstum von Sehnsucht und Liebe nicht verhindern läßt.

Beim nächsten Schritt, der ernstlichen Hinwendung zu ihrem Gott, um in seinen Spuren zu gehen, wird es für mich noch schwieriger. Fast aussichtslos ist es, wenn sich jemand diesem lächerlichen Gesetz der Liebe ganz unterstellt, sich der Liebe damit hingibt.
Ich kann nur froh sein, daß die Milliarden nicht sehen können, was im Unsichtbaren um sie herum geschieht. Sonst würden sie mir scharenweise davonlaufen. Wenn sie nämlich erkennen würden, in was für einen Schutz sie sich allein durch ein ehrliches Bemühen hineinbegeben – ich würde nacheinander alle verlieren.
Bisher konnte ich das große Davonlaufen verhindern, indem ich Unwissenheit gesät habe, vermischt mit Un- und Halbwahrheiten. Die Saat ist prächtig aufgegangen.
Ich bin auf meine Leistung nicht wenig stolz.[135]

Kommen wir wieder zurück – auf den Boden der Wirklichkeit. Oder war das vielleicht soeben die Wirklichkeit? Die wir nur deshalb nicht kennen, weil unsere Augen in *diese* Realität nicht hineinschauen können?

Was sich so locker liest, ist die absolute Wahrheit und Realität eines weitgehend unbekannten Sachverhalts. Auf diese spielerische Weise dargeboten können wir sie vielleicht eher ertragen, als wenn wir uns mit ihrer absonderlichen, bizarren, fratzenhaft-abstoßenden Form beschäftigen müssen.

Eine Seele, die zur Menschwerdung die Erde betritt, bringt, wie wir wissen, bereits ihre Stärken und Schwächen mit. Von Anfang an ist sie ein Spielball guter und böser Kräfte, die sich um sie bemühen: die einen, um sie lernen und wachsen zu lassen, die anderen, um sie zu halten und energetisch zu schwächen.

Dieses Spiel beginnt schon in frühen Kinderjahren und endet auf dem Totenbett. Dabei bedient sich die Dunkelheit der Gesetzmäßigkeit der geistigen Anziehung, indem sie über die im Menschen vorhandenen charakterlichen Mängel, die sie unterstützt, diesen zu wiederholten und verstärkten negativen Handlungen anregt.

Gibt der Mensch mangels Wissen und/oder mangels Erziehung den angestoßenen Vorlieben und Geneigtheiten nach, dann verstärkt er sie mit der Folge, daß – je nach Schwere und Umfang seines Handelns – seine Seelenbelastung zunimmt. Die Gegenseite hat damit einen oder mehrere Punkte in dem Spiel gewonnen. Mit jeder Wiederholung graben sich die Programme tiefer in Unterbewußtsein und Seele ein und machen schließlich zusammen mit seinen anderen Eigenschaften und Wesenszügen die Individualität des Menschen aus.

Wenn Du Dich an Deine Innere Arbeit machst, erteilst Du damit gleichzeitig Deinem bisherigen Verhalten eine Absage. Diejenigen, die davon gelebt haben, und deren Aufgabe es war, Dich in der breiten, grauen Masse zu halten, werden darüber nicht gerade erfreut sein. Du aber hast die Hilfe des Herrn und den festen Wunsch, in Richtung des Lichtes zu marschieren; am Horizont winkt schon „der Himmel auf Erden".

Was kann jetzt noch schiefgehen? Es muß ja nichts mehr schiefgehen, und doch können einige Stolperfallen auf Deinem Weg liegen, die Dich fragen lassen, ob es wirklich so möglich ist, wie es hier geschrieben steht. Wir sprachen schon darüber, als wir einige der vielen menschlichen Eigenschaften betrachtet haben, die wir mit Hilfe des LOTSEN umwandeln können. Aber auf ein paar jener Sandbänke, auf denen unser Schiff vorübergehend festsitzen könnte, wollen wir unsere Aufmerksamkeit doch noch lenken.

Ganz wichtig ist die Frage nach unserer Entscheidung, die nämlich in ihrem Gefolge eine Veränderung mit sich bringen wird. „Klar will ich das", sagen wir – hoffentlich nicht zu vorschnell. Denn es ist immer noch ein Unterschied, ob wir pauschal *ja* sagen, oder ob wir uns konkret von dieser oder jener zwar lästigen, aber doch irgendwie liebgewordenen Verhaltensweise trennen wollen.

Es lohnt sich, diesen Aspekt noch zu vertiefen. Tun wir das anhand eines Beispiels.

A. liebt ihren Beruf als Krankenschwester, und sie mag auch die Menschen, mit denen sie täglich zusammenkommt. Zu einigen von ihnen hat sie einen besonderen Draht; sie verspürt, da könnte sie zusätzlich zur medizinischen Versorgung von ihrem Inneren her etwas geben. Sie möchte auch gerne, weiß aber nicht so recht, wie sie das machen soll. Außerdem ist da noch die Frage: Wie wird der andere sich verhalten? Was wird er vielleicht anschließend über sie denken?

Ihr grundsätzliches Ja hat sie dem Herrn gegeben, das stellt sie auch nicht mehr in Frage. Jetzt kommt die „Kleinarbeit". Und die wird u. U. darin bestehen, daß sich aus ihrem *großen Ja* mehr und mehr *kleine Ja* herauslösen, die in ganz konkreten Situationen – still im Inneren – noch einmal gegeben werden müssen. Das bedingt der freie Wille.

Wenn A. sich nicht sicher ist, wie sie bei ihren Patienten reagieren soll – ob ein Händedruck ausreicht oder ein paar liebe Worte angebracht sind, die aus dem Herzen kommen, und auf die der Kranke möglicherweise geradezu wartet –, dann kann es nur eine Lösung geben: *Sie* erklärt dem LOTSEN „im Vorfeld" ihre Bereitschaft, ihren Teil an geistiger Unterstützung zu geben, wenn *Er* Situationen vorbereitet und zustandekommen läßt, in denen ihre Hilfe sinnvoll, erwünscht, vielleicht sogar dringend nötig ist.

Damit ist allen gedient:

- Der Himmel wird das Umfeld schaffen,
- unsere Krankenschwester hat ihr Ja geben können ohne den „Druck" einer sich unmittelbar daran anschließenden Umsetzung,
- jetzt kann sie abwarten und wird wachsam sein,
- die Angst, etwas Falsches zu tun, ist weggefallen, denn
- die Weichen werden aus dem Geiste individuell gestellt,
- zum richtigen Zeitpunkt werden Patient und Krankenschwester die richtigen Worte finden.

Wer bei seiner ganz persönlichen Inneren Arbeit an diesem Punkt angelangt ist, darf nicht übersehen, daß nun die Schritte getan werden müssen, die eine Veränderung einleiten. Ist es keine gravierende Sache, um die es geht, dann ist es vielleicht mit einer einfachen Kursänderung getan. Geht es jedoch darum, ein länger praktiziertes Programm durch das Einüben eines neuen Verhaltens umzuschreiben, den „Karren aus seiner eingefahrenen Spur" herauszubringen, dann reicht es sicher nicht aus, einmalig anders zu handeln. Da sind dann die kleinen, kontinuierlich aufeinander folgenden Schritte gefragt, von denen schon die Rede war.

Ganz praktisch: Die Begegnung mit Deinem „Lieblingsfeind“ (die der Herr auf Deinen Wunsch hin eingeleitet hat), muß nicht gleich mit einer geschwisterlichen Umarmung enden. Aber Du mußt bereit sein, die ersten versöhnlichen Worte zu wechseln (und sei es nur ein ehrlich gemeintes, freundliches „Guten Tag“). Du wunderst Dich, daß der Gruß erwidert wird? (Der Himmel hat, schon in diesem Anfangsstadium, ganze Arbeit geleistet und auch Deinen Bruder/Deine Schwester im Inneren berührt.) Anschließend freust Du Dich über den ersten, kleinen Erfolg.

War doch gar nicht so schwer. Wenn es Dir mit Deinem Ja ernst war, werden sich weitere Möglichkeiten ergeben. Irgendwann setzt Ihr Euch zusammen und stellt fest, daß die Gegensätze gar nicht so gravierend waren, wie Ihr dachtet, und daß vieles auf Vorurteilen beruhte.

Was noch vor Wochen oder Monaten als negative Reaktion in Deinem Inneren von selbst ablief, wenn Du nur an ihn/sie dachtest, besteht als Automatismus nicht mehr. Es wurde durch Deinen guten Willen und die Hilfe des Herrn umgewandelt. Wenn Er Dir bei dieser Inneren Arbeit auch viele Schritte entgegenkam und den Acker vorbereitet hat, so wird Er Dir doch nicht die ganze Arbeit abgenommen haben. Das alte Programm war von Dir geschrieben worden (oder Du hast es schreiben lassen), und daher mußtest auch Du Deinen Anteil an der Umwandlung leisten. Aber es wäre gar nicht auszudenken, wie schwer bis unmöglich es gewesen wäre, wenn Du Seine Hilfe nicht gehabt hättest.

Es gibt wesentlich schwerwiegendere Programme, die auf das Verhalten der Menschen Einfluß nehmen, als das, welches uns gerade als Beispiel gedient hat. Wenn wir unseren persönlichen Bereich verlassen und unseren Blick etwa auf die große Politik, ihr Machtgebahren und ihre Gewaltbereitschaft richten, dann erkennen wir, wo die Dunkelheit angesetzt hat.

Aber auch hier kann im großen nur das zutage treten, was im kleinen vorhanden ist. Es bleibt dabei: Der Ansatzpunkt für eine Veränderung liegt – in Dir, in mir, in jedem von uns. Und weil das Leben einer Schule gleicht, heißt es wie in einer richtigen Schule: wenn nötig – üben, üben, üben.

Wer sich verändern möchte, muß sich selbstverständlich darüber im klaren sein, daß er anschließend ein anderer ist. Ansonsten streiten zwei Seelen in seiner Brust, und der Erfolg bleibt aus.

Mirsakarim Norbekov trifft mit seiner kernigen Sprache ins Schwarze, wenn er schreibt:

„Wenn Sie etwas für sich verändern möchten und dabei doch der Gleiche bleiben wollen, betören Sie sich mit Illusionen. Entschuldigen Sie, aber es ist sinnlos, ein Geschwür zu salben, wenn ein rostiger Nagel drinnen ist, die Wunde wird sich so oder so öffnen. Der rostige Charakter, der sich in Ihrem Körper befindet, hat ihn in Schwierigkeiten gebracht.“[136]

Auch Zweifel, die sich vielleicht trotz guter Absicht noch irgendwo im Hintergrund halten, können zum Stolperstein werden. Nochmals Norbekov, dessen Stil vielleicht nicht jedermanns Sache ist, der aber niemals um den heißen Brei herumredet und vielleicht auch deshalb mit seinen Seminaren einen so großen Erfolg hat.

> „Da, wo der Arzt der Krankheit allein gegenübersteht, gibt es keine Gesundung. Wenn Sie warten, hoffen Sie. Sie sind nicht nur träge, sondern Sie sind auf der Seite der Krankheit.
> Wenn Sie zweifeln, sperren Sie sich bereits aktiv gegen die Gesundung.
> Sie glauben es nicht, Verzeihung, was reden wir dann noch? Wenn Sie an dieser Krankheit eingehen wollen, von was für einer Genesung sollen wir dann reden?
> Tauschen wir doch einmal die Rollen. Sie sind der Arzt und ich der Patient.
> Ich sage zu Ihnen:
> ‚Herr Doktor, ich will unbedingt gesund werden, unbedingt, aber Sie müssen verstehen, ich zweifle noch ein ganz klein wenig daran, daß Sie mich heilen können. Trotzdem bitte ich Sie: Heilen Sie mich!‘
> Nun, wie fühlen Sie sich? ... Werden Sie mich behandeln? Wenn ja, dann ist Ihre Niederlage schon vorprogrammiert!

So einen Patienten wie mich kann man fast nicht heilen, denn er ist im Bündnis mit seiner Krankheit um ein Vielfaches stärker als Sie, der Arzt."

Avicenna (980 – 1037) sagte: Wir sind drei: du, ich und die Krankheit. Die Seite, auf die du dich schlägst, wird siegen."[a] Ersetze „Krankheit" durch „meine Fehler und Schwächen" ... der Rest liegt auf der Hand.

Achte auch auf jenen Stolperstein, der heißt: sich selbst etwas vormachen. Lag's wirklich an den anderen? An den Umständen? Glaubst Du tatsächlich, daß Du Dein Ziel mit Leichtigkeit erreicht hättest, wäre nur alles ein klein wenig gerechter gelaufen? Wenn nicht alle gegen Dich gewesen wären? Komm, laß uns miteinander schmunzeln bei den folgenden Zeilen, die aus der 1. Strophe eines Gedichtes von *Adalbert von Chamisso* stammen, und die – würden wir es mittlerweile nicht besser wissen – als die große Entschuldigung-Erkenntnis hätten herhalten können:

Wahrlich, aus mir hätte vieles
werden können in der Welt,
hätte tückisch nicht mein Schicksal
sich mir in den Weg gestellt.

Auch wenn Du glaubst, Deinen seelischen Reifeprozeß forcieren zu können, indem Du durch diverse spiritistische und okkulte Praktiken in die jenseitige Welt hineinschnupperst, ist hier viel eher höchste Gefahr im Verzug. Bitte laß die Finger davon. Am sichersten ist es, Du siehst und hörst auf Deinem Weg nichts von alledem, wovon andere (Fortgeschrittene?) manchmal schwärmerisch berichten.

Der Weg zu Gott gleicht einer Fahrt mit dem Aufzug in die oberen Etagen. Erst, wenn Du Dich in den höheren Stockwerken befindest, sollte sich die Aufzugtüre von *alleine* öffnen. Und dies wird dann auch genau auf die Weise geschehen, wie es für Dich und Deine Seele gut ist. Für andere mag etwas anderes gut sein. Jede

---

a Avicenna war ein persischer Arzt, Physiker, Philosoph, Jurist, Mathematiker, Astronom und Alchemist. Er zählte zu den berühmtesten Persönlichkeiten seiner Zeit.

Neugierde jedoch ist nicht nur fehl am Platz; sie kann weit mehr Unheil anrichten, als der Betreffende ahnt.

„Die Spiritisten brauchen die Geister gar nicht erst zu rufen", schreibt Dr. W. Beyer in *Dreißig Jahren unter den Toten*. „Das Verlangen und Drängen nach gegenseitigem Austausch von Mitteilungen ist von den niederen jenseitigen Sphären her zweifellos viel stärker als auf Seiten der diesseits Lebenden. Diesem Drängen der dunklen, unsichtbaren Geistwesen steht die Menschheit in der Mehrzahl völlig ahnungslos gegenüber und läßt sich von diesen Unglücklichen unendlich viel Leid, Not und Elend aufbürden."[137]

Und wenn Du zur Ungeduld neigst, erinnere Dich daran, daß das göttliche Potential der Geduld in Dir darauf wartet, als Schatz gehoben zu werden. Begehe nicht den Fehler, vielleicht lang Versäumtes in unangemessener Kürze nachholen zu wollen.

Auf der Leiter, die uns nach oben bringt, können wir keine Sprosse überspringen. Oder in einem anderen Bild ausgedrückt: Auf dem Weg, der uns aus dem Tal zum Gipfel führt, befinden wir uns momentan an der Stelle, die genau unserem Charakter und Wesen, unserem Wünschen und Wollen, unseren Interessen und Möglichkeiten, unserer Zurückhaltung oder unserem Vorwärtsstürmen entspricht. Manche auf dem Wanderpfad sehen wir über uns, andere wiederum unter uns. Jeder müht sich auf seiner Strecke nach seiner Art und rastet zu seiner Zeit an seinen Stationen. Er weiß auch, daß er kein Wegstück auslassen kann; und alles, was ihm begegnet, will wahrgenommen und bewältigt sein. Das Tempo allerdings kann er selbst bestimmen und sich über einen kurzen oder längeren Zeitraum niederlassen, wo immer es ihm gefällt und ganz, wie er das möchte.

So mancher unter uns sieht sich bisweilen als „Gipfelstürmer", was besonders dann verständlich ist, wenn man die ersten Zusammenhänge begreift und sich voller Eifer auf den Weg macht. Wenn sich die Nebel während der Wanderung allmählich lichten, kann schon mal das Herz überlaufen. Nur darf dies nicht zu einem Dauer-Überlauf werden; das heißt, wir sollten nicht eigenwillig korrigierend eingreifen, weil wir es kaum noch erwarten können, Erfolge zu feiern. (Achtung: Der Fanatismus wirft seine Schatten voraus.)

*

Louis Pasteur (1822 – 1895), franz. Wissenschaftler und Pionier auf dem Gebiet der Mikrobiologie, verdanken wir die Erkenntnis, die er der Nachwelt auf seinem Sterbebett vermacht haben soll:

„Die Mikrobe ist nichts, das Milieu ist alles." In das Geistige übertragen bedeutet es: Der individuelle Seelenzustand eines Menschen, sein seelisches Milieu, läßt Einflußnahmen aus dem Feinstofflichen zu oder eben nicht. Dieses Seelen-Milieu bestimmt darüber, ob Versuchung und Verführung oder geistiger Beistand überhaupt eine Chance haben, das Bewußtsein eines Menschen zu erreichen; und wenn sie es erreichen: ob sie entsprechend ihrer Absicht etwas ausrichten können.

Damit haben alle oberflächlichen Ausreden, Erklärungsversuche oder Begründungen ausgedient. Die Gefahr, das Teuflische, hält sich unbemerkt in unserer Nähe auf, beobachtet uns, belauert uns und wartet auf einen günstigen Augenblick, uns eine Laus in den Pelz zu setzen. Da durch den entsprechenden Seelenzustand diese Laus regelrecht erbettelt wurde (natürlich nicht mit Worten, sondern äußerst intensive Gedankenkräfte haben die Tore geöffnet), kommt es u. a. zu Gewalttaten, die für alle Betroffenen nicht nachvollziehbar sind: „Wie aus heiterem Himmel ... völlig unerklärlich ... wir haben nie etwas bemerkt ... es war doch ein ganz normaler Junge." Selbst wenn es nicht zu derartigen Exzessen kommt, sind Angehörige oftmals entsetzt angesichts der Veränderungen, die sie – ohne daß es dafür eine Erklärung gibt – bei einem Familienmitglied bemerken.

Ein etwas wachsameres Auge auf den Umgang, ein Hinterfragen bestimmter Verhaltensweisen, ein aufmerksamer Blick auf die neben dem PC liegenden Killer- oder Horror-Spiele hätte ihnen die Augen öffnen können. Wenn ... ja wenn sie denn überhaupt einen Zusammenhang erahnt hätten zwischen „dem Milieu und der Mikrobe namens Gewalt, Sex, Drogen".

Doch das Vorhandensein eines solchen feinstofflichen Milieus wird rundweg abgestritten. Tausend andere Gründe müssen herhalten, um Erklärungen zu formulieren, die wenig oder nicht überzeugend sind, und an die keiner wirklich glaubt. Kirchliche Irrlehren, die

Gott in einen weit entfernten Himmel und den Teufel in eine weit entfernte Hölle verbannen, haben dazu ihren wesentlichen Teil beigetragen.

In Trauerfeiern, die bei besonders tragischen Geschehnissen öffentlich gezeigt werden, heißt es dann: „Warum konnte das geschehen? Hier dürfen wir nicht weiterfragen. Dazu gibt uns Gott keine Antwort." „Doch", möchte man den Rednern und Predigern zurufen, „doch, Gott gibt die Antworten. Und wenn ihr sie wirklich hören möchtet, so räumt eure religiösen Blockaden und eure wissenschaftliche Ignoranz zur Seite und gebraucht euren gesunden Menschenverstand. Oder wenigstens eure Herzenslogik."

Nichts dergleichen. Und so wirken die zerstörerischen Mächte weiterhin unerkannt und ungestört ...

Es gibt nur eine Möglichkeit, ihr Treiben zu beenden – diesen Kräften den Boden zu entziehen, auf dem sie sich häuslich niedergelassen haben; das Milieu, den seelischen Nährboden so zu verändern[a], daß sie nicht nur keinen Einfluß mehr nehmen können, sondern daß sie das neue, höherschwingende Milieu meiden, wie „der Teufel das Weihwasser".

Dazu ist die Innere Arbeit das geeignetste Mittel. Man muß ja nicht warten, bis es zum Schlimmsten kommt.

*

Damit dies alles sich wirklich fest in uns verankern kann, noch ein kleines Beispiel.

> Stell Dir einen großen Verschiebebahnhof vor mit unzähligen Weichen und unzähligen Waggons. Jeder Waggon stellt einen Menschen dar, der in unsichtbaren Kraftfeldern lebt. Diese versuchen ununterbrochen, ihn in eine Richtung zu schieben, die *ihnen angenehm* ist – sofern es sich um negative Kräfte handelt – oder ihn *ins Licht* zu bringen, was die selbstlos dienenden Kräfte beabsichtigen. So wir-

---

a Pasteur stellte fest, daß allein das Milieu das Wachstum der Bakterie bestimmt. Ändert man die Zusammensetzung des Nährbodens, geht die Bakterie zugrunde.

ken auf die Waggons ständig Kräfte ein, die aber unbemerkt bleiben.
Eine Einflußnahme ist bei *den* Menschen möglich, die in ihrer Seelenstruktur gleiche oder ähnliche Aspekte aufweisen wie die Kräfte, die auf sie einwirken. Gelingt dies, rollt der entsprechende „Menschen-Waggon" einige Meter oder einige hundert Meter in die gewünschte Richtung – weg vom Licht, hinein in dunklere Zonen, sobald niederschwingende Einflüsterungen die Oberhand gewonnen haben. Im schlimmsten Fall bringen die Gegensatzkräfte den Waggon zum Entgleisen, denn das ist ihre Absicht: zu stören, zu zerstören, um so aus den negativen Gedanken und Handlungen dieser Verführten ihre Energie zu ziehen.
Erreichen dagegen die lichten Kräfte einen Menschen, fängt sein Gewissen an zu pochen, können positive Impulse im Inneren oder auch von außen aufgenommen werden, so ist es leicht, sich vorzustellen, daß in diesem Moment die Fahrt eines Waggons in die Richtung dunkler Bereiche gestoppt wird. Die lichten Kräfte haben eingegriffen, so weit es der freie Wille des Menschen zuließ. Eine Weiche wird gestellt, und der Waggon ändert seine Fahrtrichtung – weg vom Dunkel und hin ins Licht.
Wie lange seine Fahrt in die neue Richtung anhält, entscheidet der Mensch selbst. In dem Augenblick, in dem er sich in Empfindungen und Gedanken, in Worten und Handlungen, wieder den Gegensatzkräften öffnet, weil noch Gegensätzliches in mehr oder weniger starkem Maße in ihm liegt, verlangsamt sich die Fahrt ins Licht. Und je nachdem, inwieweit er sich der Dunkelheit ausliefert, wird sein Waggon wieder in die dunklere Bereiche zurück verschoben.

Dieses Bild auf unser Leben zu übertragen ist nicht schwer. Jeder von uns gleicht auf seine Weise einem solchen verschiebbaren Waggon, der zwar die besten Absichten hegt, aber dennoch immer wieder über seine eigenen Entsprechungen, seine nicht erkannten Fehler und Schwächen stolpert, und deshalb in entsprechenden Situationen beeinflußt, gestört, beeinträchtigt oder vielleicht sogar zu Fall gebracht werden kann.

Das ist die Erklärung dafür, warum es uns auf unserem Weg zu Gott manchmal besser, manchmal schlechter geht: Wir liefern uns als Spielball diversen Kräften aus.

*

Ich höre Dich direkt fragen: „Bin ich denn von Gott nicht geschützt, wenn ich Ihn darum bitte?"

Laß uns folgendes überlegen:

Wäre Dein momentaner Zustand nicht zum Positiven hin zu verändern, dann gäbe es keine Entwicklung – und die Finsternis würde sich vor lauter boshafter Freude die Hände reiben. Dazu hat sie aber keinen Grund. **Denn sie kann bei allem Einfluß auf Deinen Willen den Zugang zum Zentrum Deiner Entscheidungen nicht blockieren**. Sie kann diese indirekt beeinflussen, indem sie Dich ablenkt durch ihr Angebot an weltlichen Verlockungen und Egotrips aller Art und Dich so verführen, Prioritäten falsch zu setzen. Aber eine Entscheidung, mit der Du Dich für die wirklich bedeutsamen Dinge Deines Lebens aussprichst, kann sie nicht verhindern.

In vielen Fällen ist das unsere Rettung. Bildlich gesprochen besitzen wir in Form eines roten Telefons einen direkten Draht zu Gott, eine abhörsichere Verbindung. **Von niemandem kann unsere Absicht durchkreuzt werden, dieses rote Telefon zu benutzen**. Die Verbindung ist in Bruchteilen eines Augenblicks aufgebaut. Das ist kein Wunder, da sie ja auch sehr kurz ist: Sie führt von unserem Kopf direkt in unser Herz, mitten hinein in die Energie unseres Christusfunkens.

Wenn Du Dich in den Schutz Deines himmlischen Vaters begeben möchtest, kann dies nicht verhindert werden. Zuvor des richtigen Verständnisses wegen ein paar mutmachende Worte, damit nicht der Eindruck entsteht, die Dunkelheit könnte unvermindert ihre Angriffe auf ein Kind Gottes fortsetzen, das sich entschlossen auf den Rückweg gemacht hat. Dies ist ihr für eine Zeitlang nicht möglich, da ansonsten jede Entwicklung einer Seelenstärke schon im Keim erstickt würde. Zwar herrscht „Chancengleichheit“[a] in der Auseinandersetzung zwischen Licht und Finsternis, denn Gott liebt alle Seine Kinder gleich. Auf diejenigen aber, die Ihm ihr Ja gegeben haben, legt Er gewissermaßen Seine Hand und drückt damit aus: „Dieses Kind hat sich für Mich entschieden. Es wird an die Bewältigung seiner Aufgaben gehen. Dabei werde Ich es unterstützen. Ich werde es in seinem Inneren stärken und zu schützen wissen.“

Hätten wir diesen verstärkten Anfangsschutz nicht, dann käme niemand von uns aus seinen Startlöchern heraus. In der ersten Zeit unseres entschiedenen Weges mit Ihm werden also die Verführungsversuche und Einflußnahmen sozusagen auf Abstand gehalten. (Um ein Bild zu gebrauchen: Gott trainiert mit uns, in dieser Zeit wird lediglich unser Sparringspartner als Gegner zugelassen. Auch das Beispiel eines in einer Baumschule geschützt heranwachsenden Bäumchens bietet sich an.) Man kann diese Phase als Karenzzeit bezeichnen; wenn wir sie nutzen, dürfen sich nach und nach gewichtigere Gegner an uns, die wir stark und stärker geworden sind, messen. Gleichzeitig dürfen sie sich – wenn sie wollen – an uns erkennen.

Wie sieht nun Sein Schutz aus?

Stell Dir eine weiß-goldene Kugel vor, die Dich vollkommen einhüllt. Durch diese Kugel kann von *außen* nichts und niemand eindringen. Schutz total, und zwar so lange, bis irgend jemand (wer mag das sein?) von *innen* anfängt, ein Fenster zu öffnen.

„Warum sollte ich?“ wirst du sagen. Du sollst ja auch gar nicht, aber draußen steht jemand, der Dir freundlich zuwinkt, der Dir hochinteressante Neuigkeiten zuruft, Dir etwas lang Erwünschtes überreichen möchte (kostenlos versteht sich), der Dir die zauberhaftesten Dinge aus 1001 Nacht verspricht. Er wirkt überaus glaubhaft – und vielleicht ist es Dir in Deiner schönen Kugel ja auch schon ein bißchen langweilig geworden.

Wenn Du, aus Neugierde oder weil das beileibe so schlimm nicht sein kann, was er Dir da erzählt und anbietet, nun ein Fenster auf-

---

a Eine wirkliche Chancengleichheit ist dies insofern nicht, weil das Licht nicht zu besiegen ist. Die Aufgabe und Umkehr der Dunkelheit ist keine grundsätzliche Frage, sondern eine Frage der „Zeit“.

machst, um es entgegenzunehmen oder gar die Türe öffnest, um ihn hereinzulassen – dann ist Dein Schutz nicht mehr vollständig; er ist zum Teil dahin.

Die einzigen, die unseren Schutz zu schwächen in der Lage sind, sind wir selbst.

Das Angebot Deines Verführers ist dabei genau auf Dich zugeschnitten (bitte berücksichtigen, daß es um eine vereinfachte Darstellung handelt):

- Wenn Du nicht eifersüchtig bist, vergeudet er keine Zeit und Energie, um in Dir etwas anzusprechen, was gar nicht da ist.
- Wenn Dein Jähzorn beinahe „ausgetrocknet“ ist und nur noch aus den gängigen Verärgerungen besteht, investiert er dort nichts hinein.
- Wenn er sieht, daß Du Deine Frau/Deinen Mann liebst, wird er Dich in dem Punkt nicht versuchen.
- Wenn er erkennt, daß Du mit Deinem Geld gut umgehen kannst und Dich nicht auf finanzielle Abenteuer einläßt, wird er Dir nicht „das beste Geschäft Deines Lebens“ schmackhaft machen.
- Wenn er der Überzeugung ist, daß in Deinem Leben Ordnung herrscht, wird er Dich nicht zu Trägheit und Schlamperei verlocken.
- und so weiter. Aber ...

... er hat noch ein paar Tricks auf Lager. Unterschätze ihn nicht. Er wird Dir Vorschläge machen, bei denen Du kaum „nein“ sagen und andere, denen Du überhaupt nicht widerstehen kannst. Wie das? Haben wir nicht unseren freien Willen und zudem eben Michele Longo D‘Onnell mit der Aussage zitiert, daß wir bei jedem Gedanken entscheiden können, ob wir ihn in unsere Stadt hereinlassen?

Im Prinzip richtig, gestehe ich zu; aber unsere Fähigkeit oder Unfähigkeit, mit dem Gedanken auf die richtige Weise zu verfahren, hängt nicht nur von unserem Wollen und unserer vernünftigen Entscheidung ab. Befindet sich in unserer Seele und damit **in** unserer

Schutzkugel ein Gegenstück des um Einlaß bittenden Gedankens, kann es sein, daß wir nicht groß um Zustimmung gefragt werden. Hat nämlich das Gegenstück in uns – unsere vorhandene Entsprechung – noch das Sagen oder noch zumindest ein gewisses Mitspracherecht, dann werden wir nachgegeben, ein Fenster oder die Türe geöffnet haben, ehe uns überhaupt bewußt wird, was wir da tun.

Das sind dann die ungeschminkten und unkontrollierten Reaktionen, von denen wir sprachen. Sie können natürlich auch als durchaus wohl überlegte Aktionen von uns ausgeführt werden, dann, wenn wir selbst das Angebot nicht nur unbewußt-automatisch, sondern in klarer Absicht annehmen.

Selbst wenn keine größeren Anteile von Entsprechungen mehr in uns liegen, wird der Finsterling immer wieder versuchen, uns zum Öffnen unseres Schutzes zu bewegen. Kostet ja nichts und verspricht vielleicht auf Dauer doch Erfolg. Es müssen keine großen Fenster sein, die da geöffnet werden. Aber nach und nach breitet er sich doch in uns aus. Bemerken wir dies, ist es zwar nicht zu spät – es ist nie zu spät –, aber wir müssen ihn strikt seines Platzes verweisen und unsere Kugel wieder abdichten.

Christus, unser Freund und Bruder hilft uns dabei, das ist keine Frage. Doch wir kommen nicht umhin, bestimmte Fenster wieder zu schließen. Wir müssen auch die Charakterzüge und Eigenschaften in uns anschauen, die eine geradezu magnetische Anziehung auf Einflüsse von außerhalb haben. Denn immer wieder aufs Neue zum Herrn zu laufen und um neuen Schutz zu bitten, kann der Weisheit letzter Schluß nicht sein. Dieser kann nur darin bestehen, die Schienen zu blockieren, auf denen der Finsterling immer wieder seinen Nachschub bei uns anliefert.

Dann ergibt sich ein wirksamer Schutz nach und nach von allein, gemäß der Gesetzmäßigkeit: Wer dem Gesetz dient, dem dient das Gesetz – und schützt ihn.

Jetzt wissen wir, warum unser Schutz immer mal wieder löchrig wird, und warum es nicht alleine damit getan ist, ihn vom Herrn regelmäßig „runderneuern“ zu lassen.

Doch wenn wir von all dem nichts wissen, kann ein Gottesbild entstehen, das – wie es der folgende Zeitungsartikel vom 14. 7. 2007 zeigt – die sonderbarsten Blüten treibt:

Klage gegen Gott abgewiesen

BUKAREST Ein rumänischer Häftling, der wegen seiner Missetaten Gott verklagen wollte, ist mit seinem Ansinnen gescheitert. Die Staatsanwaltschaft in der westrumänischen Stadt Temeswar wies die Klage ab. Der wegen Mordes zu 20 Jahren Haft verurteilte Mann wollte Gott vor Gericht dafür verantwortlich machen, daß dieser ihn „nicht vor dem Teufel geschützt“ habe... *dpa*

Bedarf es noch einer Antwort auf die Frage, weshalb Gott unsere Feinde nicht einfach auf Abstand hält? Kurz und knapp: Auch sie sind Seine Kinder (und unsere Brüder und Schwestern, was wir leider allzuoft vergessen) und werden von Ihm ebenso geliebt wie wir. Er würde in ihren freien Willen eingreifen, würde Er ihnen gebieten, uns in Ruhe zu lassen. Er macht es anders herum:

Licht kann zwar angegriffen, aber nicht besiegt werden.[a] Werde selbst zum strahlenden Licht, an dem sich die Finsternis erkennen kann. Wer diesen Weg mit Gott gemeinsam geht, der braucht nicht darum zu bitten, daß Er die Feinde strafen oder hindern oder vernichten möge. Er täte ohnehin nichts von allem. Er gibt Dir und mir die

---

a Vielleicht kennst Du die Frage, die eigentlich gar keine Antwort verlangt: Wenn es innen hell und draußen dunkel ist, und Du öffnest einen Fensterladen: Fällt dann die Dunkelheit nach innen oder das Licht nach außen?

Kraft, in Klarheit, Weisheit und Liebe unseren vermeintlichen Feinden entgegenzutreten. Oder soll Er *unsere* Arbeit übernehmen, weil wir es vorziehen, uns davor zu drücken? Er beherrscht das schon, worum wir betteln. Wir noch nicht. Deshalb sind wir gefragt.

Erinnerst Du Dich noch an die Feinde der Inneren Arbeit? Bemerkst Du den Unterschied? Wir sind göttlich, ausgestattet mit uns noch nicht bewußten Kräften. Aber wir sind nicht Gott.

*

„Wenn der Wolf Kreide frißt", so lautet die Überschrift dieses Kapitels. Wenn man ihn, den Wolf, erkennen will, muß man genau hinhören. Daß dies überlebensnotwendig ist, haben wir – glaube ich – eingesehen und vielleicht auch verinnerlicht.

Es ist deshalb so wichtig, weil wir es mit dem Vater der Täuschung zu tun haben. Seine Intelligenz hat sich kaum geschmälert seit den Tagen des Falls; darin ist er uns allen haushoch überlegen. Er läßt sich nur durchschauen mit einem Bewußtsein, das die Liebe anstrebt, mit einem Herzen, das auch ihn nicht verstößt. Du weißt schon: „Du bist ein Dieb, aber ich liebe dich" – wobei diese Kurzformel selbstverständlich nicht besagt, ein falsches Handeln zu bejahen. Trotz allem lebt in ihm der gleiche göttliche Geist wie in Dir.

Allzuschnell wird vergessen, daß der Gewöhnungsfaktor in seiner Strategie eine bedeutsame Rolle spielt. Ist etwas oft genug wiederholt und lang genug zelebriert worden, so wird es zum Normalfall und dann zur Verhaltensnorm, die niemand mehr infrage stellt.

Erinnerst Du Dich noch, daß wir die Machenschaften der Finsternis aufgedeckt haben, nachdem wir uns in ihre Lage versetzt hatten? Sie mußte sich mit der Situation abfinden, daß durch Jesus Christus der Himmel wieder geöffnet worden war. „Nun muß wenigstens der Schaden begrenzt werden", lautete die Devise, und dabei ging sie folgendermaßen vor:

> Der Weg zu Gott und damit zurück in den Himmel kann zwar wieder gegangen werden (das konnten wir leider nicht verhindern), aber er bringt der Gegenseite natürlich nur dann den gewünschten Erfolg, w e n n i h n a u c h

j e m a n d g e h t . Kann ihn die große Masse aber nicht gehen, weil wir die Wegbeschreibung verändern, so dürfen die Tore zum Himmel so weit offenstehen, wie sie wollen: Kaum einer wird sie mehr finden.
Das also ist die Lösung: Wir verdrehen, bildhaft gesprochen, den Wegweiser ein wenig. Nur ein ganz klein wenig, damit es nicht auffällt. Ein paar Grad Abweichung reichen völlig aus. Im Klartext: Wir verändern den Kernpunkt der Lehre!

So war es, und so ist es bis heute geblieben. Die Zeit ist darüber hinweggegangen. Wir haben uns an die neue, inzwischen viele Jahrhunderte alte Lehre gewöhnt! Das macht sie nicht richtiger, und das hebt die Verfälschungen nicht auf, die von der Gegenseite in entscheidenden Punkten vorgenommen wurden. Wir halten immer noch das Verteufelt-Irrige für die Wahrheit.

Dazu zählen neben anderen die drei folgenden, entscheidenden Lügen-Lehrsätze:

- Gott lebt irgendwo im Himmel, nicht aber unmittelbar *im* Menschen,
- der Mensch lebt nur einmal,
- Gott spricht nicht mehr zu den Menschen.

Diese drei Falsch-Aussagen bzw. Lügen haben die ganze Lehre der Liebe ad absurdum geführt, ohne daß dies sogleich in Erscheinung trat. Sie wurden in den dunkelsten, tiefsten Astralebenen des Jenseits vorbereitet und mit äußerster Raffinesse in das Denken gutwilliger und -gläubiger Nachfolger Christi eingeschleust und dort tief verankert. Im Laufe der folgenden Jahrhunderte wurden sie „theologisch geschliffen" und dem ungebildeten Volk als Gottes Wort und Wille verkauft.

(Keine Sorge, dies wird keine Tirade über die Machenschaften der Kirche. Es soll den Suchenden und Verunsicherten lediglich helfen, ihre Wahrheit zu finden.)

Die Gegenspieler Christi benötigten eine Plattform für ihre Absicht. Sie fanden sie, ohne daß diejenigen, die mißbraucht wurden, dies wußten oder ahnten. Es wurde (und wird heute noch wie eh und je) an den allerfeinsten Verästelungen menschlicher Schwächen angesetzt, die für sich allein genommen noch nicht einmal erwähnenswert wären, die aber als Nährboden dienen konnten und können für einen kontinuierlichen Ausbau der Verfälschung und gleichzeitig einem kaum bemerkten Abbau und Verfall der Wahrheit.

Jede Interessensgruppe, die aus den astralen Sphären heraus eine Wirkung auf der Materie erzielen will, m u ß sich *der* Menschen bedienen, die sie erreichen und beeinflussen kann. Andere Möglichkeiten hat sie nicht.

Auch Gott braucht ein Instrument, wenn Er auf Erden Sein Wort erheben will.

➔ *Er* aber verkündet *nicht*: Gott lebt nicht im Menschen;
➔ *Er* behauptet auch *nicht*: Der Mensch lebt nur einmal;
➔ *Er* lehrt auch *nicht*: Gott schweigt.

Wer verkündet, behauptet und lehrt solches dann? Welches Instrument sucht sich der Finsterling, der ein Interesse daran hat, daß Glaubensaussagen wie die vorstehenden zum Allgemeingut für die Menschen werden, so daß diese davon abgehalten werden, ihren Weg zu Gott in ihrem Inneren zu erkennen und zu gehen?

Du könntest jetzt sagen (was Du aber nicht tust):

„Aber bitte, das ist doch fast 2.000 Jahre her."

Und ich würde Dir aus lauter Freude an der Rhetorik antworten (was ich aber auch nicht tu):

„Ich glaube, man kann niemanden, der sich immer und immer wieder über eine Enterbung beklagt, damit trösten, daß man ihm sagt: ‚Das ist doch nun schon *so* viele Jahre her.' Wenn derjenige heute immer noch enterbt ist, dann bedeutet dies doch, daß der Erblasser – sollte er noch leben – seine damalige Handlungsweise nach wie vor für richtig hält. Ansonsten hätte er ja seine Entscheidung längst korrigieren können ..."

Du siehst, die Finsternis arbeitet mit allen Finessen und ohne Skrupel. Achte ein bißchen darauf, ob der Wolf Kreide gefressen hat. Liebe ihn dennoch, aber halte ihn nicht für ein Schaf. Auch er ist ein Kind Gottes, Dein geistiger Bruder, Deine geistige Schwester.

Die Frage **d) Wer oder was könnte mir welche Schwierigkeiten bereiten?** haben wir beantwortet, wenden wir uns der nächsten, der letzten Frage zu.

18. Liebe und lebe

Wie könnt ihr sagen: Weise sind wir,
und das Gesetz des Herrn ist bei uns?
Ja! Aber der Lügengriffel der Schreiber
hat es zur Lüge gemacht.

Jer 8, 8

Jede Arbeit verdient ihre angemessene Anerkennung, jedem Bemühen muß ein gerechter Lohn gegenüberstehen, jeder Inneren Arbeit ein erfahrbares, nicht nur „irgendwie versprochenes", nicht greifbares Seelenheil. Daher unsere letzte Frage:

e) Wie sieht das Endergebnis aus?

Daß es nicht erst im Jenseits erfahrbar werden kann, sondern schon im Hier und Jetzt, haben die Buch-Auszüge aus „Der Himmel auf Erden" deutlich gemacht. Dabei müssen wir nicht trennen zwischen den äußeren Umständen, die unser Leben bestimmen, und den inneren, durch die sich unser Seelenfrieden ausdrückt. Eine ungeliebte Wahrheit haben wir uns erarbeitet, daß nämlich das Innere das Äußere prägt. Insofern besteht zwischen beiden eine enge Verbindung.

Auch die Tatsache, daß wir trotz eines völlig freien Willens[a] aus dem allumfassenden Gesetz der Liebe nicht wirklich ausbrechen können, ist uns bewußt geworden. Wer es versucht – wie es bei dem größten Versuch aller Äonen, dem Fall, ausprobiert wurde –, wird in einem großen Bogen wieder zurückgeholt, wobei sein Wollen bestimmt, wann dies geschieht. Und mag er noch so trotzig und aufmüpfig sein: Irgendwann wird die unendlich geduldige Liebe über seinen hausgemachten Weh-, Leid- und Schmerzzustand siegen.

---

a den wir leider selbst oft genug einschränken; unsere freie Entscheidungsmöglichkeit für oder gegen Gott ist davon aber nicht betroffen.

Wir haben jederzeit die Wahl, uns unter das Liebegesetz Christi zu stellen oder uns unentwegt weiter in unserem eigenen Karma-Gesetz zu bewegen. Ich nenne das die aktive oder passive Führung.

Die aktive Führung bedeutet, daß Du Dein Ja gegeben hast und damit dem Herrn die künftige, optimale Gestaltung Deines Lebens überläßt. Um diese Führung zu erlangen – den LOTSEN an Bord Deines Lebensschiffes zu bitten –, reicht ein gesprochenes oder auch stilles „Vater, ich möchte zu Dir zurück" aus. Im selben Moment ist die Botschaft angekommen, und viele Boten des Lichtes werden dem verlorenen Sohn/der verlorenen Tochter von nun an die Wege bereiten. Das große Abenteuer der Rückreise hat begonnen.

Ganz ohne Führung bleibt keiner. Die passive erfährt jeder, der sich noch nicht für die aktive Führung entscheiden kann. Jedoch lediglich ein „Ich-glaube-an-Dich" reicht in aller Regel nicht aus, um bewußt mit dem Herrn Hand in Hand zu gehen. Ansonsten müßten alle Gläubigen schon längst dem Karma-Gesetz entwachsen sein. Die Aktivierung wird erst in Gang gesetzt, wenn zum Glauben die Sehnsucht und die Liebe hinzukommen und der Wunsch, mit Ihm zu leben – die ganze Woche und nicht nur am Sonntag.

Ein Grund, der einer direkten Führung entgegensteht, ist in der Angst zu suchen, unbekanntes Land zu betreten, gemischt mit den falschesten Vorstellungen darüber, was anschließend wohl passiert. Anscheinend bietet uns unsere momentane Situation, selbst wenn sie noch so übel sein mag, eine gewisse Sicherheit – das „Korsett", von dem wir sprachen –, die wir einzutauschen gegen eine unbekannte Zukunft nicht bereit sind.

Im Zwiegespräch mit meinem Licht sagte ich einmal:

> „„Ich habe gelernt, daß mir auf dem Weg niemals mehr zugemutet wird, als ich tragen kann. Wie könnte das Gott auch tun, da Er doch die Liebe ist! Und das, was ich dann tragen muß, damit es mich stark macht, trägt Er auch noch mit!" Ich bekam zur Antwort:

> *... und Er nimmt dir nichts, wie du es noch vor Jahren geglaubt hast. Er schränkt dich nicht ein, Er verändert dein Umfeld nicht gegen deinen Willen, Er macht dich*

nicht arm, Er versagt dir deine Freude nicht, Er verbietet dir den Umgang mit deinen Freunden nicht, Er beansprucht keine Zeit, die du Ihm nicht freudig und freiwillig gibst, Er macht dich nicht zu einem Trauerkloß. Nichts von alledem tut Er.

Dafür bestärkt Er dich und hilft dir zu wachsen. Und dann läßt du ohne Zwang, Vorschriften, Verbote oder sonstiges nach und nach von dem ab, was du als „nicht zu einem Kind Gottes passend" erkennst. Bei diesem Loslassen hilft Er dir wiederum (‚Eigentlich hilft Er mir ständig', dachte ich)*, denn natürlich sind Kräfte am Werk – deine eigenen und fremde –, die dies verhindern wollen. Doch mit jedem Schritt nach vorn atmest du freier, dein eingeengtes Denken löst langsam die Fesseln, dein Blick hebt sich vom Boden und geht in die Runde und voraus, dein Herz weitet sich und Kräfte über Kräfte strömen dir zu, die dich stark machen für die nächsten Schritte."*[138]

In seinem Bestseller *Intelligente Zellen* schreibt Bruce Lipton auch etwas über die Angst und beleuchtet dabei einen interessanten Aspekt, der sich problemlos ins Geistige übertragen läßt. Er meint, daß genauso wie die Zellen auch Menschen nicht in der Lage sind, ihren Wachstumsimpuls vollständig beizubehalten, wenn sie in ein Schutzverhalten übergehen:

„Wenn Sie vor einem Löwen flüchten, ist es keine gute Idee, Energie in Ihr Wachstum zu investieren." Eine Schutzreaktion, hervorgerufen durch Angst, mag manchmal notwendig und sinnvoll sein, sie unterbindet aber das Wachstum. „Wenn die Schutzhaltung also über längere Zeit aufrechterhalten wird, hemmt das die Produktion lebenserhaltender Energie. Je länger Sie in der Schutzhaltung bleiben, desto stärker leidet Ihr Wachstum darunter."[139]

„Überprüfen Sie doch einmal selbst, welchen Einfluß Ihre Ängste und die daraus folgenden Schutzhaltungen auf Ihr Leben haben. Welche Ängste behindern Ihr Wachstum? Woher stammen diese Ängste? Sind sie nötig? Sind sie begründet? Bereichern sie Ihr Leben?"[140]

Mit seinen letzten Fragen hat er uns mitten hinein in die Innere Arbeit geführt. Ängste behindern nicht nur das körperliche Wachstum, sie lassen uns auch seelisch auf der Stelle treten. Genau das ist von den Feinden der Inneren Arbeit beabsichtigt. Liebe und Angst schließen sich aus, eine Binsenweisheit, die wir leider allzu oft vergessen.

Wenn es sein muß, schau Dir die Ängste an. Dann stell sie nach hinten – nach ganz hinten – und hol dafür Sehnsucht und Liebe in den Vordergrund.

Mach die Probe aufs Exempel, und Du wirst die Erfahrung gewinnen, daß dort, wo Liebe und Vertrauen eingezogen sind, die Angst keinen Platz mehr hat.

*

Hätte die Angst in unser aller Leben noch eine Chance, wenn wir nicht nur auf ermunternde und mutmachende Worte und Schriften, die aus *zweiter* Hand kommen, angewiesen wären? Aus *erster* Hand belehrt zu werden bedeutet für mich: unmittelbar aus der Quelle allen Lebens, also direkt von Gott, durch das Innere und Prophetische Wort – und nicht mittelbar durch theologische Auslegungen, die sich ausschließlich auf die Bibel berufen und nichts zulassen, was über diese beinahe 2.000 Jahre alte Schrift hinausgeht.

Es ist wunderbar, bei Michele Longo D'Onnell zu lesen: „Gott spricht immer. Er erklärt und offenbart ständig die Worte, die jede menschliche Situation ausfüllen und wiederherstellen. Aber hören wir auch immer zu? Erkennen wir, daß diese gesprochenen Worte in der Tiefe unserer Seele die Antworten sind, die wir leben sollen? ... Sind wir an dem Punkt angekommen, wo wir uns darauf verlassen, Gottes Wort der Führung zu hören, so sicher, wie wir uns auf unseren nächsten Atemzug verlassen?“[141]

„Schön wär's, wenn es schon so weit wäre“, denkst Du vielleicht und schließt damit immerhin diese Möglichkeit nicht grundsätzlich aus.

Was aber machen jene, die sich den Glauben bzw. das Wissen noch nicht zu eigen gemacht haben, daß Gott nicht der große Schweiger ist, als der Er dargestellt wird? Was machen jene, die sich ihre innere Freiheit noch nicht in dem Maße erarbeitet haben, um schon die Verantwortung für sich selbst auch – oder gerade – im Bereich ihrer religiösen Anschauungen wahrnehmen zu wollen? Unzählig viele sind noch eingebunden in ein Glaubens- oder Dogmengebilde, das außerbiblische Ansprachen Gottes oder solche, die nicht in bestehende kirchliche Lehrpläne hineinpassen, kategorisch ablehnt.

Von Robert James Lees (1849 – 1931) gibt es, neben vielen anderen, zwei ins Detail gehende Bücher über das Jenseits, die er empfangen und niedergeschrieben hat: *Reise in die Unsterblichkeit,* Band 1 + 2.

> Fast kein Thema bleibt unberührt; mit viel Geduld, Liebe und auch Nachsicht wird eine unwissende Seele Schritt für Schritt über die Wirklichkeit des unsterblichen Lebens und die ewigen Wahrheiten Gottes aufgeklärt. Dabei wird sie auch über die Irrtümer und Verfälschungen belehrt, die sich speziell in die christliche Lehre eingeschlichen haben bzw. „eingeschlichen worden sind".
> Auf ihren Einwand während eines Disputs, daß Gott wohl zu biblischen Zeit gesprochen haben mag, aber daß solche Dinge seit langem nicht mehr geschähen, weil ihr Auftreten als unnatürlich und den heutigen Wegen Gottes widerstrebend angesehen würde, bekam sie zur Antwort:
> „Dort liegt dein Irrtum! Sage lieber, sie geschehen nicht mehr, weil unnatürliche und irrige Lehren die Oberhand gewonnen haben. Gott ist derselbe – gestern, heute und in Ewigkeit ... Seine Werke gelten nicht für ein bestimmtes Volk, eine Zeit, oder einen besonderen Ort, sondern – wie ER selbst – für alle und für immerdar. Jede andere Auslegung ist falsch und unlogisch." ...
> „Worin liegt nun nach Eurer Ansicht die Wurzel aller Irrtümer und Mißverständnisse, denen wir unterliegen?"
> „Sie haben verschiedene Ursachen. Vor allem, daß der Bibel eine falsche Rolle zugewiesen wird, wenn man unterstellt, daß sie d a s Wort Gottes ist, also eine vollendete und vollständige Offenbarung, statt sie als das zu nehmen, was sie ist: Das Wort Gottes an ein ganz bestimmtes Volk, zur geistigen Führung unter ganz bestimmten Gegebenhei-

ten, und damit nur ein Fragment jener Offenbarung, die in uralten Zeiten begann und bis zum jüngsten Tag fortgesetzt wird.

Jesus schrieb kein Gesetz für seine Jünger, noch beauftragte er jemanden, es für ihn zu tun, nachdem er gegangen war. Sein Auftrag war, zu predigen, und das auch nur unter den Eingebungen des Heiligen Geistes. Der Heilige Geist also hatte nach seinem Willen die Offenbarung fortzusetzen bis zum Ende aller Tage ...

Das verzweifelte Bemühen, die Autorität der Bibel [über die vielen Jahrhunderte technischen und intellektuellen Fortschritts hinweg] ohne Ausnahme aufrecht zu erhalten und den Text den jeweiligen Lebensbedingungen entsprechend auszulegen, hat zu zahllosen Spaltungen und Sektenbildungen geführt ... Zahllose enge Dogmen haben sich allmählich immer weiter verbreitet und unvermeidlich zu der Irrlehre geführt, daß Prophetie und göttliche Zeichen der Vergangenheit angehören.“[142]

Es ist nicht der Ort und auch nicht Aufgabe dieses Buches, das Thema des Prophetischen Wortes zu vertiefen, wenngleich ich auch noch kurz darauf eingehen werde. Außerdem gibt es dazu mehr als genug Literatur (Auch hier gilt: Achtung, wachsam sein. „Prüfet alles, und das Gute behaltet“).

Wichtig ist, daß Du Dich nicht einfach aufgrund von Argumenten oder Fakten überzeugen läßt. Sie können zwar eine Hilfe sein und zur Wahrheitsfindung dienen, aber schließlich bist doch *Du* gefordert; und über Deinen Verstand hinaus Deine Herzenslogik, die Dir besser als tausend Beweisführungen sagen kann, ob der Gott der Liebe, der Seinen Kindern in ihrer Inneren Arbeit begegnet und sie führt – und so es sein muß auch trägt –, ob dieser Gott schweigend zusieht, wenn und wie Seine Kinder leiden.

Wenn Du selbst als Vater oder Mutter bei Deinen Kindern auch nicht stumm und untätig bleiben würdest, dann weißt Du, daß sich der himmlische Vater schon gar nicht so verhält.

Bei der zuvor zitierten Passage aus *Reise in die Unsterblichkeit* findet sich noch eine andere Stelle, die anzuschauen sich lohnt.

Auf die Frage, wie es denn zu erklären sei, daß den vielen aufrichtigen Menschen, die nach der Wahrheit und dem Trost des Herrn suchen, die sichtbaren Zeichen der Allgegenwart Gottes vorenthalten werden, erfolgt die Antwort:

„Niemals war Gott ohne Zeugen ... Die Geschichte zeugt von solchen Beispielen, wo einzelne Menschen unter großen Opfern die Offenbarung hochhielten, von der die Kirche abgefallen war ... Diese Menschen dachten selbständig und suchten, wenn ihnen ein Blick in das Reich Gottes gewährt wurde, nicht gleich angstvoll nach einer Bestätigung durch einen Fachgelehrten. Sie öffneten sich einfach der Stimme ihrer Seele: ‚Sprich Herr, Dein Knecht höret!' Ohne daß sie sich dazu der Hilfe eines Priesters bedienten, wuchsen sie zur Gemeinschaft der Heiligen auf, die keines Mittlers bedarf."

M., der geistige Lehrer, fuhr dann fort: „Du weißt selbst, was die große Masse auf Erden von solchen Menschen denkt. Man hält sie für hysterische, abergläubische oder nicht ernst zu nehmende Leute, die man allenfalls ein wenig bemitleidet. Oder noch weit schlimmer, man bezichtigt sie, den Täuschungen des Satans zu unterliegen. Die Kirche hält sich gewöhnlich streng von ihnen fern und feuert Warnschüsse aus der festen Bastion ihrer Tradition."[143]

Ich betone es nicht noch einmal besonders; dennoch sei es kurz erwähnt: Dies dient allein als Hilfestellung für Gemüter, die schon damit begonnen haben, aus dem Schlaf zu erwachen, und verfolgt darüber hinaus keine andere Absicht. So, wie am Ende des letzten Kapitels, möchte ich auch an dieser Stelle denen eine Antwort geben, die sagen: „Aber das ist doch heute nicht mehr so."

Im Oktober 2007 erschienen in mehreren deutschsprachigen Zeitungen annähernd gleichlautende Berichte. Den folgenden druckte die *taz* (die tageszeitung, Berlin) am 10. 10. 2007:

Polizei stürmt abtrünniges Kloster

WARSCHAU *taz* Für den Vatikan war die Sache schon vor zwei Jahren klar: Im südpolnischen Kazimierz Dolny waren die Nonnen des Bethanien-Ordens vom rechten Glauben abgekommen. Die Mutter Oberin gab an, dass sie seit einiger Zeit in direktem Kontakt mit dem Heiligen Geist stehe und künftig dessen Anweisungen befolgen werde. Alle Appelle des Papstes an ihr Gehorsamsgelübde gegenüber den Vorgesetzten in der Kirchenhierarchie halfen nichts. Das Kloster revoltierte geschlossen gegen Erzbischof und Papst.

Rund 150 Polizisten stürmten am Mittwoch das Nonnenkloster, führten einen ehemaligen Franziskanermönch in Handschellen ab und brachten eine junge Frau mit ihrem Baby ins Krankenhaus. Auf die über 60 Frauen, die zwar noch ihren Habit trugen, aber vom Papst wieder in den weltlichen Stand zurückversetzt worden waren, warteten Familienangehörige vor dem Kloster ...

Der Konflikt zwischen dem Nonnenkloster und dem Vatikan eskalierte im August 2005, als Papst Benedikt XVI. die charismatische Jadwiga Ligocka als Ordensmutter abberief und Barbara Robak als neue Oberin einsetzte. Die meisten Nonnen verweigerten den Gehorsam, verbarrikadierten sich im Kloster und ließen die neue Oberin vor dem Tor stehen. Sie glauben ihrer bisherigen Ordensmutter, dass diese in direktem Kontakt mit dem Heiligen Geist stehe und von ihm An-

> weisungen für ein gottesfürchtiges Leben erhielt ...
>
> Als der Vatikan alle aufständischen Nonnen sowie den Franziskanermönch, der sich den Nonnen angeschlossen hatte, zurück in den weltlichen Stand versetzte, legte keiner von ihnen den Ordenshabit ab. Schließlich ordnete das Gericht die Räumung des Klosters an ...
>
> Als die Polizei das Kloster stürmte, saßen die Exnonnen friedlich beisammen und sangen christliche Lieder ... Auf die einstigen Nonnen wartet nun eine lange psychotherapeutische Behandlung.[144]

Geschehen im Jahre 2007 ...

*

Über die Möglichkeiten der persönlichen Zwiesprache mit Gott (die über ein übliches Gebet, das sich in der Regel auf einer „Einbahnstraße“ bewegt, hinausgeht) herrschen ebenso unterschiedliche Auffassungen wie über die Ansprache Gottes an die Menschen durch das Prophetische Wort.

Deshalb schiebe ich dazu als Kurzfassung etwas aus *Bin Ich es, den du liebst?* ein, das keiner besonderen Erläuterung bedarf. Wir gehen mitten hinein in einen Dialog, den ich mit meinem LICHT führe, und bei dem mir Aufklärung zuteil wird.

> *Der Vater und Ich sind eins, hat Christus in Jesus von Nazareth gesagt. Gehst du zum einen, bist du gleichzeitig beim anderen. Und umgekehrt.*
> „... ein Gespräch mit Ihm müßte also das Allernormalste sein ... Andererseits ist es etwas so Gravierendes, Entscheidendes, fast wie der Durchbruch eines Dammes – nur im

Positiven –, daß ich darin nur schwer eine Normalität sehen kann."

Das ist ein wichtiger Punkt. Doch so kompliziert dir die Lösung auch erscheinen mag, die Antwort ist denkbar einfach. Es ist beides: das Größte und das Alltäglichste zugleich ...

Es ist deshalb das Größte, weil es nichts Größeres gibt, als mit dem Leben in dir, mit dem höchsten Bewußtsein, Kontakt zu haben. Aus dieser Quelle bist du, diese Quelle nährt dich, und in diese Quelle wirst du wieder eintauchen. Für alle Ewigkeit. Was kann eine größere Bedeutung haben? Es liegt an dir, was du aus diesem ersten Kontakt machst. Du kannst ihn pflegen, ihn ausbauen, ihn enger und inniger werden lassen. Du kannst ihn auch, was ich nicht annehme, links liegenlassen, ohne daß sich die Liebe dir verweigert, wenn du später, nach Monaten oder Jahren, den Kontakt wieder suchst.

Wachsen deine Sehnsucht und Liebe, dann nimmst du diese zuerst kleinen Zwiegespräche – eigentlich sind es mehr Impulse – mehr und mehr in dein Leben, d.h. in deinen Beruf, deine Freizeit, deine Interessen hinein, so daß es für dich einmal selbstverständlich sein wird, mit dem Wort in dir zu kommunizieren. Du wirst dann auch nicht mehr konzentriert hinhören müssen – was sowieso falsch ist und in den seltensten Fällen gelingt –, sondern du läßt es geschehen in dem tiefen Vertrauen, daß du im richtigen Moment das Richtige „gesagt" bekommst.

Insofern ist es etwas Selbstverständliches, etwas Alltägliches. Warum sollte Gott auch schweigen in dir, in jedem? ...

Ehrgeiz, Wünschen oder Wollen sind Gift für meine geistige Entwicklung, wurde ich belehrt, deren Motor einzig und allein die gelebte Liebe ist.

In erster Linie ist Sein Wort für dich persönlich gedacht als Anstoß, Ermutigung, Ermahnung, Unterstützung, als Impuls z. B. für eine bestimmte Situation, in der du dich gerade befindest. Das heißt nicht, daß du einem anderen nicht etwas vermitteln kannst, das du selbst erlernt hast und inzwischen lebst. Es wird auch passieren, daß Er durch dich deinem Nächsten etwas sagen wird, von dem du zunächst gar nicht annimmst, daß Er es war, der da gesprochen hat ... Darin liegt ein kleines Geheimnis des Inneren Wortes: Anzunehmen und zu akzeptieren, daß nicht alles das, was du für deine Gedanken und Worte hältst, auch von dir ist. Diese Akzeptanz, daß Er auch d u r c h dich sprechen kann und spricht, ist der erste Schritt zur Anerkennung der Möglichkeit, daß Er auch i n dir spricht, und du Ihn bewußt wahrnehmen kannst. Wer dies nicht für denkbar hält, macht dem Geist in sich die Türe erst gar nicht auf.

Über das persönliche Innere Wort hinaus spricht Gott auch *durch* Menschen *zu anderen* Menschen, die Ihn im Moment noch nicht in sich vernehmen, die aber ebenso auf Seine Hilfe und Unterstützung angewiesen sind. So kann es sein, daß jemand die Aufgabe hat, ...

... Sein Wort im kleinen Kreis aufzunehmen und weiterzugeben, die Suchenden aufzuklären, vielleicht auch anderen dabei zu helfen, ihre ersten Erfahrungen mit der Inneren Stimme zu machen, die ersten Gedanken als Seine Gedanken zuzulassen und auszusprechen.

Wieder andere schreiben das, was die Stimme Gottes ihnen im Herzen mitteilt, nieder. Und dann vergiß nicht die Propheten der Zeit vor Jesus, auch nicht die Propheten des Urchristentums, durch die Gott die Gemeinden direkt belehrte, ehe das Prophetentum von der immer mächtiger werdenden, äußeren Organisation Kirche zurückgedrängt wurde. Und mit Jesus von Nazareth hat Gott nicht aufgehört – und Er wird nie aufhören –, zu Seinen Kindern zu sprechen ... Alles das fällt unter das Innere Wort.

„Ich habe an die Gefahr gedacht, in die man doch geraten kann, wenn man allzu leichtgläubig und neugierig Versuche unternimmt, irgend etwas hören zu wollen.“

Die Gefahr ist allgegenwärtig. Zahlreiche Fallen sind aufgestellt, um Ahnungslose hineinzulocken. Vorsicht ist also geboten. Diese Wege führen nicht zu Gott; sie machen dich im Gegenteil abhängig von Kräften, die das Streben zu Gott unterbinden wollen. Deshalb ist es richtig und wichtig, davor zu warnen.
Das Streben zu Gott kann aber auch unterbunden werden, wenn a l l e s verteufelt wird. Wer die direkte Kommunikation Gottes mit Seinen Menschenkindern leugnet, verhindert ebenfalls geistiges Wachstum und erreicht – ob er es will oder nicht – im Endeffekt das gleiche: Nämlich Stillstand der Söhne und Töchter, die sich auf den Weg ins Vaterhaus machen sollten und wollten ...
„Der einzig sichere Weg ist der, sich ausschließlich auf Gott oder Christus auszurichten. Auf nichts anderes. Nicht auf Menschen, nicht auf Gruppen und Gemeinschaften, nicht auf menschliche Führer, Meister oder Vordenker, nicht auf Techniken und Versprechungen." Noch etwas fiel mir dazu ein, auch wenn wir es schon kurz erwähnt hatten. „Kein Wünschen und Wollen, keine Neugierde, kein Hineinhören in eine unbekannte, unsichtbare Welt, ob da nicht vielleicht doch einer ist, der mir eine Frage beantwortet. Nichts als meine Sehnsucht und Liebe, die ich einfach aus meinem Herzen strömen lasse, ohne sie mit Erwartungen oder Ergebnissen zu verbinden.
Eine solche innere Haltung *muß* der sichere Wege sein, von dem du gesprochen hast. Denn wenn auch er nicht sicher ist, dann gibt es keinen."[145]

*

Wer sich für die aktive Führung durch Christus entscheidet, der wird eine Veränderung in sich verspüren, die ihn nach und nach zu einem anderen Menschen macht.

Aber nicht nur Du wirst dies bemerken, sondern es werden ebenso Deine Mitmenschen sein, denen es auffällt. Das bleibt nicht aus.

Vielleicht erinnerst Du Dich Deiner ersten großen Liebe, denkst zurück an Eure gemeinsamen Zukunftpläne, Eure herrlichen Ideen; oder an die Zeit, als Du voller Tatendrang warst und Ihr Euer Haus gebaut habt; oder an die Planung und Vorbereitungen für Deinen Anhalter-Trip durch Indien oder, oder, oder ... Wenn Dein Herz dabei ist, wirst Du aufblühen.

So viel steht fest: Liebe und Angst passen nicht zusammen. Das gilt auch für Sorgen, Zweifel, Grübelei, das Gefühl von Getrieben-Sein, das Zudeckeln von Problemen (die dann doch wieder von unten hochdrängen), das Schielen auf die Vergangenheit, für pessimistische Gedanken an die Zukunft und für tausend andere Dinge, mit denen Du bisher Deinen Tag vollgestopft hast.

Kannst Du Dich noch an die Zeit erinnern, als Du – Bub oder Mädchen – begeistert auf der Straße, in Einfahrten oder Hinterhöfen mit dem Ball gespielt hast? Einmal hinter dem Haus ist es passiert. Es machte plötzlich „klirr“, und im Schuppen des grantigen Nachbarn fehlte eine Scheibe. Noch hatte es keiner bemerkt.

Wie hast Du geschlafen mit Deinen Gewissensbissen und der Angst vor dem Ärger, der unweigerlich kommen würde? Da fiel Dir Dein großer Freund von gegenüber ein: ein weites Herz und absolut zuverlässig. Wenn Du ihn morgen früh als erstes bitten würdest, das für Dich aus der Welt zu schaffen – Dir würde ein großer Stein von der Seele fallen, vor allem weil Du weißt: Wenn er verspricht, Dir zu helfen, dann tut er das auch. Hundertprozentig. Damit war die Sache für Dich schon so gut wie erledigt. Du drehtest Dich auf die andere Seite und schliefst beruhigt ein.

Ich verspreche Dir nicht zu viel: So wird es sein ...

Willst Du Werbung für Ihn machen? Vergiß die Sache mit den Handzetteln und den geistlichen Liedern auf der Straße, vergiß die vielen Worte, die Du früher gemacht hast und die Bibelstellen, die Du auswendig zitieren kannst. Liebe und lebe. Ein besseres Aushängeschild kann Er sich gar nicht wünschen.

*

Du bist vermutlich eine Zeitlang – bildlich gesprochen – einen Weg gegangen, der Dich durch die unterschiedlichsten Landschaften führte, von lieblich bis zerklüftet, von sonnenbeschienen bis regnerisch-stürmisch, von üppig bist verödet. Du bist vielen Wanderern begegnet, die gleich Dir unterwegs waren. Einige hatten ein vages Ziel, andere traten auf der Stelle, wieder andere marschierten los: zwar nicht wissend wohin, aber das voller Entschlossenheit. Möglich, daß wir uns auch einmal begegnet sind, denn ich bin viele Deiner Wege auch gegangen.

Am Horizont, so hattest Du gehört, liegt ein Land, anders als das, welches Du nun schon seit Jahren durchstreifst. Allerdings benötigst Du einen Führer dorthin, denn viele der Wegweiser sind unleserlich, verblaßt und verdreht. Es gibt einen. In Wahrheit gibt es eigentlich n u r d e n E i n e n . Vertraust Du Dich Ihm an, weil Er überzeugend und sympathisch ist, wirst Du eine Überraschung erleben: Es wird nicht lange dauern, bis Ihr Euch dem Horizont nähert. Und plötzlich liegt es vor Euch: weites, lichtes Land, soweit das Auge reicht.

Er ermuntert Dich, und Du schaust zurück. Nicht mit wehmütigem Erinnern an das, was Du zurückgelassen hast, sondern mit einem unendlich großen Dank im Herzen für Seine Begleitung und Hilfe bei der Bewältigung des Weges, der nun hinter Dir liegt.

Er schaut Dich an, ohne Worte versteht Ihr euch. Du nimmst Seine Hand – und Ihr betretet das Land, dessen Ruf Du schon lange in Deiner Seele vernommen hast: das Land grenzenloser Freiheit und Liebe.

*

Der LOTSE, den Du an Bord gebeten hattest, erwies sich als der gleiche wie der Führer, dem Du Dich anvertraut und dem Du Deine Hand gegeben hast. Er mag sich Dir in dieser oder jener Gestalt zeigen, immer aber wird Er der gleiche Eine sein, sofern Du Dir nur Ihn und keinen anderen als Freund, Bruder und Begleiter wünschst: Jesus Christus, der die Liebe im Vater ist.

Mein Kind,

ICH habe dich bei deinem Namen gerufen. Hörst du das Echo Meines Rufes noch in deiner Seele widerhallen?
Du bist Mein! Meine Hand habe ICH auf dich gelegt zum Zeichen für alle: Dies ist Mein Kind. Wer will Mich daran hindern, es an Mein Vaterherz zu ziehen?
In der Unendlichkeit, aber auch in Raum und Zeit, ertönt Mein Wort: ICH BIN, der ICH BIN, von Ewigkeit zu Ewigkeit. Das, was ist, ist aus Mir. Es lebt aus Mir, wird durch Meine Liebe erhalten und ist gleich Mir – Liebe.
Die Liebe sammelt ein, was sich im freien Willen von ihr entfernt hat und sich durch denselben freien Willen, der Mir heilig ist, für eine Rückkehr ins Vaterhaus entscheidet.
Mein Sohn, Meine Tochter, stehe auf! Erhebe dich aus dem Staub der Erde, in den du dich hast fallen oder ziehen lassen. Meine Hand ist ausgestreckt. Unzählige Boten des Himmels sind bereits unterwegs, sie haben schon vor langer Zeit ihre Arbeit aufgenommen; unzählige warten noch auf diejenigen Meiner Kinder, die sich als Erben Meines und ihres Himmels erkennen, um ihnen zu helfen, ihr Erbe anzutreten.
Komm, nimm dein Erbe in Empfang! Meine Liebe erwartet dich. Sie kommt dir auf Flügeln entgegen, ruft dich, breitet ihre Arme aus. Komm, und beginne zu leben!
Wann immer du deine Entscheidung treffen wirst: Die Tore stehen weit offen und bleiben so lange geöffnet, bis ICH auch Mein letztes Kind wieder in Meine Arme geschlossen habe.
Noch einmal rufe ICH dich bei deinem Namen. Komm zurück, dorthin, wo dein Zuhause ist. ICH BIN es, dessen Wort du vernimmst. ICH, Schöpfer und Gott von Ewigkeit zu Ewigkeit, der dir Vater und Mutter ist – und Bruder und Freund und Begleiter sein wird, wenn du deine Sehnsucht himmelwärts schickst.
ICH BIN.

Damit ist auch unsere letzte Frage **e) Wie sieht das Endergebnis aus?** hinreichend beantwortet. Wenn Du mir schreiben möchtest (oder wenn Sie dies möchten) – zustimmend oder kritisch –, würde ich mich freuen:

Hans Dienstknecht, Eichbrunnenweg 18, 74239 Hardthausen.

Und hier das Gedicht, das ich im 6. Kapitel erwähnt habe:

Die Trauerreden sind gehalten

Die Trauerreden sind gehalten,
die kleine Totenglocke schweigt.
Nun soll ein milder Richter walten.
Du bist gespannt, wie er sich zeigt?

Das ganze Umfeld läßt dich fragen,
weil es für dich so fremd und neu,
ob das – du wagst es kaum zu sagen –
eventuell der Himmel sei?

Da öffnen sich die Nebelwände,
dein Fragen also hat genützt.
Doch dann erzittern deine Hände,
als du erkennst, wer vor dir sitzt.

Du selber bist es, der dich richtet,
du selber legst den Maßstab an.
Wie gerne wärest du geflüchtet,
nur daß man hier nicht flüchten kann.

Der erste Schrecken ist vorüber.
Du lebst noch. Oder bist du tot?
Der Richter schweigt. Nichts ist dir lieber,
du witterst wieder Morgenrot.

Doch unter seinen Richterblicken,
da gibst du schließlich auf und fragst:
Was schaust du so? Muß ich mich bücken?
Muß ich bereu'n, was du mir sagst?

Was tat ich Schlimmes in den Jahren?
Ich war geachtet und verehrt,
und manchen, der noch unerfahren,
hab' ich des Geldes Reiz gelehrt.

Ich hatte Kraft, ich hab' genommen
und kam fast immer an mein Ziel.
Auch Bettler haben was bekommen,
wenn mir ihr Fideln gut gefiel.

Ich habe Schätze hinterlassen,
mein Name wurde oft genannt.
Es gibt wohl welche, die mich hassen,
und fraßen doch aus meiner Hand. –

Sodann folgt eine große Stille,
in der dich leise Angst beschleicht,
ob wirklich auch des Richters Wille
zum guten Urteil dir gereicht.

Du hörst dich plötzlich selber sprechen
und siehst dich leicht erschrocken an:
Das also waren deine Schwächen.
Jetzt sieh', was deine Liebe kann.

So öffne dich und laß uns schauen,
was du in deinem Herzen trägst.
Alleine darauf kannst du bauen,
wenn Für und Wider du erwägst. –

Du suchst in deinen tiefsten Tiefen,
jedoch die Hände sind fast leer;
die Stimmen, die im Herz dich riefen
du hörtest sie schon lang' nicht mehr.

Dann aber hörst du selbst dich fragen:
Wer hat die Liebe dich gelehrt?
Da wirst du zu dir selber sagen:
Ich hab' mich nie darum geschert.

Im Lichte deines eig'nen Sichtens
erkennst du dich, und es bedarf
nicht eines and'ren, fremden Richtens,
nicht eines Steins, den jemand warf.

So weit, so gut. Kommt jetzt das Feuer,
mit dem Gott Seine Kinder schreckt?
Wird deine Strafe sündhaft teuer,
weil Er dich – du dich selbst!– entdeckt?

Was will dir denn gerecht erscheinen?
Was soll denn nun mit dir gescheh'n?
Verliert ein Schöpfergott die Seinen?
Kannst du darin die Liebe seh'n?

Der Himmel kann nur Liebe geben.
Er öffnet seine Tore weit,
bis nach erneuten Erdenleben
du für den Himmel bist bereit.

Anmerkungen und Ergänzungen

1 Salzmann, Christian Gotthilf, a.a.O., S. 16
2 Dienstknecht, Hans, *Die Spielregeln* ..., S. 61
3 ebd., S. 62 ff.
4 Dienstknecht, Hans, *Verlasse dich* ..., S. 16
5 Mikeleitis, Edith, a. a. O., S. 130 f.
6 Evangelischer Erwachsenenkatechismus, a. a. O., S. 1326
7 Dienstknecht, Hans, *Die Spielregeln* ..., S. 155
8 MacGregor, Geddes, a. a. O.
9 Jesus Christus lehrt ..., a. a. O., S. 23
10 Dienstknecht, Hans, *Bin Ich es ...,* S. 242
11 Salzmann, Christian Gotthilf, a. a. O., S. 6 f.
12 Veltheim, a. a. O., Seite 27, paßt wunderbar dazu: „Um die Wende vom 19. zum 20. Jahrhundert entdeckten verschiedene Physiker und Mathematiker, daß Descartes' Theorien doch etwas ‚einfach gestrickt' waren. Die Relativitätstheorie und die Gesetze der Quantenmechanik ließen sehr bald erkennen, daß sein Uhrmodell nur unter bestimmten Bedingungen von Wert war. Doch obwohl Descartes' Theorie schon seit langem ihre Gültigkeit verloren hat, besteht in der Medizin und bei der Behandlung des Körpers weiterhin die rückständige Tendenz, sich an dem veralteten kartesianischen Modell zu orientieren. Das hat mit unserer Neigung zu tun, die Welt mit einfachster Logik zu erklären – trotz aller Beweise für das Gegenteil." Überträgt man diese Erklärung wohlwollend auf die christliche Theologie, hat sie Glück gehabt und kommt noch einmal mit einem blauen Auge davon.
13 Salzmann, Christian Gotthilf, a. a. O., S. 11
14 ebd., S. 14
15 Schmidt, K. O., a. a. O., S. 69 f.
16 Herrmann, Eva, *Von Drüben II.*, S. 80
17 *Das wahre Ziel*, a. a. O., S. 13
18 Sartory, Gertrude und Thomas, a. a. O., S. 10
19 Hartwig, Renate, a. a. O., S. 240: Dort geht es um den amerikanischen Filmemacher-Revoluzzer Michael Moore, der eingesehen hat, daß es kaum Sinn macht, „die Mächtigen zur Gaudi seiner Fans bloßzustellen", und der daraufhin den Stil seiner Aufklärungsarbeit umgestellt hat. *Sicko*, einer seiner letzten Filme ist daher ein Aufruf, endlich eigenverantwortlich zu handeln.
20 Egli, René, a. a. O., S. 31
21 ebd., S. 31
22 Dienstknecht, Hans, *Das letzte Wort hat die Liebe,* S. 268
23 Salzmann, Christian Gotthilf, a. a. O., S. 86 f.
24 *Alles zerfließt*: a. a. O., S. B 4
25 http://de.wikipedia.org/wiki/Kausalität
26 www.textlog.de/7553.html – R.Eisler „Wörterbuch der phil. Begriffe"

27 Aïvanhov, Omraam Mikhaël, a. a. O., S. 28
28 Dienstknecht, Hans: *Alles endet im Licht,* S. 102 f.
29 http://de.wikipedia.org/wiki/Karma
30 http://www.stimme.de/heilbronn/nachrichten/weinsbergertal/sonstige;art1911,1621752
31 Karl Hutten schreibt in seinem Buch *Seher – Grübler – Enthusiasten – Das Buch der traditionellen Sekten und religiösen Sonderbewegungen,* Quell-Verlag, Stuttgart, 1982, über Anita Wolf bzw. ihr Hauptwerk *UR-Ewigkeit in Raum und Zeit*:
Das Werk »UR-Ewigkeit in Raum und Zeit« atmet eine tiefe Ehrfurcht vor der heiligen Majestät Gottes, und Anita Wolf vermag ihr einen ergreifenden Ausdruck zu geben. Der Fall Sadhanas und ihre Wandlung vom strahlenden Kind Gottes zum finsteren Höllenfürsten wird psychologisch erklärt als Folge eines unbezähmbaren Geltungstriebs, der sich zum hybriden Trotz und zum offenen Kampf gegen Gott steigert. Auf die alte theologische Streitfrage, ob der Fall von Gott gewollt oder nur geduldet wurde, wird geantwortet: Gott rechnete schon im Anfang des Schöpfungswerks mit der Möglichkeit des Falls, aber er geschah aus Sadhanas freier Entscheidung. Das alles ist schlüssig. Und daß Gott dem Aufruhr nicht mit seiner Macht entgegentrat, sondern ihn mit seinem Selbstopfer überwand, entspricht der biblischen Kernwahrheit von der Liebe Gottes, die im UR-Werk in eindrucksvoller Weise entfaltet wird.
Die Gespräche URs und seiner Engelsfürsten mit dem gescheiterten Luzifer bilden einen Höhepunkt in Anita Wolfs Kundgabenwerk. Denn sie machen deutlich, daß Gott der trotzigen Verstocktheit des Abtrünnigen nicht mit Strenge, Drohungen und Verurteilungen entgegentritt, sondern sie mit Barmherzigkeit und einer grenzenlosen Liebe zum Schmelzen bringt. „Was weißt du, Sadhana, vom Sinne göttlicher Vergeltung? Mir Mein erstes, verlorenes Kind zurückzubringen, dem geschändeten Vaterhause wieder Ehre anzutun, die große Lichtwunde zu heilen, das ist die einzig wahre, weil heilige Vergeltung. – Was du der Schöpfung an Bösem angetan, in erster Linie Mir, deinem Schöpfer, das will Ich dir mit Meiner herzlichen Barmherzigkeit vergelten!“ Daß die Liebe Gottes, die vor keiner Teufelei und keiner Verworfenheit kapituliert, an Luzifer praktiziert wird, ist das Thema des UR-Werks. (Quelle: http://www.anita-wolf.de)
32 Das wahre Ziel, a. a. O., S. 33 mit Verweis auf *VM = Vortragsmappe*, S. 111
33 Dienstknecht, Hans: *Bin Ich es ...*, S. 207
34 Dienstknecht, Hans: *Verlasse dich ...*, S. 95 ff.
35 Dienstknecht, Hans: *Die Spielregeln ...*, S. 86 f.
36 Das wahre Ziel, a. a. O., S. 35 mit Verweis auf *VM = Vortragsmappe*, S. 111
37 Herrmann, Eva, *Von Drüben*, S. 56
38 Herrmann, Eva, *Von Drüben II*, S. 79 f.
39 ebd., S. 43
40 ebd., S. 34
41 www.share-berlin.de/index.htm?creme.htm

42 Peterson, Wayne S., *Hinter den Kulissen ...*, S. 48
43 ebd., S. 10
44 ebd., S 143 f.
45 ebd., S. 49
46 ebd., S. 47
47 ebd., S. 174
48 ebd., S. 146. Peterson zitiert hier Seherinnen von Medjugorje (angeblich)
49 ebd., S. 146
50 Dienstknecht, Hans: *Bin Ich es ...*, S. 262 f.
51 Egli, René, a. a. O., S. 195
52 http://www.gespraechemitgott.org/index.php?t=11&ut=18
53 http://schwarzenbrunner.com/gesammelt/wissen/aufg_meister/index.php (aus: „Reflexionen – die Meister erinnern sich" v. Edwin Courtenay)
54 Peterson, Wayne D., *Hinter den Kulissen ...*, S,. 184
55 http://www.religio.de/dialog/399/19_18-22.htm
56 Coralf: *Maitreya – Christus oder Antichrist?*, S. 206
57 http://www.geschenktruhe-bingen.de/kryon.html
58 http://www.herzdenken.info/Seiten/Kryon%20Lee%20Caroll.htm
59 http://www.kryonschule.de/
60 http://www.lichtarbeit-verführung.de/bericht27.html
61 http://www.lichtarbeit-verführung.de/was_ist_lichtarbeit.html
62 http://www.religio.de/dialog/399/19_18-22.htm
63 http://www.shouds.de/shouds/quantensprung04.htm
64 http://www.shouds.de/shouds/lehrer09FA.htm
65 http://www.haus-herbertron.de/news1/ausgabe.php?start=9&newsmenge=23&vermenge=1&aktseite=10
66 Das Fundament für Höheres Geistiges Lernen, CH-Walzenhausen: Der Original-Diskurs gegeben von dem Weltlehrer Meister Djwhal Khul vom 17.2.1981, und Peter-William Leach-Lewis, Gründer der „Universalen Kirche": „Das Innere Licht" vom 1. 12. 1999, Durchsagen von Saint Germain.
67 Aïvanhov, Omraam Mikhaël, a. a. O., S. 99 f.
68 Herrmann, Eva, *Von Drüben II*, S. 48 f.
69 ebd., S. 87
70 Salzmann, Christian Gotthilf, a. a. O., S. 10
71 Häufig werden Ethik und Moral synonym verwendet, obwohl dies nicht ganz zutrifft. Es handelt sich, streng genommen, bei der Moral um die „Verhaltensnormen einer menschlichen Gemeinschaft", die „den geltenden Sitten entsprechen", Unter Ethik hingegen versteht man die „Wissenschaft von der Moral". http://www.fsbio-hannover.de/oftheweek/118.htm
72 Lesebuch für die Oberklassen ..., a. a. O., S. 66
73 Herrmann, Eva, *Von Drüben II,* S. 130 f.
74 ebd., S. 84
75 Longo O'Donnell, Michele, a. a. O., S. 159
76 Church, Dawson,a. a. O., S. 90

77 Stollnberger, Verena, a. a. O., S. 165
78 Church, Dawson, a .a. O., S. 76 f.
79 Longo O'Donnell, Michele, a. a. O., S. 18
80 Christus-Offenbarung des Liebe-Licht-Kreises Jesu Christi, Nürnberg, vom 28. 10. 2006
81 Salzmann, Christian Gotthilf, a. a. O., S. 9 f.
82 Church, Dawson, a. a. O., S. 24
83 Schmitt, Paul, in *„Gralswelt"* 47/2008
84 Long O'Donnell, Michele, a. a. O., S. 135
85 Woltersdorf, Hans Werner, a. a. O., S. 97
86 Church, Dawson, a. a. O., S. 29
87 Williams, Robert M., a. a. O., S. 10
88 Siegel, Bernie, a. a. O. S. ?
89 Church, Dawson, a. a. O., S. 73
90 ebd., S. 48 ff.
91 ebd., S. 51
92 ebd., S. 61 f.
93 ebd., S. 16
94 Dienstknecht, Hans: *Das letzte Wort hat die Liebe*, S. 144 ff.
95 Church, Dawson, a. a. O., S. 141
96 ebd., S. 141
97 Norbekov, Mirsakarim, a. a. O., S. 97
98 Lipton, Bruce, a. a. O., . 165
99 Stollnberger, Verena, a. a. O., S. 148
100 Lipton, Bruce, a. a. O., S. 126
101 Longo O'Donnell, Michele, a. a. O., S. 103
102 Lipton, Bruce, a. a. O., S. 168
103 Williams, Robert M., a. a. O., S. 131
104 Lipton, Bruce, a. a. O., S. 126
105 Aïvanhov, Omraam Mikhaël, a. a. O., S. 77 f.
106 Longo O'Donnell, Michele, a. a. O., S. 107
107 Norbekov, Mirsakarim, a. a. O., S. 58 f.
108 Dienstknecht, Hans, *Das letzte Wort hat die Liebe*, S. 249
109 Dienstknecht, Hans, *Die Spielregeln oder ...,* S. 335 f.
110 Williams, Robert M., a. a. O., S. 79
111 Aïvanhov, Omraam Mikhaël, a. a. O., S. 28 f.
112 Dienstknecht, Hans, *Die Spielregeln oder ...,* S. 313
113 Stollnberger, Verena, a. a. O., S. 29
114 ebd., S. 28 f.
115 Norbekov, Mirsakarim, a. a. O., S. 165
116 Salzmann, Christian Gotthilf, a. a. O., S. 71 f.
117 Dienstknecht, Hans, *Verlasse dich ...,* S. 107
118 Longo O'Donnell, Michele, a. a. O., S. 196
119 Dienstknecht, Hans, *Bin Ich es ...,* S. 158

120 Williams, Robert M., a. a. O., S. 65
121 ebd., S. 31
122 Christus-Offenbarung des Liebe-Licht-Kreises Jesu Christi, Würzburg, vom 14. 6. 2008
123 Herrmann, Eva, *Von Drüben II,* S. 75 und 84
124 Williams, Robert M., a. a. O., S. 31
125 Töpper, Adalbert, a.a.O., S. 71
126 Dienstknecht, Hans, *Das letzte Wort hat die Liebe,* S. 314
127 Dienstknecht, Hans: *Verlasse dich* ..., S. 68 ff.
128 Christus-Offenbarung des Liebe-Licht-Kreises Jesu Christi, Würzburg, vom 9. 5. 2009
129 Ben Iman, Nassim, a. a. O., S. 14
130 Dienstknecht, Hans: *Alles endet im Licht,* S. 115 f.
131 Christus-Offenbarung des Liebe-Licht-Kreises Jesu Christi, Nürnberg, vom 25. 11. 2006
132 Christus-Offenbarung des Liebe-Licht-Kreises Jesu Christi, Würzburg, vom 14. 3. 2009
133 Aïvanhov, Omraam Mikhaël, a. a. O., S. 50
134 Longo O'Donnell, Michele, a. a. O., S. 100 und 135
135 Dienstknecht, Hans, *Bin Ich es ...,* S. 251 ff.
136 Norbekov, Mirsakarim, a. a. O., S. 166
137 Wickland, Carl, a. a. O., S. 24
138 Dienstknecht, Hans, *Bin Ich es ...,* S. 132
139 Lipton, Bruce, a. a. O., S. 145
140 Lipton, Bruce, a. a. O., S. 152 f.
141 Longo O'Donnell, Michele, a. a. O., S. 192 f.
142 Lees, Robert James, a. a. O., S. 117 ff.
143 Lees, Robert James, a. a. O., S. 119 f.
144 http://www.taz.de/index.php?id=start&art=5863&src=TE&id=europa-artikel&cHash=46c7ccccc1
145 Dienstknecht, Hans, *Bin Ich es ...,* S. 213 ff.

Literaturnachweis

Aïvanhov, Omraam Mikhaël: *Goldene Regeln für den Alltag*, Prosveta Verlag, F-Fréjus 2004

Ben Iman, Nassim: *Der wahre Feind ... warum ich kein Terrorist geworden bin*, Leuchter Edition, Erzhausen 2002

Church, Dawson; *Die neue Medizin des Bewußtseins*, VAK Verlags GmbH, Kirchzarten 2008

Coralf: *Maitreya – Christus oder Antichrist?*, Konny Müller Verlag, Haan 1997

Dienstknecht, Hans: *Alles endet im Licht – Die Suche nach der Wahrheit,* Verlag Hans Dienstknecht, Neuenstadt a.K. 2001

Dienstknecht, Hans: *Bin Ich es, den du liebst? – Das Abenteuer kann beginnen*, Verlag Hans Dienstknecht, Neuenstadt a.K. 2000

Dienstknecht, Hans: *Das letzte Wort hat die Liebe*, Verlag Hans Dienstknecht, Neuenstadt a.K. 2003

Dienstknecht, Hans: *Die Spielregeln oder Das Ende der Vernebelung*, Verlag Hans Dienstknecht, Neuenstadt a.K. 2005

Dienstknecht, Hans: *Verlasse dich auf deines Herzens leisen Klang*, Verlag Hans Dienstknecht, Neuenstadt a.K. 1998

Egli, René: *Das LOL²A-Prinzip*, Editions d'Olt, Oetwil 1994

Evangelischer Erwachsenenkatechismus, Kursbuch des Glaubens, 5. Auflage, Gütersloher Verlagshaus 1989

Hartwig, Renate: *Der verkaufte Patient*, Pattloch Verlag, München 2008

Herrmann, Eva, *Von Drüben*, Reichl Verlag Der Leuchter, St. Goar 1993

Herrmann, Eva: *Von Drüben II*, Reichl Verlag Der Leuchter, St. Goar 1999

Herrmann, Jürgen: *Das wahre Ziel*, Nr. 35, Anita-Wolf-Freundeskreis, Stuttgart 2009

Jesus Christus lehrt: *Der Weg zur Einheit durch die Liebe*, Renate Triebfürst, Nürnberg 1996

Lees, Robert James: *Reise in die Unsterblichkeit, Band 1*, Drei Eichen Verlag 1977

Lesebuch für die Oberklassen katholischer Volksschulen, Druck und Verlag von W. Crüwell, Dortmund 1908

Lipton, Bruce, *Intelligente Zellen*, KOHA-Verlag, Burgrain, 2007

Longo O'Donnell, Michele: *Der Himmel in Dir*, RiWei Verlag, Regensburg 2000

MacGregor, Geddes: *Reinkarnation und Karma im Christentum*, Knauer Verlag, München 1990

Mikeleitis, Edith: *Der Plan Gottes – Ein Lorber-Brevier*, Lorber Verlag, Bietigheim

Norbekov, Mirsakarim: *Eselsweisheit ...*, Wilhelm Goldmann Verlag, München 2006

Peterson, Wayne S.: *Hinter den Kulissen wird die Welt verändert*, neue aspekte verlag, München 2002
Rosowsky, Winfried: *Alles zerfließt – Warum die Kirche versinkt. Die vergessenen wahren Ursachen des Niedergangs*, Mönchengladbach 2009
Salzmann, Christian Gotthilf: *Der Himmel auf Erden*, Reichl Verlag Der Leuchter, St. Goar 2008
Sartory, Gertrude und Thomas: *Die Meister des Weges in den großen Weltreligionen*, Verlag Herder, Freiburg 1981
Schmidt, K. O.: *Die Goldene Regel – Das Gesetz der Fülle*, Drei Eichen Verlag, 2002
Siegel, Bernie: *Prognose Hoffnung. Liebe, Medizin und Wunder*, Ullstein Verlag, Berlin 2003
Stollberger, Verena: *BSFF – Das Antivirenprogramm für die Psyche*, VAK Verlags GmbH, Kirchzarten 2008
Töpper, Adalbert: *Denke dich gesund – Die Überwindung krankmachender Denkmuster*, Verlag Via Nova 1998
Veltheim, John: *Das BodyTalk System*, Lüchow Verlag, Stuttgart 2007
Wickland, Carl: *Dreissig Jahre unter den Toten*, Reichl Verlag Der Leuchter, St. Goar 2000
Williams, Robert M.: *Psych-K*, KOHA-Verlag, Burgrain 2009
Wolf, Anita: *UR-Ewigkeit in Raum und Zeit*, Anita-Wolf-Freundeskreis e. V., Stuttgart 1995
Woltersdorf, Hans Werner: *Aufbruch in neue PSI-Dimensionen*, Schweizer Verlagshaus, Zürich 1980

Alles endet im Licht

Die Suche nach der Wahrheit

In dem Jesus-Film *Die größte Geschichte aller Zeiten* hadert Petrus mit Gott und der Welt, weil man ihm seinen Mantel gestohlen hat. Jesus fragt ihn schließlich: „Petrus, was ist ein Mantel wert, den man dir stehlen kann?"

Jeder von uns war schon oft in der Situation des Petrus. Was ist ein Glück wert, das man dir stehlen kann? Ein Besitz? Eine Freiheit? Eine Liebe?

Was ist eine Hoffnung wert, die zerbrechen kann? Ein Glaube, der nicht zum Wissen wird, weil er noch nicht gefestigt ist? Was ist das Vertrauen in das eigene Können, in die eigene Kraft wert, wenn du dich vor dem „Schicksal" und dem „Zufall" beugen mußt? Was ist eine Vorstellung von Gott wert, die nicht deine ureigene, tief in dir verwurzelte ist, so daß sie dir keiner mehr nehmen kann?

Es gibt eine Wahrheit, die sich mehr und mehr Bahn bricht, und die dir – wenn du sie zu *deiner* Wahrheit gemacht hast – keiner mehr nehmen kann:

Gott ist die Liebe, Er wohnt in dir,
und jeder wird zu Ihm zurückfinden.

Davor verblassen alle Theologien, alle Glaubensgebäude, alle Dogmen, Vorschriften, Ängste und Gebundenheiten. Diese Wahrheit ist die Antwort auf das Suchen, Fragen und Rufen unzähliger Menschen. Die Zeit der unbefriedigenden und längst überholten Antworten ist vorbei.

Es gibt nur einen Sinn unseres Lebens, nur ein Ziel unseres ewigen Daseins, nur eine Liebe, die – ohne Ausnahme – alle wieder zu sich zurückholt. Von der Suche nach dieser Wahrheit, die sich finden läßt und schließlich zur Gewißheit wird, erzählt der Roman

Alles endet im Licht.

Hans Dienstknecht, Alles endet im Licht
ISBN 978-3-9806345-2-6, 192 Seiten, € 10,20

Die Fortsetzung:

Bin Ich es, den du liebst?
Das Abenteuer kann beginnen

Wenn Sie **Alles endet im Licht** gelesen haben, dann wissen Sie, wie belebend, belehrend und erfrischend-aufregend es sein kann, mit einem himmlischen Begleiter – dem Licht – durch den Tag zu gehen. Und das in einer Beziehung, die von einer tiefen Liebe geprägt ist.

Wenn Sie wollen, dann gehen Sie noch weiter mit und lassen sich noch einmal von dieser Kompetenz an „die Hand nehmen". Sie erleben und erfahren in der Praxis des Alltags, wie sehr die Liebe Gottes Realität ist. Sie staunen mit, „arbeiten" mit; Sie können nachvollziehen, wie sich eine Erkenntnis an die andere reiht. Und manchmal wird es Ihnen wie Schuppen von den Augen fallen, und einem Puzzle gleich wird sich Ihr Bild von Gott, seiner liebevollen Führung und der Tatsache, daß Er in jedem lebt, mehr und mehr vervollständigen.

Sie werden aber auch mit der großen Auseinandersetzung zwischen Licht und Finsternis konfrontiert. Sie erfahren die Hintergründe dieses gewaltigen Geschehens, die Absichten und Vorgehensweisen der Dunkelheit, und wie Sie dennoch geschützt Ihren Weg finden.

Vor allem aber lernen Sie ein anderes, ursprüngliches, ungemein attraktives Christ-Sein ohne jeglichen Zwang, ohne Vorschriften und Bindungen kennen, das die Freiheit und die Freude kennt und einem Abenteuer gleichkommt, wenn man es lebt. Und Sie werden die Wahrheit entdecken, daß der Mensch, ein Kind Gottes, mit Gott, seinem Vater, in seinem Inneren kommunizieren kann.

Wie schon in **Alles endet im Licht** geht es auch diesmal nicht um trockene Wissensvermittlung, sondern um Einsichten und Erfahrungen, die humorvoll dargereicht werden. Wie die Hauptperson des Romans so können auch Sie als Leser sich wiederum von Gedanke zu Gedanke führen lassen. Vielleicht ergibt sich ja auch für Sie – jetzt oder irgendwann – die Frage:

Bin Ich es, den du liebst?

Das letzte Wort hat die Liebe
Wie unsere Seelenkräfte unser inneres und
äußeres Heilsein bestimmen

Zwei Schwerpunktthemen bestimmen dieses Buch: Die Krankheit Krebs und die Liebe Gottes.

Am Beispiel „Krebs“ ist am eindrucksvollsten zu erkennen, wie unmittelbar unser Inneres – unsere Empfindungen, Gefühle und Gedanken – auf unser Äußeres einwirkt; aber grundsätzlich gilt dies für alle Krankheiten. Denn wenn man den Bereich unserer Gefühlswelt erweitert auf den sie umschließenden Bereich unserer – richtig verstandenen – Seele, dann gibt es überhaupt nichts, an dem wir nicht aufgrund unserer Seelenbeschaffenheit in irgendeiner Weise beteiligt sind.

Ausgang der großen Reise, durch die das Buch in einem gewaltigen Bogen führt, sind die von Dr. med. Ryke Geerd Hamer entdeckten **Gesetzmäßigkeiten der Neuen Medizin**. In Rückblenden wird die Entwicklungsgeschichte des irdischen Lebens beleuchtet, die – vom Einzeller ausgehend – nach über 4 Milliarden Jahren im Menschen ihren Höhepunkt fand. Das Gehirn als Steuerungsorgan des menschlichen Körpers ist der lebende Beweis dafür, daß dieser Weg bis zur Menschwerdung gegangen werden mußte. Unser Bewußtsein regiert unser Gehirn, und unsere Seele bestimmt unser Bewußtsein. Für unsere Seelenbeschaffenheit sind wir zuständig, und letztlich haben wir sie zu verantworten. Der Sinn der Evolution: Allen Seelen die Menschwerdung zu ermöglichen mit dem Ziel, wieder zu ihrem Ursprung, d. h. in ihre wahre Heimat – die Himmel – zurückzukehren.

Mit seiner „bestechenden Herzenslogik“ gelingt es dem Autor, vor unseren staunenden Augen ein kosmisches Bild zu entwerfen, in welchem sich wissenschaftliche Erkenntnisse jüngster Zeit nahtlos mit dem Wirken göttlicher Energie nicht nur harmonisch, sondern auch logisch zusammenfügen. Das Buch weist den einzigen Weg, der sicher ist und Bestand hat: den Weg einwärts. *G. S.*

Die Spielregeln oder Das Ende der Vernebelung
Unser Leben im Lichte göttlich-geistiger Gesetzmäßigkeiten

Eine Frage müßte eigentlich alle, die sich als „gläubig" bezeichnen, mehr oder weniger unruhig machen und auf die Suche gehen lassen, bis sie eine Antwort gefunden haben, mit der sie wirklich einiggehen.

Es ist die zentrale Frage: „Warum läßt Gott das Leid in dieser Welt zu?" Eine Antwort darauf, die Herz und Verstand gleichermaßen zufriedenstellt, sind Ihnen all diejenigen schuldig geblieben, die sie hätten geben können und müssen. Hilflosigkeit, Frust, Oberflächenglaube und Unglaube, Desinteresse, Ablehnung und Protest sind die Folgen.

Es ist schon eigenartig: Wir machen in einem Spiel mit, sind – was uns, jeden einzelnen, betrifft – sogar die Hauptakteure darin und haben vielfach nicht die geringste Ahnung von den Regeln! Und das ein Leben lang!

Auch wenn Sie manchmal vieles nicht verstehen und einordnen können: **Ihre derzeitige Situation einschließlich aller Umstände ist genau das Richtige für Sie!**

Aber haben Sie sich jemals Gedanken darüber gemacht, **warum Ihr Leben so funktioniert, wie es funktioniert?** Und was man daran verbessern kann, sollte die Notwendigkeit dazu bestehen?

Eines ist sicher: Zu keiner Zeit und an keinem Ort des unendlichen Universums geschieht etwas, das man dem sogenannten Zufall zuordnen kann. Alle Geschehnisse unterliegen völlig logischen Abläufen. Überall wirken Prinzipien, wie sie gerechter und fehlerfreier nicht sein können. Das gilt in gleichem Maße auch für jedes Schicksal.

Es gibt aber keinen Grund zu verzagen, denn die Lösungen, die eine Verbesserung nicht nur versprechen, sondern herbeiführen, sind längst da. Sie beantworten auf eine genial-einfache Art und Weise die Fragen: Was ist zu tun? Was kann ich dazu beitragen? Welche Mittel sind erforderlich? Wer hilft dabei?

Verlasse dich auf deines Herzens leisen Klang

Vom Erblühen der Seele - Gedichte

Lassen Sie sich berühren von Texten ...

... die man nicht nur einfach lesen und dann an die Seite legen wird. Denn sie können, wenn man es zuläßt, die Seele zum Erblühen bringen. Sie machen Mut, spenden Trost, geben Antworten – und sie erzählen von der großen Liebe Gottes.
Was Sie erwartet? Unter anderem die „kleine Serie“

Nimm dir, geliebtes Kind, für Mich ein wenig Zeit

Nimm dir, geliebtes Kind, für Mich ein wenig Zeit,
setz dich zu Mir, und laß uns überlegen.
Du mußt nichts tun. Sei einfach still, doch sei bereit;
dann kann Mein großer Geist sich in dir regen ...

mit z.B. den Themen:

– Die Größe Meiner Liebe ist nicht zu ergründen
– Wo suchst du Mich und hast Mich nicht gefunden?
– Hast du einmal bedacht, was deines Lebens Sinn?
– Nie wird ein Schatten je aus Meiner Liebe sein
– Nur einen Weg sah Ich in Meiner Weisheit vor

Außerdem lesen Sie:

In mitternächtlich stiller Stunde
Ob du hier lebst oder drüben
Mein kleines Ja
Die Trauerreden sind gehalten
Der Weg zu Gott besteht aus kleinen Schritten
Die Seele führt Soll und führt Haben
Ein Lied aus alten Zeiten
Ich grüße Euch, Ihr Freunde aus dem Licht
Die Ballade vom Gottsucher und dem Räuber
Muß ich wissen, wer ich früher war?

Ephides

Ein Dichter des Transzendenten

Die Ephides-Gedichte nahmen ihren Anfang vor rund 70 Jahren. Wir verdanken sie der Pianistin Hella Zahrada († 1966), die sie von 1933 bis 1966 niederschrieb, insgesamt 530 an der Zahl, ungerechnet die Prosatexte. Sie betrachtete sich nie als Schöpferin dieser Dichtung, sie fühlte sich vielmehr als eine Empfangende, als ein Werkzeug der Inspiration.

Auch wenn der Name EPHIDES uns weder einen historischen noch einen sonstigen, etwa symbolischen Hinweis gibt, scheint dennoch die Frage „Wer war oder ist Ephides?“ nicht abwegig zu sein. Hat doch jene Wesenheit oder Instanz einige Gedichte vermittelt, die sich offensichtlich auf sie selbst beziehen. Hier das vielleicht deutlichste Beispiel (gekürzt wiedergegeben):

> Der Namen viele trug ich durch die Zeit,
> von ihrer Last hat mich die Zeit befreit ...
> Von manchen bröckelt Ruhm wie Blattgold ab
> und sinkt zu längst Vergessenem hinab ...
> In jedem Bild gemahnt ein Zug an mich,
> ein Zug, nicht mehr, erst alle sind mein Ich!

Ephides, eine mehrfach in die Geschichte eingegangene Persönlichkeit? Wie alle Menschen zunächst an das Gesetz der Wiedergeburt gefesselt und nun von dieser „Last befreit“?

Für manche Leser gewiß eine ungewohnte Vorstellung, für andere jedoch eine durchaus logische Überlegung – zumal dann, wenn man die Schlüssigkeit der Gesamtsicht der Ephides-Durchgaben erkennt und anerkennt, die Einblicke tiefster Weisheit vermitteln, und deren himmlisch-zielgerichteter Sehnsucht man sich kaum entziehen kann.

Hella Zahrada, Ephides
ISBN 978-3-9806345-3-3, 112 Seiten, € 10,80